KB267563

AI와 경쟁하지 않기

AI와 경쟁하지 않기

기계가 흉내낼 수 없는
인간다움을 말하다

최성열 지음

이담북스

우리는 무엇을 해냈는가가 곧 누구인가를 결정짓는 효율성의 시대 속에서, 역설적으로 가장 빈곤한 자존감을 마주하곤 합니다. 이 책은 AI라는 거대한 흐름 앞에서 작아진 우리 마음에 따뜻한 질문을 던지며, "잘해서가 아니라 존재로 소중하다"는 본질적인 위로를 전합니다. 우리는 그동안 성취에 따라 가치가 결정되는 '조건부 자존감Conditional Self-Esteem'에 익숙해져 있었습니다. 하지만 저자는 상담학의 거장 칼 로저스Carl Rogers가 강조한 '무조건적인 사랑과 수용Unconditional Positive Regard'의 가치를 통해, 남에게 나를 증명Prove하지 않아도 존재 자체로 충분히 고귀함을 일깨워줍니다.

저자의 안내는 매우 체계적이면서도 실천적입니다. 우선 나를 향한 비판을 멈추고 따뜻한 친구가 되어주는 '자기 자비Self-Compassion'의 지혜를 배우게 됩니다. 또한 우리의 마음 근육은 훈련을 통해 언제든 긍정적으로 변화할 수 있다는 '신경가소성Neuroplasticity'의 원리는 변화를 꿈꾸는 이들에게 용기를 줍니다. 특히 삶의 아픔에 나만의 의미를 부여하는 '의미 구성Meaning Making'과 시련 속에서 다시 일어서는 '회복탄력성Resilience'에 대한 통찰은, AI는 가질 수 없는 인간만의 위대함이 무엇인지 명확히 보여줍니다.

책에 담긴 자가진단 도구들은 독자의 마음 상태를 살피는 거울이 되어주며, 저자가 강조하는 인간만의 감각과 연결의 힘은 왜 우리가 기계가 아닌 사람 곁에 머물며 소통해야 하는지 성찰하게 합니다. 마지막 장의 "당신은 충분합니다"라는 메시지는 이 책이 주는 가장 귀한 선물입니다. 이 책은 단순히 기술을 나열한 지침서가 아니라, 잃어버린 나를 되찾고 온전히 수용하는 '인간다움'으로의 초대장입니다. AI 시대 속에서 고유한 아름다움을 지키고 싶은 모든 분께 이 책이 따뜻한 동행이 되기를 바랍니다.

강민희

임상 심리 상담사, 리더십 박사

목사이자, 시인이자, 강연자로 활발한 활동을 이어가고 있는 최성열 작가가 불안사회를 살며 힘들어하는 현대인들에게 따뜻한 위로와 격려를 담은 새 책을 내놓았습니다. 『AI와 경쟁하지 않기』라는 직관적인 제목이 잘 보여주듯이, 작가는 AI와 SNS 시대에 사람들이 겪는 어려움에 대해서 정확하게 진단하고 대안을 제시합니다. 작가가 제시하는 문제의 핵심은 '자존감 상실'입니다. 책을 읽어가며 독자들은 자기도 모르게 상처를 받아왔던 AI와 SNS 시대의 그림자를 이해하게 됩니다. 나아가 최성열 작가가 제시하는 실천적인 해결책을 읽으며 자존감을 회복해 나갈 수 있는 구체적 희망을 발견하게 됩니다. 여느 자기계발서와는 다른 이 책의 독특한 매력은 '공동체'와 '인간다움'의 가치에 대한 저자의 이해와 믿음을 담고 있다는 점입니다.

이 책은 여러 가지 면에서 독서의 가치가 있습니다. 우선, 책에서 제시하는 자존감 향상 방안들은 쉬우면서도 삶에 바로 적용할 수 있는 실용적인 것들입니다. 어려운 심리학 이론을 현학적으로 제시하기보다는 독자들이 이해할 수 있는 언어로 풀어서 설명하는 저자의 탁월한 능력은 이 책을 통해 도움을 얻을 수 있는 사람들의 한계를 충분히 넓혀줍니다. 다음으로, 자존감에 상처 입은 사람들에게 자신이 문제가 아니라, 불안을 유발하는 척박한 환경이 문제라는 점을 분명히 제시합니다. 그동안 목말라했지만 늘 부족하기만 했던 타인의 인정과 성과가 아니라, 따뜻한 자기 인정으로 나갈 수 있는 용기를 전해줍니다. 마지막으로, 유능한 설교자이자 강연자인 저자의 설득 능력은 책을 간결하면서도 호소력 있게 만들어 줍니다. 복잡한 논리 전개가 머리에 남는 것이 아니라, 따뜻한 위로와 실천을 향한 열정이 가슴에 남습니다. AI 시대를 사는 우리에게 귀한 위로와 용기를 전해줄 이 책을 기쁜 마음으로 추천합니다.

정연득

서울여자대학교 기독교학과 교수, 부설 가족상담연구센터 센터장

AI가 인생의 모든 정답을 내놓을 거 같은 세상에서 우리는 오히려 더 깊은 혼란에 빠지곤 한다. 기계가 완벽함을 뽐낼수록 인간의 불완전함은 결핍이 아닌 위협으로 다가오기 때문이다. 이 책은 아내와 자녀를 잃은 깊은 상실의 아픔에서 시작된 저자의 진솔한 고백을 통해, 바로 그 불완전함과 아픔이야말로 인공지능이 흉내 낼 수 없는 인간다움의 본질임을 일깨워 준다.

저자는 AI 시대를 살아가는 우리에게 성급한 극복이나 경쟁을 주문하지 않는다. 대신 무너진 일상을 다시 살아내야 하는 인간의 숭고한 의지에 주목한다. 책장을 넘기다 보면 독자는 기술이 주는 편리함 뒤에 숨겨진 공허함을 마주하게 되고, 동시에 타인의 아픔에 공감하는 인간만의 위대한 능력을 재발견한다. 기계의 속도에 지친 당신에게, 이 책은 잠시 멈추어 인간으로서의 품격을 되찾는 조용한 동행의 기록이 되어줄 것이다.

이두경
장로회신학대학교 상담학 교수

당신은 지금 어떤가요?

오늘 아침, 당신은 어떠한 생각으로 눈을 떴나.

스마트폰을 켜자마자 쏟아지는 뉴스들. "AI가 또 한 분야를 정복했다!", "이제 인간은 필요 없는 시대…", "ChatGPT가 변호사 시험에 합격했다!" 이런 기사를 보며 가슴이 답답해지지 않았나?

SNS 속 세상은 더 괴롭다. 누군가는 AI를 활용해 사업을 시작했고, 또 누군가는 코딩도 모르면서 모바일 앱을 만들었다. 모두가 AI 시대의 승자가 되어 가는 것 같은데, 당신만 뒤처지는 기분이 든다.

"나는 대체 무엇을 하고 있는 거지?" 이런 생각이 들 때마다 자존감이 바닥을 친다. 열심히 살아왔는데 갑자기 쓸모없는 사람이 된 것 같다. 기계가 나보다 똑똑하고, 실수도 없고, 24시간 일할 수 있다. 그럼 '나'는? 인간인 나는 무엇으로 존재 가치를 증명해야 하나.

당신이 느끼는 그 불안, 나도 똑같이 느꼈다. 작가로, 강연자로, 그리고 한 사람의 인간으로 살아가며 수없이 자문했다. AI가 글도 쓰고 그림도 그리는 시대에 나의 창작은 무슨 의미가 있을까. 내가 수십 년 쌓아 온 경험과 지식이 단 몇 초 만에 AI에게 추월당하는 것을 보며 허탈감을 느꼈다.

하지만 AI를 바라보는 관점이 아닌 우리가 스스로를 바라보는 방식을 되돌아보아야 한다. 우리는 너무 오랫동안 생산성으로만, 효율성으로만, 그리고 성과로만 자신의 가치를 증명하려 했다. 그래서 더 빠르고 정확한 기계 앞에서 무너질 수밖에 없었다. 마치 계산기가 처음 세상에 나왔을 때 주판 실력으로 자존감을 유지하려 했던 이들처럼 말이다.

이 책을 쓰기로 마음먹은 건 한 청년의 메일 때문이었다.

"저는 요즘 제가 왜 살아야 하는지 모르겠어요. AI가 제 일을 대신할 수 있다면, 저는 왜 존재해야 하죠? 제 자존감은 완전히 무너졌어요."

그 메일을 읽으며 가슴이 아팠다. 동시에 어떠한 책임감을 느꼈다. 지금 이 순간에도 수많은 사람이 같은 고민으로 잠 못 이루고 있을 테니까. 그래서 1년 동인 연구했다. 심리학 논문을 찾아보고, 기업 현장을 방문하며, 수백 명의 사람들을 만났다. AI 시대에 인간의 정체성 혼란과 소외가 심화되는 현상을 목격했고 동시에 그 속에서도 자존감을 지켜내는 사람들을 발견했다.

답은 의외로 단순했다. AI와 경쟁하려 하지 말고 인간다움을 회복하는 것. 비교와 경쟁이 아닌 연결과 성장으로 자존감의 기준을 바꾸는 것. 혼자가 아닌 함께의 힘으로 서로의 자존감을 지켜주는 것. 이 책은 그 구체적인 방법을 담았다.

Part 1에서는 우리가 느끼는 불안은 자신만의 문제가 아닌 AI 시대를 살아가는 우리 모두가 겪는 보편적 현상이다. AI 시대에 불안을 느끼는 것은 인간의 본질적인 '부정편향' 때문이며 이는 자연스러운 현상임을 설명한다.

Part 2와 3에서는 자존감의 본질을 새롭게 정의한다. 자존감은 성과가 아닌 존재 자체의 가치에서 나온다. 그리고 인간만이 가진 감정, 창의성, 관계 맺기 능력이 얼마나 소중한지 깨닫게 될 것이다. AI가 아무리 발달해도 모호하고 다양한 해석이 가능한 감정의 단서와 변화를 정확히 읽어내고 파악하는 일은 어려울 것이기 때문이다.

Part 4에서는 막연한 불안에서 벗어나 구체적인 출발점을 찾고 현재 자존감 상태를 정확히 진단하고자 한다. 한국인의 자존감은 사회적·객관적 능력, 긍정적 성품, 대인관계, 가족이라는 4개 영역으로 평가할 수 있으며 각 영역별로 자신의 강점과 개선점을 발견하게 될 것이다.

Part 5는 실천이다. 지금 당장 시작할 수 있는 자존감 회복 방법들을 살펴볼 것이다. 하루 5분만 투자하면 되는 아주 작은 행동부터 시작해 보자. 꾸준함이 가장 중요하다.

Part 6에서는 혼자가 아닌 '함께'의 방법을 제시한다. 개인의 자존감은 관계 속에서 더욱 단단해진다. 팀과 조직 차원에서 서로의 자존감을 지켜주는 구체적 방법들을 배우게 될 것이다.

이 책은 마법의 해답을 내놓는 대신 우리 마음속에 작은 변화의 씨앗을 심는다. 그 씨앗이 자라 나무가 되고 숲이 되는 과정을 나는 함께할 것이다. 자존감은 하루아침에 회복되지 않지만 한 걸음씩 나아가다 보면 어느새 건강한 자존감을 가진 자신을 발견할 수 있다.

무엇보다 이 책은 오로지 당신 편이다. 당신을 함부로 판단하지 않고 비난하지 않는다. 왜 자존감이 낮은지 묻지 않고 그 대신 "괜찮아, 우리 함께 회복하자."라며 손을 내민다. 때로는 따뜻한 위로를, 때로는 단호한 조언을 건넬 것이다.

기억하라. 당신은 AI와 경쟁할 필요가 없다. 당신은 이미 충분히 가치 있는 존재다. 단지 그 가치를 다시 발견하고 회복하면 된다. 숨 쉬고, 느끼고, 사랑하고, 연결되는 인간. 불완전하지만 그래서 더 아름다운 인간. 그것이 바로 당신이다.

자, 당신의 자존감을 되찾는 여정을 이제 시작해 보자. AI 시대에도 당당히 "나는 인간이다."라고 외칠 수 있는 그날을 위해.

이 책의 마지막 페이지를 덮을 때 당신은 아주 많이 달라져 있을 것이다. 불안에 떨던 모습이 아닌 자신의 가치를 아는 모습. 비교하지 않는 모습. 함께 성장하는 모습으로 바뀌어 있을 것이다.

그 변화를 나는 믿는다. 당신도 믿어 주기를 바란다.

2026년 2월
따뜻한 마음을 담아
최성열

목차

자존감을 회복하기 전 알아야 할 것들 Ⅰ

자존감을 회복하기 전 알아야 할 것들 Ⅱ

자존감을 회복하고 올리는 방법 Ⅰ

Part 6

함께 키우는 자존감

Ch.1 조직에서 자존감이 중요한 이유

Ch.2 팀 자존감 강화 워크숍

Ch.3 기업 문화 속 자존감 솔루션

Ch.4 지속 가능한 공동체 훈련 프로그램

AI 시대, 인간다움으로 자존감을 지키는 법

인간의 자존감이 떨어지는 이유

Chapter. 1

AI와 함께 사는 시대의 불안

내 일자리는 안전한가?

당신은 어떤 직업을 갖고 있는가. 사무직인가 전문직인가, 아니면 서비스업에 종사하는가. 어떤 일을 하든 상관없이 한 가지 의문이 떠오를 것이다. "과연 내 일자리는 AI 시대에도 안전할까?"

이런 불안감은 단순한 기우가 아니다. 한국개발연구원KDI이 2023년 발표한 연구 결과는 충격적이다. 국내 노동시장에서 AI 기술로 인한 직무 자동화 가능성이 현실화되고 있다는 것이다.[1] 특히 주목할 점은 청년층과 전문대졸 이상의 학력자들이 가장 큰 영향을 받고 있다는 사실이다. 정부 통계는 더욱 구체적인 그림을 보여준다. 한국고용정보원의 조사에 따르면 2025년 기준 국내 직업종사자의 61.3퍼센트가 인공지능과 로봇으로 대체될 가능성이 높은 직업에 종사할 것으로 분석되었다. 단순노무직은 90.1퍼센트, 농림어업숙련종사자는 86.1퍼센트의 대체 가능성을 보여준다. 심지어 전문직과 관리직도 안전지대는 아니다.

하지만 실제 현장에서 일하는 사람들이 느끼는 불안은 통계보다 더 깊다. A 씨는 10년 차 회계사무원이다. 최근 회사에서 AI 기반 회계 프로그램을 도입했는데, AI가 몇 분 만에 처리하는 업무를 자신은 몇 시간이 걸리는 모습을 보고 자신이 할 일이 점점 줄어들고 있다는 두려움이 커졌다.

세계경제포럼 WEF의 2023년 보고서도 이런 우려를 뒷받침한다. 2027년까지 8,300만 개의 일자리가 사라지지만, 동시에 6,900만 개의 새로운 일자리가 창출될 것으로 전망된다.[2] 문제는 사라지는 일자리와 새로 생기는 일자리가 같은 사람을 위한 것이 아니라는 점이다. 새로운 일자리는 주로 AI·머신러닝 전문가, 데이터 사이언티스트 등 고도의 기술 역량을 요구한다.

경주에서 개최된 APEC 2025 KOREA에서 엔비디아 CEO 젠슨황은 우리나라에 26만 장의 GPU를 제공하기로 약속하였다. 여러 기업들과 공공분야에 AI 연구가 활성화 되면 이 모든 상황은 더 가속화 될 것이다.

MIT의 다른 아제모글루 교수는 2024년 노벨경제학상 수상 후 다음과 같이 경고했다. "AI가 충분히 생산성을 끌어올리지 못한 상태에서 섣부르게 도입된다면, 불필요한 고용 감소만 초래할 수 있다." 그는 향후 10년 동안 인간 업무의 약 5퍼센트가 AI에 의해 대체될 것으로 예상한다고 덧붙였다.

이런 상황에서 직장인들의 불안은 커질 수밖에 없다. 특히 사무직과 관리직 종사자들의 고민은 깊다. 국가통계연구원의 2024년 보고서에 따르면 AI와 GPT의 노출도가 가장 높은 직종은 사무직이다. 특히 여성, 30~44세 연령대, 고임금 계층에서 AI 노출도가 높게 나타났다. 안정적이라고 여겨졌던 직업군이 가장 큰 위험에 노출된 것이다.

하지만 모든 전문가가 비관적인 전망만 내놓지 않았다. 일부 연구자들은 AI가 인간의 업무를 완전히 대체하기보다는 보완하는 역할을 할 것이라고 본다. 핵심은 AI를 적극적으로 활용하는 능력을 기르는 것이다. 근로자에게 가장 큰 위험은 AI 자체가 아니라, AI를 사용하는 다른 기업 근로자로 대체되는 것이라는 지적이 나오는 이유다. 결국 일자리에 대한 불안은 당연한 일이지만, 이 불안을 건설적으로 활용할 필요가 있다. 변화에 저항하기보다는 새로운 기술과 함께 성장할 방법을 찾아야 한다. AI 시대에 살아남는 열쇠는 평생학습과 적응력이다. 당신의 일자리가 완전히 사라질 가능성은 낮다. 그러나 일하는 방식은 분명히 바뀔 것이다.

똑똑해지는 기계, 초조해지는 나

ChatGPT가 등장한 이후 세상이 달라졌다. 2022년 11월 출시 후 불과 2개월 만에 월간 활성 사용자 1억 명을 돌파했다. 사람들은 AI가 셰익스피어 풍의 소네트를 순식간에 창작하고, 파이선 코드를 자동으로 완성하며, 법학 논문을 요약하는 모습에 적잖은 충격을 받았다. 이미지 생성 AI는 '우주 정거장에서 커피를 마시는 고양이'라는 텍스트 한 줄로 놀랍도록 세밀한 그림을 만들어냈다. 코딩 분야에서는 깃허브 코파일럿 **GitHub Copilot** 이 주석 몇 글자만으로도 완전한 함수를 자동 완성했다. 그리고 동시에 뒤처지고 있다는 불안감도 함께 산출된다. 이런 감정은 개인만의 문제가 아니기에 많은 기업들이 AI 도입에 적극적으로 나서고 있다. SAS의 2025년 AI 트렌드 보고서에 따르면 생산성 향상과 콘텐츠 생성을 넘어 경쟁 우위 확보를 위한 고도화된 AI 기술 도입이 가속화되고 있다.

삼일 프라이스워터하우스쿠퍼스 경영연구원PwC의 2024년 보고서를 보면 2022년 ChatGPT 출시 이후 생성형 AI가 전 산업에 빠른 속도로 도입되기 시작했다. 기업들은 초기 AI 기술 공급자 중심에서 AI 활용 비즈니스 성과 창출 중심으로 전략을 바꾸고 있다. 이런 변화에 개인이 적응하기는 쉽지 않다.

B 씨는 마케팅 부서에서 일한다. 팀의 막내가 AI를 활용해 몇 분 만에 마케팅 카피를 수십 개 만들어 낸다. 시장 분석 리포트도 AI에 입력하니 자동으로 생성된다. B 씨가 며칠 걸려 만들던 프레젠테이션을 AI는 몇 분 만에 완성한다. B 씨는 10년 경력이 무색하다는 생각이 문득 들었다. 특히 문제가 되는 것은 개인 역량과 기술 발전 사이의 격차다. AI 도구를 능숙하게 사용하는 사람과 그렇지 못한 사람 사이의 차이가 점점 벌어지고 있다. 같은 직급, 같은 연차라도 AI 활용 역량에 따라 성과의 차이가 극명하게 드러난다.

C 씨는 디자이너다. 동료들이 미드저니Midjourney, 달리DALL-E 같은 이미지 생성 인공지능을 활용해 작업 속도를 높이는 동안, 자신은 여전히 전통적인 방법을 고수했다. 결과적으로 프로젝트에서 밀려났고 C 씨는 AI를 사용하지 않으면 경쟁력이 없다는 현실을 뼈저리게 느꼈다.

이런 상황은 '디지털 소외'라는 새로운 형태의 불평등을 만들어 내고 있다. 보건복지부의 2024년 조사에 따르면 한국 국민 10명 중 7명이 AI 기술 발전으로 인한 불안감을 느끼고 있다.[3] 특히 40~50대 중장년층에서 이런 불안감이 더 크게 나타나는데, "새로운 기술을 배우기에는 너무 늦었다는 자괴감"에 대한 응답이 많았다.

하지만 전문가들은 다르게 조언한다. IBM의 연구에 따르면 AI는 인간을 대체하는 것이 아니라 인간의 능력을 증강시키는 도구라는 것이다. 중요한 점은 AI를 경쟁자로 보지 말고 협력자로 받아들이는 관점의 전환이다. 실제로 AI를 적극적으로 활용하는 사람들의 사례는 희망적이다. 50대 영업사원인 D 씨는 처음에는 AI가 두려웠지만 ChatGPT를 활용해 제안서를 작성하는 방법을 천천히 익혔다. 이제는 AI를 '똑똑한 비서'로 활용하니 오히려 업무 효율이 높아졌다고 말한다.

삼성전자, SK하이닉스 등 주요 기업들도 전 직원 대상 AI 교육 프로그램을 운영하며 직원들의 AI 역량 강화에 나서고 있다. 이러한 동향은 AI와 함께 일하는 방법을 가르치는 것이 핵심이다. 이는 AI 시대에 필요한 역량이 단순히 AI 전문 지식이 아니라, AI를 활용할 줄 아는 능력임을 보여준다.

결국 자신이 AI에 뒤처진다는 느낌은 자연스러운 반응이다. 기술 변화의 속도가 빠르니까 말이다. 하지만 이 감정에만 사로잡혀 있을 필요는 없다. 완벽하게 AI에 따라가려 하지 말고 자신의 업무와 삶에 필요한 부분부터 차근차근 익히는 것이 중요하다. AI 전문가가 될 필요는 없다. 자신만의 속도로 꾸준히 학습하면 충분하다.

정보 과잉 시대, 더 커지는 혼란

아침에 눈을 뜨면 우리는 수백 개의 알림이 쌓여 있는 스마트폰부터 확인한다. 뉴스, SNS, 이메일, 메신저까지…… 스마트폰 화면에 밀려드는 콘텐츠는 끝이 없다. 유튜브는 AI가 추천하는 영상을 자동으로 재생하고, 넷플릭스는 볼 것을 끊임없이 제안한다. 정보는 많은데 정작 필요한 내용을 찾기는 어렵다. 정보의 홍수 속에서 우리는 오히려 더 혼란스럽다. 이런 현상을 '정보 과부하'라고 부른다. 한국언론진흥재단의 2024년 조사에 따르면, 한국인의 하루 평균 디지털 미디어 이용 시간은 6시간을 넘어섰다. 문제는 양이 아니라 질이다. 수많은 정보 속에서 진짜와 가짜를 구분하기 어렵고, 중요한 것과 중요하지 않은 것을 판별하기 힘들다.

E 씨는 투자에 관심이 많다. AI가 추천하는 투자 정보를 매일 확인하지만 정보가 너무 많아 좀처럼 결정을 내리지 못하고 있다. 어떤 전문가는 상승을 예측하고, 또 다른 전문가는 하락을 전망한다. AI 분석 결과도 제각각이다. E 씨는 정보가 많을수록 더 확신이 없어진다고 말한다.

정보 과부하의 가장 큰 문제는 '선택 피로다. 컬럼비아 대학의 시나 아이엔가Sheena Iyengar 교수의 연구에 따르면, 선택지가 많을수록 사람들은 결정을 미루거나 아예 포기한다. 잼 실험이 유명하다. 24종류의 잼을 진열했을 때보다 6종류만 진열했을 때 구매율이 10배 더 높았다.[4] 정보도 마찬가지다. 너무 많으면 오히려 독이 된다.

이런 현상은 AI가 도래한 시대에 더 심해졌다. 생성형 AI가 매일 수십억 개의 콘텐츠를 만들어 낸다. 2024년 스탠포드 대학 연구에 따르면, 인터넷 콘텐츠의 57퍼센트가 AI가 생성한 것으로 추정된다.[5] 문제는 이런 콘텐츠의 신뢰성이다. 근거 없는 정보들로 구성된 가짜 뉴스들이 실제 뉴스처럼 게시되고 있고, 몇 번의 클릭만으로 생성되는 딥페이크deepfake 영상이 늘어나면서 가짜와 진짜를 구별하기 어려워지는 상황이 펼쳐지고 있다. F 씨는 최근 SNS에서 본 유명인의 투자 조언 영상을 믿고 투자했다가 사기를 당한 경험을 털어놨다. 알고 보니 F 씨가 본 영상은 딥페이크였고, 그는 직접 두 눈으로 봐도 진짜인지 가짜인지 구분이 안 된다며 한탄했다.

정보 과부하는 정신건강에도 악영향을 미친다. 서울대학교 의과대학 연구팀의 2024년 연구에 따르면, 디지털 정보 과다 노출이 집중력 저하, 불안, 우울증을 유발한다.[6] 특히 소외되는 것에 대한 불안감을 느끼는 '포모FOMO, Fear of Missing Out' 증상이 심각하다.

G 씨는 하루에도 수십 번 뉴스를 확인한다. 놓치는 정보가 있을까 봐 불안해하며 끊임없이 새로운 정보를 확인한다. 하지만 정작 읽고 나면 기억나는 내용은 없다. 이를 두고 G 씨는 '정보를 소비하는 것 같지만 실제로는 정보에 소비당하는 느낌'이라고 표현했다.

이런 상황에서 필요한 것은 바로 '정보 다이어트'다. 무작정 많이 소비하지 않고 필요한 정보만 선별적으로 섭취하는 것이다. 미국의 정보 전문가 클레이 존슨은 "정보도 음식처럼 영양가를 따져 가며 섭취해야 한다."고 조언한다. 실제로 정보 관리에 성공한 사례들이 있다. H 씨는 최근 하루 중 정해진 시간에만 뉴스를 확인하고, SNS 사용 시간을 제한하며 '정보 단식'을 시작했다. AI 추천 기능을 끄고 자신이 직접 선택한 정보원만 구독했다. 그는 "과도한 정보 습득을 줄이고 정보를 적게 소비하니 오히려 정보를 흡수해서 내 것으로 만드는 시간이 생겼다."며 매우 만족해했다.

외국 기업들도 직원들의 정보 과부하 문제를 인식하여 대응하고 있다. 마이크로소프트는 '집중 시간' 기능을 도입해 일정 시간 동안 알림을 차단한다. 구글은 AI를 활용해 중요한 이메일만 선별해서 보여 주는 기능을 개발했다.

이처럼 AI 시대의 역설 속에서 이를 극복하는 방법은 존재한다. 첫째, 정보의 양보다 질을 중시하자. 둘째, 신뢰할 수 있는 정보원을 선별하자. 셋째, 정보 소비 시간을 제한하자. 넷째, AI 도구를 활용해 정보를 효율적으로 관리하자. 정보의 노예가 아닌 주인이 되는 것, 그것이 AI 시대를 살아가는 지혜다.

기술 발전이 불안으로 다가올 때

기술이 발전할수록 삶의 질 또한 나아질 거라 믿었다. 하지만 현실은 일자리 감소 및 사회적 불평등, 기술 의존성 증가 등……. 오히려 기술 발전이 축복이 아닌 불안의 원천이 되고 있다. 왜 이런 현상이 벌어지는 걸까.

첫 번째 불안의 원인은 '변화의 속도'다. 과거의 기술 변화는 점진적이었다. 사람들이 적응할 시간이 있었다. 하지만 현재 AI 기술의 발전 속도는 다르다. 매일같이 새로운 AI 모델이 발표되고 성능이 개선된다. SK텔레콤의 2025년 IT 트렌드 전망을 보면, AI 기술 발전의 다음 단계는 AI가 인간의 물리적 세계를 이해하는 것이라고 한다. 이런 빠른 변화는 사람들로 하여금 따라가기 어렵다는 부담감을 느끼게 한다.

두 번째 불안의 원인은 '사회적 격차에 대한 우려'다. AI 기술을 잘 활용하는 사람과 그렇지 못한 사람 사이의 격차가 벌어질 것이라는 걱정이다. 실제로 디지털 격차는 이미 다양한 불평등을 낳으며 사회 문제가 되고 있다. 노인층의 디지털 활용 수준과 우울감 사이의 상관관계를 분석한 연구에서도 이런 격차의 문제점이 드러난다. 이는 개인의 문제를 넘어 사회 전체의 갈등 요인이 될 수 있다.

세 번째 불안의 원인은 '통제력 상실'이다. AI가 점점 더 많은 결정을 대신하고 검색 결과, 추천 콘텐츠, 심지어 중대한 결정까지 AI의 조언을 받는다. AI의 도움이 상당히 편리하지만, 동시에 스스로 삶의 주체로서 어떠한 선택을 내릴지에 대한 통제력을 잃고 있다.

네 번째 불안의 원인은 '미지에 대한 두려움'이다. AI가 어떤 방식으로 작동하고 어떤 메커니즘으로 결정을 내리는지 일반인들은 이해하기 어렵다. 블랙박스처럼 작동하는 AI 시스템을 신뢰하기는 쉽지 않다. 2025년 AI 트렌드에서도 AI의 투명성과 설명 가능성이 중요한 이슈로 제기되고 있다.

하지만 역사를 돌아보면 모든 기술 혁신은 불안을 동반했다. 산업혁명 때도, 인터넷이 등장했을 때도 마찬가지였다. 산업혁명 시기에 영국에서는 기계화에 따른 일자리, 임금 하락에 불만을 품은 노동자들이 기계를 파괴하는 러다이트 운동이 일어났고, 2000년이 시작될 때는 밀레니엄 버그로 공포에 떨었다. 하지만 인류는 늘 적응하고 극복했다. AI 시대도 다르지 않을 것이다. 하지만 중요한 점은 불안을 인정하되, 불안에 압도되지 않는 것이다. 불안은 우리에게 경각심을 주고, 준비하게 만드는 원동력이 되기도 한다. 그렇기에 이러한 감정을 건설적으로 활용하는 방법을 알아보자.

첫째, 불안의 정체를 파악하자. 막연한 두려움보다는 구체적으로 무엇이 걱정되는지 명확히 이해해야 한다. 고용 불안인지, 기술 적응에 대한 부담인지, 아니면 사회 변화에 대한 우려인지 구분해 보자.

둘째, 학습에 대한 태도를 바꾸자. 완벽하게 알아야 한다는 부담을 내려놓고, 필요한 만큼만 배우겠다는 마음가짐을 갖자. AI 전문가가 될 필요는 없다. 일상생활과 업무에 필요한 정도면 충분하다.

셋째, 인간만이 할 수 있는 영역에 집중하자. AI가 아무리 발달해도 인간의 감정, 창의성, 관계 형성 능력은 대체하기 어렵다. 이런 영역에서 자신만의 강점을 키워나가자.

넷째, 공동체의 힘을 활용하자. 혼자서 모든 변화에 적응하려 하지 말고 함께 배우고 성장할 수 있는 커뮤니티를 찾아보자. 서로의 경험을 나누고 도움을 주고받으면 사회적 격차도 줄이고 개인의 불안감도 완화할 수 있다.

기술 발전으로 인한 불안은 자연스러운 반응이다. 인류 역사상 모든 혁신적인 기술 변화는 불안을 동반했다. 이 불안을 극복하고 새로운 시대에 적응해야 한다. AI 시대의 불안을 받아들이되, 그 불안에 압도되지 말자. 변화는 기회이기도 하다. 우리에게는 이 변화를 우리 삶의 향상으로 이끌어갈 능력이 있다.

Chapter. 2

끝없는 비교, SNS의 덫

SNS만 켜면 작아지는 나

아침에 눈을 뜨면 가장 먼저 무엇을 하는가? 많은 사람이 침대에서 일어나기도 전에 스마트폰을 집어 들고 SNS를 확인한다. 인스타그램, 페이스북, 트위터, 틱톡… 화면을 스와이프하는 순간, 타인의 완벽해 보이는 일상들이 끝없이 펼쳐지고 마음 한구석이 무거워진다. 누군가는 해외 여행지에서 찍은 사진을 올리고, 다른 누군가는 멋진 레스토랑에서 먹은 저녁 식사를 자랑한다. 또 다른 사람은 새로 산 명품 가방을 과시한다. 보기만 해도 부러운 모습들의 연속이다. 그들의 삶은 마치 매일이 축제처럼 보인다. 이런 광경을 마주하는 순간 자연스럽게 자신의 현실과 비교하게 된다. 어제 밤 야근으로 지친 모습, 계산서를 보며 주머니 사정을 걱정하는 모습까지. 내 일상의 모든 것이 갑자기 초라하게 느껴진다. 왜 나만 이렇게 평범하고 지루한 삶을 살고 있는 것일까? 그리고 왜 타인의 일상을 보면 마음이 불편할까?

2025년 과학기술정보통신부의 최신 조사에 따르면, 청소년 10~19세의 스마트폰 과의존 위험군이 42.6퍼센트에 달하는 것으로 나타났다. 이는 전년 대비 2.5퍼센트 포인트 증가한 수치다. 같은 연구에서 10대, 20대, 30대 SNS 헤비 유저 집단은 라이트 유저에 비해 자존감 저하를 경험하는 것으로 확인됐다.[7] 특히 30대의 경우 SNS 사용시간이 늘어날수록 타인과의 비교가 발생하면서 현실의 자신에 대한 불만족이 커졌다.

이런 현상은 단순히 개인의 성격 문제가 아니다. SNS라는 플랫폼 자체가 만들어 내는 구조적 문제다. SNS는 기본적으로 '보여주기'를 위한 공간이다. 사람들은 스스로 가장 좋았던 순간, 가장 만족스러운 경험, 가장 성공적인 결과만을 선별해서 올린다. 실패한 순간, 우울한 기분, 평범한 일상은 과시하지 않는다. 더 심각한 문제는 이런 비교가 무의식적으로 일어난다는 점이다. 우리는 의도하지 않았는데도 자연스럽게 남들의 삶과 내 삶을 비교하고 그 과정에서 대부분 내가 부족하다는 결론에 도달한다. 이런 경험이 반복되면서 자존감은 점점 낮아진다. SNS 속 완벽한 모습들을 보며 자신과 비교하는 행위가 반복될수록 자신의 평범한 일상이 초라하게 느껴지는 문제가 발생한다. 남들은 다 행복해 보이는데 나만 뒤처진 것 같다는 생각이 든다. 특히 아침에 일어나자마자 SNS를 확인하는 습관이 있다면 우울한 기분으로 하루를 시작할지도 모른다.

실제로 서강대학교의 한 연구에서는 자존감과 조건부 자존감 수준에 따라 '불안정한 높은 자존감' 집단과 '불안정한 낮은 자존감' 집단이 다른 집단보다 SNS 중독 경향성이 높게 나타났다고 발표했다.[8] 이는 자존감이 불안정한 사람일수록 SNS에서 타인과의 비교를 통해 자신을 확인하려 한다는 것을 의미한다. 마치 자신의 가치를 외부의 기준으로 측정하려는 것과 같다. 문제는 이런 비교가 일방적이라는 점이다. 우리는 SNS에서 남들의 최고의 순간만을 본다. 반면 자신의 일상은 있는 그대로 경험한다. 아침에 일어나기 힘든 모습, 지하철에서 피곤한 표정, 평범한 점심 식사까지 모든 것을 안다. 심지어 화장실에 가는 모습까지도. 이런 불공평한 비교 속에서 자존감이 흔들리는 것은 당연하다. 더욱이 SNS에서 보는 것들은 대부분 가공되고 편집된 것들이다. 완벽한 각도에서 찍은 사진, 필터로 보정한 얼굴, 신중하게 선택한 배경. 하지만 우리는 이런 사실을 잊고 이 사진이 그들의 진짜 일상이라 받아들인다.

한국심리학회 연구에 따르면, SNS에서의 과시적 자기표현은 심리적 안녕감에 부정적 영향을 미치는 것으로 나타났다.[9] 특히 타인의 반응을 의식한 가식적 표현이나 원하지 않는 교류가 증가할수록 심리적 피로감이 커졌다. 결국 SNS를 통해 행복을 찾으려 했지만, 오히려 더 큰 불안과 공허감을 느끼게 되는 악순환이 시작된다. 이런 상황에서 벗어나려면 먼저 SNS의 본질을 이해해야 한다. SNS는 현실이 아니라 '편집된 현실'이라는 점을 인식하는 것이 첫 걸음이다. 그리고 남들의 하이라이트와 나의 일상을 비교하는 것이 얼마나 불공정한 일인지 깨달아야 한다. 진정한 행복은 남과의 비교에서 오는 것이 아니라 자신만의 기준과 가치에서 찾을 수 있다.

타인의 하이라이트와 나의 일상

SNS는 본질적으로 '하이라이트 릴'의 공간이다. 사람들은 가장 빛나는 순간, 최고의 모습, 그리고 가장 행복한 경험만을 신중하게 선별하여 공유한다. 여행하며 마주한 아름다운 풍경, 맛있어 보이는 음식, 완벽한 각도에서 찍은 사진들이 화면을 채운다. 마치 각자의 인생이 연속된 하이라이트로만 구성되어 있는 것처럼 보인다. 사람들은 여행지에서조차 실제 경험보다는 사진을 찍는 데 더 몰두한다. 심지어 평범한 일상마저도 SNS에 게시할 장면으로 만들어내기 위해 연출하는 시대다.

2023년 미국 심리학회APA의 연구 보고서는 이런 현상을 명확히 지적했다.[10] 청소년들이 SNS에서 타인과 자신을 비교하는 시간이 늘어날수록 신체 자신감이 저하되고 우울 증상이 증가한다고 발표했다. 특히 미용 관련 콘텐츠에 노출될 때 이런 경향이 더욱 뚜렷해졌다. 완벽해 보이는 외모, 몸매, 라이프 스타일에 지속적으로 노출되면서 자신에 대한 불만족이 커진다.

문제는 우리가 타인의 하이라이트와 나의 일상을 비교한다는 점이다. 타인의 가장 빛나는 순간과 나의 평범한 하루를 두고 비교하니 자신이 더욱 보잘것없고 초라하게 느껴지는 일은 당연할지도 모른다. 마치 영화의 클라이맥스 장면과 한 사람의 평범한 순간을 서로 맞대어 비교하는 행동과 같다. 우리들의 삶은 항상 극적인 순간을 살아가는 영화 주인공들과 달리 대부분 평범한 일상으로 채워져 있다. 보통의 하루는 평범하다. 아침에 일어나서 출근하고, 업무를 처리하고, 집에 돌아와 저녁을 먹고 잠자리에 든다. 가끔 친구와 즐거운 시간을 보내기도 하고 주말에는 집에서 휴식을 취하기도 한다. 이런 일상의 대부분은 SNS에 공유되지 않는다. 오직 특별한 1퍼센트의 순간만이 게시된다. 하지만 우리는 이 1퍼센트의 순간이 마치 삶의 전체인 것처럼 착각한다. 모든 사람의 일상은 평범함과 특별함이 공존한다.

디지털 자아와 '좋아요'의 심리학에 대한 최근 연구에서도 이런 현상을 지적했다.[11] SNS에서 개인은 현실 세계와 구별되는 디지털 자아를 형성하며 이 과정에서 타인의 피드백에 의존하게 된다. 문제는 이런 디지털 자아가 실제 자아와 괴리될 때 발생하는 혼란이다. 자신도 SNS용으로 편집된 모습을 만들어 내야 한다는 압박을 느끼고, 동시에 남들의 편집된 모습과 자신의 현실을 비교하며 괴로워한다.

더욱 심각한 문제는 이런 비교가 습관이 되면 현실 감각이 왜곡된다는 점이다. SNS에서 보는 화려한 모습들이 표준이라고 생각해 평범한 일상이 부족한 것처럼 느껴진다. 이런 왜곡된 기준으로 인해 실제로는 충분히 만족스러운 삶임에도 불구하고 계속 부족함을 느낀다. 해결의 첫 걸음은 이런 구조를 이해하는 것이다. SNS에서 보는 보이는 사진들이 그 사람의 전체가 아니라는 점을 인식하고, 남들도 나와 같은 평범한 일상을 살고 있다는 점을 기억해야 한다. 그리고 나의 일상 자체에 가치가 있다는 점을 받아들이자. 평범함 속에서도 소소한 행복을 찾고 자신만의 기준으로 삶의 의미를 찾는 것이 진정한 만족으로 이어진다.

'좋아요'에 흔들리는 자존감

SNS에서 가장 중독성 있는 요소는 무엇일까? 바로 '좋아요'이다. 하트 모양의 작은 아이콘 하나가 우리의 감정을 좌지우지한다. 게시물을 올린 후 몇 분마다 확인하는 좋아요 개수. 스스로의 가치가 그 작은 숫자로 결정되는 것 같다.

신경과학적 관점에서 보면 '좋아요'를 받는 순간 뇌의 도파민 분비가 촉진된다.[12] 이는 음식 섭취나 금전적 보상을 받을 때와 유사한 신경보상 체계의 활성화다. 문제는 이런 보상이 예측하기 어렵다는 점이다. 때로는 많은 '좋아요'를 받고, 때로는 적은 '좋아요'를 받는다. 이런 간

혈적 보상은 중독성을 높이는 대표적인 패턴이다. 마치 슬롯머신과 같은 원리다.

실제로 많은 사람들이 좋아요 숫자에 따라 자존감이 변한다고 고백한다. 예상보다 적은 '좋아요'를 받으면 '내 게시물이 재미없었나?', '사람들이 나를 좋아하지 않나?' 같은 생각을 한다. 반대로 많은 '좋아요'를 받으면 기분이 좋아지고 자신감이 생긴다. 하지만 이런 감정은 지속되지 않고 새로 올린 게시물에서 또 다시 '좋아요'를 확인하며 불안해한다. 이들은 대체로 자존감은 외부의 평가에 완전히 의존하기 때문에, 내 가치가 클릭 한 번에 결정되는 매우 불안정한 상태에 놓이게 된다.

한 연구에서는 자존감 불일치 수준이 높을수록 SNS에서 과시적 자기표현을 더 많이 한다고 발표했다.[13] 명시적 자존감은 높지만 암묵적 자존감이 낮은 사람들이 특히 SNS에서 물질적 과시나 브랜드 로고를 강조하는 경향을 보였다. 이는 내적 불안을 외적 인정으로 채우려는 시도로 해석된다. 과연 타인의 '좋아요'가 진정한 관심이나 애정을 의미하는 걸까. 그렇지 않다. 게시물 내용을 제대로 보지도 않고 무의식적으로 하트를 누르는 경우도 많다. 심지어 어떤 사람들은 '좋아요'를 받기 위해 먼저 남들에게 '좋아요'를 누르는 '좋아요 교환' 같은 행동을 하기도 한다. '좋아요'를 많이 받기 위해 본래 자신의 모습과 다른 콘텐츠를 만들기도 하고 관심이 없어도 인기 있는 트렌드를 따라하거나, 자극적인 내용을 올리기도 한다. 결국 진정한 자아와 SNS에서의 자아 사이에 괴리가 생긴다. 이런 상황에서 좋아요 숫자가 진정한 인기나 사랑을 의미한다고 볼 수 있을까?

특히 10대, 20대는 SNS에서의 인기가 실제 사회적 지위와 연결된다고 생각하는 경우가 많아, 젊은 세대에서 이러한 현상이 두드러진다.

'좋아요'가 적게 달린 게시물을 삭제하는 사람들도 있는데, 자신의 '실패'한 게시물이 남들에게 보여지는 것을 견디지 못하기 때문이다.

우리는 '좋아요' 숫자와 자존감을 분리해야 한다. '좋아요'는 그저 상대방의 순간적 반응일 뿐이다. 그 숫자가 나의 가치나 능력을 정확히 반영하지 않는다. 진정한 자존감은 외부의 평가가 아닌 내적 확신에서 나온다. 자신이 누구인지, 무엇을 중요하게 생각하는지, 어떤 가치를 추구하는지에 대한 명확한 인식이 흔들리지 않는 자존감의 기초가 된다.

비교 중독이 만드는 마음의 피로

남들과 견주는 비교 중독은 헤어나오기가 어렵다. 한 사람과의 비교에서 이기더라도 주위 환경이 바뀌면 비교의 표적이 달라질 뿐 비교 대상은 끝없이 생겨난다.

2022년 한국중독심리학회의 연구에 따르면, 외로움이 자존감과 SNS 중독경향성 사이를 매개하는 역할을 한다고 보고했다.[14] 즉 자존감이 낮은 사람일수록 외로움을 더 많이 느끼고, 이런 외로움을 SNS를 통해 해결하려 하지만 결과적으로는 더 큰 중독과 피로감만 남는다.

비교 중독은 여러 가지 심리적 증상을 만든다. 첫째, 만성적인 불안이다. 항상 남들과 비교해야 한다는 강박 때문에 마음이 편할 날이 없다. 둘째, 열등감의 증가다. 아무리 잘해도 더 잘하는 사람이 있다는 생각에 자신감이 떨어진다. 셋째, 집중력 저하다. 자꾸 다른 사람들의 동향이 궁금해져서 하던 일에 집중하기 어려워진다. 더 심각한 문제는 현실 감각의 왜곡에서 비롯된다. 사람들은 SNS에서 접하는 화려한 모습들을 표준이라고 착각하며, 그로 인해 자신의 평범한 일상이 부족하다고 느낀다. 이러한 왜곡된 기준 때문에 실제로는 충분히 만족스러운 삶을 살고 있음에도 끊임없이 결핍감을 느끼게 된다.

비교 중독에서 벗어나기 위해서는 의식적인 노력이 필요하다. 첫째, SNS 사용 시간을 제한하자. 하루 중 특정 시간에만 확인하고 잠들기 전 한 시간은 스마트폰을 멀리 두는 습관을 만든다. 둘째, 자신만의 기준을 세우자. 다른 사람의 성취가 아닌 과거의 나와 비교하며 성장을 측정한다. 셋째, 현실적인 관점을 유지하자. SNS에서 보는 사진들이 전체가 아니라 일부라는 점을 계속 상기시킨다. 넷째, 감사한 마음을 갖자. 매일 자신의 삶에서 감사한 점들을 적어 보며 나에게 주어진 것들의 가치를 인정한다. 마지막으로 오프라인 활동을 늘리자. 실제 사람들과의 만남, 취미 활동, 운동 등을 통해 SNS가 아닌 외부에서 만족감을 찾는다. 이런 다양한 노력들이 쌓여야만 비교 중독에서 벗어나 진정한 마음의 평화를 찾을 수 있다.

Chapter. 3

흔들리는 자존감의 정체

잘해도 불안, 못해도 불안

성취가 있을 때도 불안하고, 실패가 있을 때도 불안한 마음 상태를 두고 심리학자들은 '성과 독립적 불안'이라고 부른다. 자존감이 흔들리는 상황을 가장 직관적으로 보여주는 현상이다.

여성 A 씨는 회사에서 맡은 프로젝트를 성공적으로 마쳤다. 상사로부터 칭찬받고 동료들에게 인정받았지만 마음 한구석이 불편했다. "다음에도 이렇게 잘할 수 있을까?", "혹시 운이 좋았던 것은 아닐까?" 성취 후 찾아오는 불안감에 잠을 설쳤다.

남성 B 씨는 반대로 중요한 발표에서 실수를 했다. 예상했던 불안감이 찾아왔지만 평소보다 훨씬 더 극심한 자책감이 몰려왔다. "모든 사람이 나를 무능하다고 생각할 거야."라는 생각이 B 씨를 휩쌌다.

두 사람의 공통점은 자존감이 외부 성과에 전적으로 의존하고 있다는 점이다. 성공을 거두어도 다음 실패를 걱정하며 실패할 경우에는 자신의 존재 자체를 의심한다. 이는 현대 사회가 성과와 결과를 지나치게 중시하기 때문이다. 학업 성적, 직장에서의 평가, 심지어 소셜 미디어의 '좋아요' 숫자에 이르기까지, 우리는 끊임없이 무언가를 성취해야 한다는 압박 속에서 살고 있다. 별다른 성과가 없거나 좋지 않은 결과가 있을 때는 어떨까. 실패를 개선의 기회로 보지 못하고, 자신의 무가치함을 증명하는 증거로 받아들인다.

자존감이 위태로운 사람들이 성공을 했을 때는 '사기꾼 증후군'이 찾아오기도 한다. 훌륭한 성과를 거두었음에도 자신의 성취를 진정한 실력으로 인정하지 못하고, 운이나 외부 요인의 결과로 치부하는 심리적 현상이다. 반대로 이들이 실패한 상황에서는 '전면적 자기부정'이 일어난다. 이는 한 영역에서의 실수를 인격의 문제로 확대 해석하는 것으로 심리적으로 자신의 성취를 인정하지 못한다.

한국 심리학회의 연구에 따르면, 완벽주의 성향이 높은 사람일수록 성취 후 만족도가 낮고 다음 과제에 대한 불안이 높다고 나타났다.[15] 성취 자체보다는 완벽하지 않았던 부분에 더 집중하기 때문이다. 잘해도 불안한 마음 뒤에는 완벽주의가 숨어있다. 완벽해야만 인정받을 수 있다는 신념이 끊임없는 불안을 만든다.

성과 중독에 빠진 사람들은 끝없는 경쟁의 늪에서 허우적댄다. 한 번의 성공으로는 만족하지 못하고 더 높은 목표, 더 큰 성취를 추구하기에 진정한 성취감을 느끼기 어렵다. 좋은 결과가 나와도 다음 걱정이 앞서고, 나쁜 결과가 나오면 자신을 전면 부정한다. 성과와 상관없이 불안한 마음이 지속되는 이유다.

성과 독립적 불안의 핵심은 자기 가치의 기준을 외부에 맡긴 데 있다. 하지만 외부 증명은 일시적일 뿐이다. 진정한 자존감은 성과와 무관한 내적 확신에서 나온다. 자존감을 회복하는 첫걸음은 성과와 독립적인 자기 가치를 인정하는 것에서 시작된다.

남의 시선에 갇힌 선택

타인의 시선을 의식하는 것은 자연스러운 인간의 본능이지만 자존감이 낮은 이들에게는 이 본능이 오히려 삶을 지배하는 족쇄가 된다. 결정을 내려야 하는 순간조차 자신의 마음이 아닌 타인의 시선을 먼저 고려한다. 대학생 C 씨는 친구들과 식당에서 메뉴를 정할 때도 작은 일상에서부터 타인의 시선이 모든 선택을 좌우한다. 자신이 먹고 싶은 음식보다는 "너무 비싸면 친구들이 나를 어떻게 생각할까?", "이 음식을 먹으면 이상하게 볼까?"를 먼저 계산한다.

직장인 D 씨는 회의 시간이 가장 힘들다. 좋은 아이디어가 있어도 "모두가 나를 무능하다고 생각하면 어떡하지?" 생각에 입을 다문 채 상대방의 말을 듣고만 있다가, 결국 자신이 마음속으로 떠올렸던 비슷한 아이디어를 다른 사람이 제안하고 나서야 '내가 먼저 생각했는데…….'라며 후회한다.

심리학에서 말하는 '승인 욕구'는 자존감이 낮은 사람에게 과도하게 작동한다. 타인의 승인이 없으면 자신의 가치를 확신할 수 없기 때문이다. 이들은 타인의 반응을 예측하느라 에너지를 필요 이상으로 소모한다. 이렇게 타인의 눈치를 보는 습관의 핵심에는 거절에 대한 두려움이 있다. 거절당하는 것을 개인적인 실패가 아닌 존재 자체의 부정으로 받아들인다. "이 사람이 내 제안을 거절한다."가 "이 사람이 나라는 사람을 거절한다."로 해석된다. 이런 해석은 과도한 조심성으로 이어진다.

거절당할 가능성이 조금이라도 있으면 아예 시도하지 않는다. 자존감이 낮은 사람은 세상을 모든 상황을 타인의 인정과 평가에 기대며 '타인 중심적'으로 본다. 하지만 실제로는 대부분의 사람이 나에게 그렇게 많은 관심을 갖지 않는다.

심리학의 '스포트라이트 효과' 연구에 따르면, 우리는 다른 사람들이 우리에게 갖는 관심을 실제보다 2~3배 과대평가한다고 나타났다.[16] 내가 실수한 순간을 모든 사람이 기억하고 판단할 것이라고 생각하지만, 대부분 금방 잊어버리거나 애초에 신경 쓰지 않는다. 남 눈치를 보는 습관이 계속되면 진짜 자신을 잃어버린다. 타인의 기대에 맞추려고 노력하다 보니 정작 자신이 무엇을 원하는지, 어떤 사람인지 모르게 된다. 이런 상태를 심리학에서는 '거짓 자아False Self'라고 부른다. 타인의 승인을 받기 위해 만들어진 가면 같은 정체성이다. 항상 상대방의 기분에 맞춰 본심은 뒤로하기에 눈치를 많이 보는 사람은 관계의 불균형을 경험한다. 거짓 자아로 살면 일시적으로는 타인의 승인을 받을 수 있지만, 근본적인 공허감과 피로감이 쌓인다. 상대방도 이런 일방적인 관계에서는 그 사람의 진짜 모습을 알 수 없다. 결국 관계의 깊이와 진정성이 떨어지는 악순환이 반복된다. 타인의 시선이 아닌 자신의 내면 목소리에 귀를 기울이는 것부터 시작해 자존감을 회복해 보자.

멈추지 않는 자기 비난

자존감이 낮은 사람들의 머릿속에서는 끊임없는 자기 비난이 일어난다. 자기 비난이 멈추지 않는 데는 심리학적으로 분명한 이유가 있다. 직장인 E 씨의 하루를 들여다보자. 아침에 출근할 때는 지각할까 봐 조마조마하고, '또 늦으면 사람들이 나를 어떻게 생각할까?' 하고 염려한다. 회사에 도착해서는 어제 했던 일들을 되돌아보며 '그때 다르게 했으면 더 좋았을 텐데.'라고 후회한다. 심지어 점심시간에도 동료들과 나눈 대화 속에서 했던 말을 되새기며 '내가 너무 이상한 말을 했나?' 하고 자책하기까지 한다. 이런 자기 비난은 단순한 성찰이나 반성과는 달리 건설적인 개선이 목적이 아니라, 자신을 공격하고 처벌하는 것이 목적이 된다.

심리학자들은 자기 비난을 '내면의 비판자Inner Critic'라고 부른다. 이 내면의 목소리는 마치 잔소리하는 부모나 엄격한 교사처럼 끊임없이 우리를 감시하고 비판한다.

내면의 비판자는 보통 어린 시절 형성된다. 부모나 교사로부터 들었던 비판적 말들이 내재화되어 성인이 되어서도 자기 비난의 형태로 반복된다.

자기 비난이 멈추지 않는 가장 큰 이유는 완벽주의다. 완벽해야만 인정받을 수 있다고 믿기에 조금의 실수나 부족함도 용납할 수 없다.

한국심리학회의 최근 연구에 따르면, 완벽주의 성향이 높은 사람일수록 자기 비난 빈도가 높고 우울과 불안 수준도 상당하다고 나타났다. 완벽주의는 현실적으로 달성 불가능한 기준을 설정하고, 그 기준에 도달하지 못했을 때 가혹한 자기 처벌을 가한다.

자기 비난이 계속되는 두 번째 이유는 '통제감의 착각'이다. 자신을 비난하면 뭔가 문제를 해결할 수 있을 것 같은 느낌을 받는다. 하지만 자기 비난이 문제 해결에 도움이 되지 않는다. 오히려 자신감을 떨어뜨리고 창의적 사고를 막는다. 자기 비난에 빠진 뇌는 방어 모드로 들어가서 새로운 시도나 도전을 회피하게 된다.

역설적이게도 자기 비난은 익숙함 때문에 계속되기도 한다. 어린 시절부터 자기 비난에 익숙해진 사람에게는 이것이 '정상적인' 사고방식처럼 느껴지는데 한국 심리학 연구에서는 이를 '습관적 자기비난 패턴'으로 설명한다. 예측과 통제가 가능한 감정이 불편함에도 불구하고 낯설지만 좋은 감정보다 더 편하게 느껴지는 현상이다.[17]

최근 뇌과학 연구에 따르면, 자기 비난을 할 때 뇌의 특정 영역이 활성화된다. 기능적 자기공명영상fMRI 연구 결과, 자기 비난 중에는 오류 탐지와 처벌을 담당하는 전전두엽 영역이 과도하게 활성화되는 것으로 나타났다. 반대로 자기 위로나 자기 격려를 할 때는 공감과 연민을 담당하는 뇌 영역이 활성화된다. 이는 자기 비난과 자기 위로가 완전히 다른 신경학적 과정이라는 것을 의미한다.[18]

자기 비난은 또한 사회적 학습의 결과이기도 하다. 한국 사회의 경쟁 문화, 비교 문화가 자기 비난을 부추긴다. 부정적인 메시지가 개인의 내면에 자리 잡으면서 지속적인 자기 비난으로 이어지고 결국 악순환을 만든다. 자신을 비난할수록 실제로 실수할 가능성이 높아지고, 실수가 늘어날수록 더 많은 비난거리가 생긴다. 그렇기 때문에 무엇보다 자기 비난이 멈추지 않는 이유를 이해해야 한다. 개인의 성격 문제가 아니라 학습된 패턴임을 인식할 때, 비로소 변화의 가능성이 열린다.

공허감 속에서 흔들리는 '나'

앞서 살펴본 세 가지 문제들이 지속되면서 나타나는 가장 깊은 증상이 바로 공허감이다. 성과에 매달리고, 타인 눈치를 보고, 끊임없이 자신을 비난하다 보면 결국 내면에 깊은 구멍이 뚫린다. 무언가 중요한 것이 빠져있는 듯한 느낌, 삶이 의미 없게 느껴지는 상태가 찾아온다.

대학생 F 씨는 매일 반복되는 일상이 무의미하게 느껴져 내면에 깊은 공허감이 자리하고 있다. "수업 듣고, 과제하고, 친구들과 시간 보내고……. 다 하고 있지만 뭔가 허전해요. 내가 왜 이런 걸 하고 있는지, 이게 나에게 어떤 의미인지 모르겠어요."

직장인 G 씨도 비슷한 경험을 얘기한다. "일은 열심히 하고 있고, 월급도 받고, 사람들과의 관계도 나쁘지 않아요. 그런데 집에 혼자 있으면 이상하게 허전하고 외로워요. 뭔가 중요한 걸 놓치고 사는 것 같은 느낌이 들어요."

실존적 공허감은 단순히 슬프거나 우울한 것과는 다르다. 우울은 보통 특정한 원인이 있고 감정의 기복이 있지만, 공허감은 지속적이고 근본적인 '없음'의 느낌이다. 이러한 공허감의 근본 원인 중 하나는 정체성의 혼란이다. "나는 누구인가?", "내가 원하는 것은 무엇인가?"에 대한 답을 찾지 못할 때 공허감이 찾아온다. 자존감이 낮은 사람은 타인의 기대에 맞추려 하다가 진짜 자신을 잃어버린다. 부모가 원하는 전공을 선택하고, 사회가 요구하는 모습으로 살다 보니 정작 자신이 누구인지 모르게 된다. 이런 상태에서는 아무리 많은 활동을 해도 내적 만족을 얻기 어렵다.

공허감을 느끼는 사람들의 또 다른 특징은 관계 속에서도 외로움을 느낀다는 것이다. 많은 사람들과 어울리고, 대화하고, 웃으면서도 마음 한구석에는 깊은 외로움이 자리한다. 이는 진정한 자신을 드러내지 못하기 때문이다. 타인의 눈치를 보며 가면을 쓰고 살다 보니, 진짜 나를 이해하고 받아줄 사람이 없다고 느낀다. 표면적인 관계는 많지만, 깊이 있는 연결은 부족하다.

또한 이들은 외부적 성취로도 내면이 채워지지 않는다. 좋은 성적을 받고, 승진하고, 인정받아도 일시적인 만족감만 있을 뿐 근본적인 공허감은 사라지지 않는다. 이는 자존감이 외부 성취에 의존하고 있기 때문이다. 성취 자체가 목적이 아니라 타인의 인정을 받기 위한 수단일 때, 성취해도 진정한 만족감을 느끼지 못한다. 오히려 "이제 또 무엇을 해야 하지?"라는 새로운 공허감이 찾아온다.

공허감과 함께 찾아오는 것이 미래에 대한 무력감이다. "앞으로 뭘 해야 할지 모르겠다", "계획을 세워도 의미가 없는 것 같다"는 생각이 든다. 이런 무력감은 자존감 저하와 직접적으로 연결된다. 자신의 능력을 신뢰하지 못하고, 노력해도 변하지 않을 것이라는 절망감을 느낀다. 미래가 현재와 다르지 않을 것이라는 예측이 동기를 잃게 만든다.

공허감은 일상생활의 의미를 잃게 만든다. 먹고, 자고, 일하는 모든 활동이 기계적으로 느껴진다. 심리학자 빅터 프랭클Viktor Emil Frankl은 이런 상태를 '실존적 진공Existential Vacuum'이라고 불렀다. 삶의 의미를 찾지 못한 상태에서 느끼는 근본적인 허무함을 뜻한다.[19]

공허감이 지속되면 감정 자체가 둔화되기도 한다. 기쁜 일이 있어도 깊이 기뻐하지 못하고, 슬픈 일이 있어도 깊이 슬퍼하지 못한다. 모든 감정이 희미하고 표면적으로만 느껴진다. 자기 보호 메커니즘의 일종이기도 하다. 상처받을 위험을 줄이기 위해 감정을 차단하는 것이다. 하지만 이런 상태가 지속되면 삶의 생동감 자체를 잃어버린다.

공허감은 자존감 저하의 결과이자 동시에 원인이기도 하다. 공허감이 있으면 자존감이 더 떨어지고, 자존감이 떨어지면 공허감이 더 깊어진다. 이 악순환을 끊기 위해서는 작은 것부터 자신의 가치를 인정하고, 진정한 자아를 찾아가는 노력이 필요하다.

Chapter. 4

인간다움이 사라질 때 생기는 위기

효율만 남고 따뜻함은 사라진 사회

현대 사회는 효율성이라는 단일한 가치로 모든 것을 재단하는 시대가 되었다. 모든 영역에서 그리고 비효율적인 것은 도태되어야 할 대상이 되었다. 이러한 효율성 중심의 사회에서 인간다움은 점점 설 자리를 잃어가고 있다. 직원의 가치를 숫자로만 평가하는 기업 현장을 살펴보자. 매출, 핵심성과지표 Key Performance Indicator 가 인간의 존재 가치를 결정한다. 한 사람의 업무 능력은 오직 수치로만 측정되고, 따뜻한 격려나 세심한 배려는 비효율적인 가치로 치부된다.

최근 한 대기업에서는 직원 평가에 AI를 도입했다. 인공지능이 직원의 근무 태도, 업무 성과, 심지어 화장실 가는 횟수까지 분석해 점수를 매긴다. 인간적인 정황이나 개인적 사정은 고려되지 않고, 오직 데이터만이 그 사람의 가치를 결정한다. 효율성의 이름으로 인간은 완전히 수치화되고 있다. 병원도 예외가 아니다. 의사는 환자 한 명당 3분 진료를 목표로 한다. 하루에 더 많은 환자를 보는 것이 병원의 수익 증대로 이어진다. 환자의 아픔에 귀 기울일 시간은 없다. 증상을 빠르게 파악하고 처방전을 내주는 것이 전부다. 효율성 추구로 인해 의료진과 환자 간의 인간적 교감이 사라지고 있다. 한 연구에 따르면 의사가 환자와 대화하는 평균 시간은 18초에 불과하다고 한다.[20] 병원에서 환자는 단순한 치료 대상일 뿐 한 명의 인격체로서 존중받기는 어렵다. 따뜻한 말 한마디가 때로는 약보다 효과적일 수 있다는 사실은 어느새 잊혀졌다.

학교 또한 인재를 기르는 곳이 아니라 규격품을 찍어내는 공장이 되었다. 교실에서는 오직 정답만이 중요하다. 학생들의 다양한 생각이나 창의적 아이디어는 시험에 도움이 되지 않는다면 뒷전으로 밀려난다. 교사도 학생도 학문을 배우기보다 성적을 올리는 것에 더 집중한다. 어떤 학생이 무엇을 좋아하는지는 중요하지 않다. 오직 몇 점을 받았는지만 중요하다.

소비사회에서 사람들은 끊임없이 더 많이 사야 한다는 압박을 받는다. 광고는 사람들을 소비 기계로 만든다. 행복은 물건을 사는 것과 동일시된다. 인간의 가치는 얼마나 많이 소유하느냐로 측정된다. 존재보다는 소유가 우선시되는 사회가 되었다. 마케팅 전략은 갈수록 정교해진다. 개인의 취향과 구매 패턴을 분석해 맞춤형 광고를 제공한다. 사람들은 자신도 모르는 사이에 소비 욕구를 조작 당한다. 필요하지 않은 물건도 사게 된다. 소비가 곧 행복이라는 착각에 빠진다. 물질적 풍요가 정신적 만족을 가져다줄 것이라고 믿는다.

하지만 소비로는 진정한 행복을 얻을 수 없다. 잠시 만족감을 느낄 뿐 곧 공허감이 찾아온다. 그러면 더 많은 소비로 그 공허감을 채우려 한다. 끝없는 소비의 악순환이 반복된다. 사람들은 소비하기 위해 더 많이 일하고, 더 많이 일하기 위해 더 효율적이 되어야 한다. 인간다운 삶은 점점 멀어진다. 사회 전체가 기계처럼 돌아간다. 사람은 생산성을 위한 부품으로 전락했다. 감정은 방해 요소로 여겨진다. 공감과 배려는 비생산적인 행위로 간주된다. 휴식이나 여유는 게으름의 증거로 취급받는다. 효율성만이 살아남고 인간다움은 점점 사라져 간다.

이런 사회에서 사람들은 점점 더 외로워진다. 옆에 누군가 있어도 진정한 연결감을 느끼지 못한다. 모든 관계가 이익을 위한 수단이 된다. 서로를 진심으로 돌보고 배려하는 마음은 찾기 어렵다. 기계적인 관계만 남고 따뜻한 인간관계는 희귀해진다. 효율성이라는 이름으로 우리는 가장 소중한 것을 잃고 있는 것은 아닐까.

관계는 많지만 연결은 없는 시대

우리는 역사상 가장 연결된 시대에 살고 있다. SNS 친구는 수백 명이고, 메신저 대화방은 끊임없이 알림을 울린다. 스마트폰 하나면 전 세계 누구와도 연결될 수 있다. 하지만 역설적으로 사람들은 더 외롭다고 느낀다. 많은 관계 속에서도 진정한 연결을 찾지 못하고 있다. 디지털 관계의 특성상 깊이보다는 넓이가 중요하다. '좋아요'와 댓글로 소통하지만 그 뒤에 있는 진짜 감정은 보이지 않는다. 서로의 고민과 아픔을 나누는 깊은 대화는 점점 사라진다. 표면적인 관계만 늘어날 뿐이다.[21]

온라인에서의 소통은 빠른 반응이 중요하다. 깊이 있는 생각이나 진지한 대화보다 짧고 재미있는 내용이 더 인기를 끈다. 진정한 교감을 위해서는 시간과 노력이 필요하지만 디지털 문화는 이런 여유를 허락하지 않는다.

직장에서도 관계는 목적성을 띤다. 업무에 도움이 되는 사람을 자기 곁에 두고자 하고, 대화가 성과나 결과 중심이기에 개인적인 고민이나 진솔한 감정을 나누기 어려운 환경이다. 인간적인 교감은 업무 효율을 떨어뜨리는 방해 요소로 여겨진다. 동료는 경쟁자이자 협력자일 뿐 진정한 친구가 되기는 어렵다. 회사에서는 팀워크를 강조하지만 개인 성과가 더 중요하다. 서로를 도우며 함께 성장하기보다는 자신의 실적을 위해 경쟁한다. 정보를 공유하는 것도 신중하게 계산하며 회사에서 맺어지는 대부분의 관계는 손익계산서가 된다.

현장에서도 진정한 소통은 사라졌다. 교사와 학생 간의 관계는 지식 전달자와 수용자로 한정된다. 학생의 내면적 성장이나 정서적 교류보다는 오직 성적 향상을 위한 기능적 관계에 치우쳐 있다. 선생님은 학생들에게 점수를 주는 사람일 뿐이다.

부모와 자녀 간의 대화도 성적 위주다. 아이의 마음상태나 교우 관계, 꿈과 고민에 대한 관심은 부족하다. 서로의 내면을 이해할 기회는 점점 줄어든다.

현대인들은 관계에서도 즉각적인 만족을 추구한다. 시간과 에너지를 투자해 천천히 쌓아가는 관계는 번거롭게 여겨진다. 빠르게 연결하고 빠르게 단절하는 패턴이 반복된다. 깊은 신뢰관계 형성은 뒷전이 된다. 불편하거나 어려운 관계는 피하려 한다.

신뢰를 쌓으려면 시간이 필요하다. 서로의 장점과 단점을 모두 알아가는 과정이 필요하다. 갈등을 겪고 이를 해결해 나가는 경험도 중요하지만 현대인들은 이런 과정을 귀찮아한다. 편하고 쉬운 관계만 유지하려 한다. 진정한 친밀감을 경험하기 어려운 이유다. 이런 환경에서 사람들은 관계의 피로감을 느낀다. 많은 사람들과 연결되어 있지만 외로움은 깊어지고 소속감은 희미해진다. 관계의 양은 늘었지만 질은 오히려 떨어졌다. 진정한 연결이란 서로의 내면을 이해하고 받아들이는 것이다. 상대방의 취약함도 포용하고 함께 성장해 나가는 것이다. 기쁨을 함께 나누고 슬픔을 함께 감당하는 것이다. 하지만 현재 우리 사회는 이런 깊은 관계를 만들기 어려운 구조로 되어 있다. 많은 관계 속에서도 진짜 연결을 갈망하는 현대인의 모순이 여기에 있다.[22]

흐려지는 '나다움' 그리고 위기

현대 사회는 개인의 고유함보다는 획일성을 요구한다. 학교에서부터 직장까지, 모든 곳에서 정해진 틀에 맞추라고 한다. 나만의 색깔과 개성은 방해 요소로 취급받는다. 점점 더 많은 사람들이 자신이 누구인지 잊어간다. 개성 대신 순응이, 창의성 대신 모방이 요구되는 시대다. 어릴 때부터 아이들은 똑같은 틀에 맞춰 자라난다. 같은 교복을 입고, 같은 시간표로 공부하고, 같은 방식으로 평가받는다. 정해진 답을 말해야 점수를 얻고, 자신만의 관점이나 창의적 아이디어는 시험에 도움이 되지 않는다.

대학 입시 제도는 다양성보다 안정성을 선호한다. 모험적이거나 독특한 이력보다는 검증된 활동 목록을 원한다. 학생들은 위험을 감수하지 않는다. 실패할 가능성이 있는 도전보다는 성공이 보장된 안전한 선택만 한다. 자신만의 길을 개척하려는 시도는 사라진다.

현대 사회는 개인의 특이성을 결함으로 본다. 남들과 다른 것은 고쳐야 할 문제다. ADHD, 난독증, 사회성 부족 같은 특성들은 치료 대상이 된다. 하지만 역사를 보면 많은 천재들이 이런 '결함'을 가지고 있었다.

아인슈타인은 난독증이 있었고, 에디슨은 ADHD 성향을 보였다. 개성을 결함으로 치부하는 사회에서는 천재도 탄생하기 어렵다.

미디어는 이상적인 인간상을 끊임없이 제시한다. 외모, 성격, 라이프 스타일까지 모든 것이 규격화된다. 광고 속 완벽한 가족, 드라마 속 성공한 직장인, 예능 속 인기 있는 성격이 표준이 된다. 사람들은 이런 이미지에 자신을 맞추려 애쓴다. 미디어가 만든 틀에서 벗어나는 것은 이상하거나 뒤처진 것으로 여겨진다.

소셜 미디어 알고리즘도 획일화를 부추긴다. 비슷한 콘텐츠만 추천받다 보니 생각의 폭이 좁아진다. 다양한 관점을 접할 기회가 줄어든다. 모두가 같은 정보를 소비하고 같은 생각을 하게 된다. 필터 버블 안에 갇혀 자신만의 세계관을 형성할 기회를 잃는다.

직장은 개성을 말살하는 공간이 되었다. 신입사원 교육부터 조직에 맞추는 법을 가르친다. 회사의 가치관을 내면화하고 조직 문화에 순응하는 것이 최우선이다. 개인의 신념이나 철학은 중요하지 않다. 오히려 조직에 의문을 제기하거나 다른 방식을 제안하면 문제 직원으로 낙인찍힌다. 승진하려면 상사의 스타일을 모방해야 한다.

노동 현장에서도 사람은 대체 가능한 자원으로 취급받는다. 개인의 특별함이나 창의성은 중요하지 않다. 정해진 매뉴얼대로 일하는 것이 최고의 덕목이다. 자신만의 방식이나 아이디어를 제시하면 오히려 문제가 된다. 모든 사람이 똑같이 일하기를 바란다. 로봇처럼 정확하고 일관성 있게 작업하는 것이 이상적이다.

공장에서 일하는 사람들은 하루 종일 같은 동작을 반복한다. 생각할 여지가 없다. 창의성을 발휘할 기회도 없다. 그저 정해진 작업을 정해진 시간 안에 완료하면 된다. 개인의 개성이나 특별함은 필요하지 않다. 오히려 방해가 될 뿐이다.

　서비스업에서도 마찬가지다. 고객을 대할 때 사용해야 하는 말투와 표정이 정해져 있다. 개인의 성격이나 스타일과 상관없이 똑같은 서비스를 제공해야 한다. 진심이 담긴 미소와 매뉴얼에 따른 미소의 구별은 중요하지 않다. 고객은 서비스의 일관성을 원한다.

　이런 상황이 계속되면 자아정체성의 혼란이 온다. 진짜 나는 누구인지, 무엇을 원하는지 알 수 없게 된다. 에릭슨이 말한 정체성 위기가 성인기에도 지속적으로 나타난다. 건강한 자아정체성을 확립하지 못한 사람들은 심리적 압박과 불안에 시달린다.[23] 정체성 혼란은 다양한 증상으로 나타난다. 무엇을 좋아하는지, 무엇을 싫어하는지 분명하지 않다. 자신의 의견이 없어진다. 남들이 좋다고 하면 덩달아 좋다고 한다. 자신만의 취향이나 기준이 없다. 모든 선택을 타인의 반응을 고려해서 한다.

　나다움이 흐려지면 삶의 방향감을 잃는다. 무엇을 위해 살아야 하는지, 어떤 선택을 해야 하는지 판단하기 어려워진다. 타인의 시선과 평가에만 의존하게 된다. 자신만의 기준과 가치관이 없으니 모든 결정을 남에게 맡긴다. 주체적인 삶을 살기 어려워진다. 이는 결국 무기력감으로 이어진다. 자신의 삶을 주도적으로 살지 못하고 남이 정해놓은 길만 따라간다. 개성과 창의성은 점점 사라진다. 모든 사람이 비슷한 모습으로 살아가는 획일적 사회가 된다.

　나다움의 상실은 개인적 차원을 넘어 사회 전체의 위기다. 다양성이 사라지고 창조성이 부족해진다. 모든 사람이 비슷하게 생각하고 행동하는 사회는 발전할 수 없다. 새로운 아이디어나 혁신이 나올 수 없다. 나다움을 회복하는 것이 개인과 사회 모두에게 절실한 과제가 되었다.

결국 인간다움이 답이 되는 순간

지금까지 살펴본 현대 사회의 문제들을 해결할 열쇠는 무엇일까. 효율성만 남고 따뜻함이 사라진 사회, 관계는 많지만 진짜 연결이 없는 시대, 나다움이 흐려져 가는 위기 상황에서 우리가 찾아야 할 답은 결국 '인간다움'인지도 모른다. 모든 문제의 근본 원인이 인간다움의 상실에 있다면, 해결책도 인간다움의 회복에서 찾아야 한다.

인간다움이란 무엇인가. 그것은 기계가 할 수 없는 인간만의 고유한 능력들이다. 공감하고 이해하는 마음, 창조하고 상상하는 힘, 서로를 진심으로 사랑하고 돌보는 능력이다. 이런 것들은 아무리 AI가 발달해도 완전히 대체할 수 없는 영역이다. 기계는 데이터를 처리하고 패턴을 찾을 수 있지만, 진정한 감정과 공감은 인간만의 것이다.

인간다움의 첫 번째 특징은 공감 능력이다. 다른 사람의 기쁨과 슬픔을 함께 느낄 수 있는 능력이다. 상대방의 입장에서 생각해 보고 그들의 감정을 이해하려 노력하는 것이다. 기계는 감정을 분석할 수 있지만 실제로 느낄 수는 없다. 인간만이 진정한 공감을 통해 서로를 위로하고 격려할 수 있다. 공감은 단순한 동정이나 연민과는 다르다. 상대방을 불쌍히 여기는 것이 아니라 그들의 마음을 진정으로 이해하는 것이다. 함께 웃고 함께 울 수 있는 능력이다. 이런 공감 능력이 있기에 인간은 혼자가 아닌 함께 살아갈 수 있다. 서로를 돌보고 보살피는 공동체를 만들 수 있다.

두 번째 특징은 창의성이다. 새로운 것을 만들어 내는 능력이자 기존의 틀을 깨고 혁신적인 아이디어를 제시하는 힘이다. AI도 창작활동을 할 수 있지만 그것은 기존 데이터의 조합일 뿐이다. 진정한 창의는 인간의 상상력과 직관에서 나온다. 아무것도 없는 곳에서 무언가를 창조하는 능력은 인간 고유의 영역이다. 기계는 프로그래밍된 범위 내에서만 작동하지 인간은 예상치 못한 상황에서도 창의적으로 대응할 수 있다.

세 번째는 관계를 맺는 능력이다. 진정한 유대감을 형성하고 신뢰를 쌓아가는 힘이다. 인간은 눈을 마주치고 손을 잡아 함께 시간을 보내며 유대감을 쌓아 간다. 기계와의 상호작용과는 근본적으로 다른 차원이지만, 인간이 맺은 관계는 완벽하지 않다. 때로는 갈등이 생기고 오해가 발생하기도 한다. 하지만 이런 어려움을 극복하는 과정에서 더욱 깊은 유대감이 형성된다. 서로의 부족함을 인정하고 받아들이며 함께 성장해 간다. 이런 과정은 기계로는 절대 대체할 수 없다.

인문학에서 말하는 인간다움은 '인간같음', '인간되기', '인간으로서 제값하기'를 의미하는데, 단순히 인간으로 태어났다고 해서 저절로 인간다워지는 것은 아니다. 끊임없는 성찰과 노력을 통해 인간다운 인간이 되어가는 것이다.[24] 이는 하루아침에 이룰 수 있는 것이 아닌 평생에 걸친 과정이다. '인간다워'지려면 먼저 자신을 이해해야 한다. 자신의 장점과 단점, 가능성과 한계를 정직하게 바라보자. 그리고 자신만의 가치관과 신념을 세워 나가자. 자신의 내면 소리에 귀 기울이고 진정으로 원하는 것이 무엇인지 알아 가는 일. 타인의 기준이 아닌 자신만의 기준으로 살아가는 용기가 필요하다.

효율성 중심의 사회에서 인간다움을 회복하려면 관점의 전환이 필요하다. 숫자로만 평가받는 존재가 아니라 고유한 가치를 지닌 존재임을 인정해야 한다. 빠르고 많이 하는 것보다 의미 있고 가치 있는 일을 하는 것이 중요하다. 효율성도 필요하지만 그것이 인간다움을 희생하면서까지 추구할 가치는 아니다.

진정한 관계 회복도 인간다움에서 시작된다. 상대방을 이용의 대상이 아닌 소중한 존재로 바라보는 것, 서로의 아픔에 공감하고 기쁨을 함께 나누는 것, 시간을 들여 천천히 신뢰를 쌓아가는 것이 필요하다. 피상적인 관계에 만족하지 말고 깊이 있는 교감을 추구해야 한다.

인간다움은 우리가 잃어버린 소중한 가치들을 되찾아주는 열쇠다. AI 시대일수록 더욱 빛나는 인간만의 능력들이다. 기계가 할 수 없는 감정과 공감, 창의성과 상상력, 관계와 소통의 영역에서 인간은 여전히 독보적이다. 결국 모든 문제의 해답은 인간다움을 회복하는 데 있을지도 모른다. 이제 우리는 진지하게 물어봐야 한다. 어떻게 하면 인간다운 사회를 만들 수 있을 것인가. 어떻게 하면 기계와 함께 살아가면서도 인간다움을 잃지 않을 수 있을 것인가. 답은 우리 각자가 인간다운 삶을 살려고 노력하는 데서 시작될 것이다.

자존감을 회복하기 전 알아야 할 것들

I

Part 2

자존감, 제대로 이해하기

자존감이란 결국 '나를 믿는 힘'

자존감이란 무엇일까. 사람들은 자존감을 막연히 '자신감'이나 '자존심'과 혼동하지만 자존감은 이들과 분명히 다르다. 자존감에 대한 올바른 이해 없이는 진정한 회복도 불가능하다. 자존감 **self-esteem**은 '자신이 사랑받을 만한 가치가 있는 소중한 존재라고 믿는 느낌'이다.[25] 단순히 어떤 일을 잘하거나 못하는 능력의 문제가 아닌 존재 자체로 가치가 있다고 여기는 마음이다. 이는 외부 조건이나 성취와 상관없이 나 자신을 인정하고 받아들이는 근본적인 태도를 의미한다.

자존감과 자신감의 차이를 구분해 보자. 자신감은 자신의 능력을 믿는 느낌이다.

시험을 잘 볼 수 있다거나 발표를 잘 할 수 있다는 믿음이 자신감이다. 자신감은 특정 상황이나 과제에 대한 개인의 역량에 대한 신뢰다. 따라서 상황에 따라 달라질 수 있다. 수학에는 자신감이 있지만 운동에는 자신감이 없을 수 있다.

　반면 자존감은 시험을 못 봐도, 발표에서 실수를 해도 나 자체는 여전히 소중한 존재라고 여기는 마음이다. 자존감은 특정 능력이나 성과와 무관하게 자신의 내재적 가치를 인정하는 것이다. 자신감이 '할 수 있다.'는 믿음이라면, 자존감은 '있는 그대로의 나도 괜찮다.'는 수용이다. 자존심 역시 자존감과 다르다. 자존심은 남에게 굽히지 않고 자신의 품위를 스스로 지키려는 마음이다. 자존심은 종종 타인과의 비교나 경쟁에서 비롯된다. '나는 저 사람보다 못하지 않다는' 생각이 자존심의 근저에 깔려 있다. 하지만 자존감이 높은 사람은 실수했을 때 자신의 실수를 인정하고 진심으로 사과할 수 있다. 실수와 사과가 자신의 가치를 떨어뜨리지 않는다는 것을 알기 때문이다. 또한 도움이 필요할 때 주저 없이 요청할 수 있다. 도움을 받는 것이 자신의 존재 가치를 위협하지 않는다고 여기기 때문이다.

　그렇다면 왜 자존감을 '나를 믿는 힘'이라고 할까. 심리학자 에이브러햄 매슬로는 자존감을 욕구위계이론의 4단계로 설정했다. 그에 따르면 자존감은 두 가지 형태로 구분할 수 있는데 첫째는 타인으로부터 인정과 성공, 칭찬을 받고 싶은 욕구다. 둘째는 자기 자신을 사랑하고 신뢰하며 자신의 기술과 소질을 인정하는 자기존중의 욕구다.[26] 매슬로는 타인으로부터의 존중은 내적 자존감보다 더 취약하고 쉽게 잃을 수 있다고 주장했다. 남들의 평가에 의존하는 자존감은 언제든 흔들릴 수 있다. 들쭉날쭉한 감정의 롤러코스터는 진정한 자존감이 아니다.

　반면 자기 자신을 믿는 내적 자존감은 더 안정적이다. 외부의 평가나 상황 변화에 크게 휘둘리지 않는다. 물론 완전히 영향을 받지 않는 것은 아니지만 기본적인 자기 가치에 대한 신념이 흔들리지 않는다. '나를 믿는 힘'이라는 표현이 정확한 이유가 여기에 있다. 자존감의 핵심은 다른 사람이 나를 어떻게 보든, 내가 무엇을 성취하든 성취하지 못하든, 나는 소중한 존재라고 믿는 것이다. 이런 믿음이 있을 때 우리는 실패를 두려워하지 않고 도전할 수 있다. 자존감이 높은 사람들의 특징을 보면 이를 확인할 수 있다. 이들은 비교적 안정된 마음으로 살아간다. 상대방의 부정적인 말에 쉽게 마음이 상하지 않고 설령 상처를 받는다고 해도 그 상처가 자신의 근본적인 가치를 흔들지는 않는다.[27]

또한 자존감이 높은 사람들은 자신과 타인을 동등하게 인식한다. 각각을 고유한 가치를 가진 존재로 보기 때문에 우월감이나 열등감이라는 개념 자체가 이들의 사고체계에서는 큰 비중을 차지하지 않는다.

현대 사회에서 자존감이 특히 중요한 이유는 무엇일까. 우리는 끊임없는 비교와 경쟁의 시대를 살고 있다. SNS를 통해 다른 사람들의 성공 스토리를 실시간으로 접한다. 입시, 취업, 승진 등 인생의 매 순간이 평가받는 상황이다.

이런 환경에서 외부 평가에 의존하는 자존감은 매우 불안정할 수밖에 없다. 좋은 결과가 나오면 하늘을 찌를 듯 기뻐하고, 나쁜 결과가 나오면 땅에 떨어진다. 이런 감정의 기복은 정신건강에 해롭다.

하지만 '나를 믿는 힘'이 있다면 다르다. 좋은 결과든 나쁜 결과든 그것이 나의 존재 가치를 좌우하지 않는다는 것을 안다. 결과는 결과일 뿐이다. 그 결과가 나라는 사람의 전부를 규정하지 않는다. 이런 관점은 역설적으로 더 좋은 결과를 가져오기도 한다. 실패에 대한 두려움이 줄어들면 더 과감하게 도전할 수 있다. 완벽해야 한다는 압박감에서 벗어나면 오히려 더 창의적이고 자유로운 사고가 가능하다.

결국 자존감이란 내가 나를 얼마나 믿고 있느냐의 문제다. 이 믿음이 흔들리지 않을 때 우리는 진정으로 자유로워질 수 있다. 타인의 시선이나 사회적 기준에 얽매이지 않고 자신만의 길을 걸어갈 수 있게 된다.

잘해서가 아니라 존재로서 소중하다

많은 사람들이 자존감을 '성취해야 자존감이 올라간다.', '남보다 뛰어나야 자존감이 높아진다.'고 잘못 생각한다. 하지만 이는 조건부 자존감일 뿐이며 진정한 자존감은 어떤 조건도 필요 없이 존재 자체만으로 가치 있다고 여기는 무조건적이다.

무조건적 자존감이란 무엇인가. 이는 어떤 성과나 능력, 외모나 지위와 상관없이 나 자신을 가치 있는 존재로 인정하는 것이다. 정신의학자 토마스 해리스Thomas A Harris는 이를 "너는 받아들여지고 있어. 무조건적으로You are accepted, unconditionally."라고 표현했다.[28] 이런 관점은 인본주의 심리학의 거장 칼 로저스Carl Rogers의 이론과도 맞닿아 있다. 로저스는 치료 과정에서 내담자에게 무조건적 수용을 보이는 것의 중요성을 강조했다. 어떤 일이 있어도 긍정적인 존경을 제공했다. 이것이 내담자의 자존감을 향상시킬 수 있다고 봤기 때문이다.

로저스의 무조건적 긍정적 관심unconditional positive regard은 상대방을 있는 그대로 받아들이는 태도다. 상대방이 어떤 행동을 하든, 어떤 말을 하든, 그 사람 자체의 가치는 변하지 않는다고 본다. 이런 경험을 통해 사람들은 자신도 무조건적으로 받아들일 수 있게 된다. 그런데 현실에서는 어떨까. 우리는 어릴 때부터 잘해야 사랑 받는다는 메시지를 받으며 자란다. 시험 점수가 잘 나와야, 착하게 행동해야 칭찬을 받고 인정을 받는다. 부모의 기대에 부응해야 사랑받을 수 있다고 가르치는 환경에서는 조건부 자존감이 형성되기 쉽다.

조건부 자존감이란 특정 조건을 만족했을 때만 자신을 가치 있다고 여기는 것이다. 반대로 특정 조건을 달성하지 못하거나 비판 받으면 자신을 무가치한 존재로 여긴다. 조건부 자존감의 문제는 무엇일까. 첫째, 극도로 불안정하다. 성공했을 때는 기분이 좋지만 실패했을 때는 바닥으로 떨어진다. 감정의 기복이 심해 일관된 정체성을 유지하기 어렵다. 마치 주식차트처럼 오르락내리락한다.

둘째, 끊임없는 경쟁과 비교에 시달린다. 항상 남보다 앞서야 한다는 압박감에 시달린다. 다른 사람의 성공이 나의 실패처럼 받아들여지고 상대적 박탈감을 느낀다.

셋째, 진정한 자기 자신을 잃어버린다. 남들의 기준에 맞추느라 정작 자신이 무엇을 원하는지 모르게 된다. 자신의 진짜 꿈이나 가치보다는 사회적으로 인정받을 수 있는 것들만 추구하게 된다.

넷째, 완벽주의에 빠지기 쉽다. 실수나 실패를 용납하지 못한다. 작은 결함도 자신의 전체 가치를 부정하는 증거로 받아들인다. 이는 극심한 스트레스와 불안을 야기한다.

실제로 한국 사회에서는 조건부 자존감이 만연하다. 성적, 외모, 직업, 재력 등이 자존감을 결정하는 기준이 되고는 한다. 하지만 이런 기준들은 모두 변할 수 있는 것들이다. 상황에 따라 변하는 성적, 직업, 외모 등 외적 기준들이 우리의 본질적 가치와는 무관하다. 그렇다면 무조건적 자존감은 어떻게 형성될까. 먼저 자신의 존재 가치를 인정하는 것부터 시작해야 한다. 내가 숨 쉬고 있다는 것만으로도 이미 소중하다는 것을 받아들여야 한다. 이는 단순한 자기위로가 아니다. 실제로 모든 생명체는 존재 자체로 가치가 있다는 것이 생물학적 관점이기도 하다.

인간은 태어나는 순간부터 이미 완전한 존재다. 아기는 아무것도 할 수 없지만 그 자체로 사랑받을 가치가 있다. 성인이 되어서도 마찬가지다. 무엇을 성취하든 성취하지 못하든, 우리의 기본적인 존재 가치는 변하지 않는다.

무조건적 자존감을 기르려면 완벽하지 않아도 괜찮다는 사실을 받아들여야 한다. 실수할 수도 있고 타인보다 뒤쳐질 수도 있다. 하지만 그것이 내 존재 가치를 깎아내리지는 않는다. 완벽한 인간은 존재하지 않는다. 오히려 불완전함이야말로 인간다운 모습이다. 모든 사람은 각자의 강점과 약점을 가지고 있기에 때로는 실패하고, 때로는 성공한다. 이런 다양한 경험들이 모여 우리를 더 풍부하고 깊이 있는 인간으로 만든다. 또한 성취와 존재를 분리해서 생각하는 연습이 필요하다. "나는 이번 시험을 못 봤다."와 "나는 못하는 사람이다."는 전혀 다른 말이다. 전자는 상황에 대한 설명이고, 후자는 존재에 대한 평가다.

무조건적 자존감은 또한 자기 연민**self-compassion**과 밀접한 관련이 있다. 자기 연민은 자신에게 친절하고 너그럽게 대하는 것을 의미한다. 실수했을 때 자신을 비난하고 공격하는 대신, 친구에게 하듯 위로하고 격려하는 행동이 해당된다.

크리스틴 네프**Kristin Neff**는 자기 연민의 세 가지 요소를 제시했다. 첫째는 자기 친절**self-kindness**로, 자신에게 가혹하기보다는 친절하게 대할 것. 둘째는 공통된 인간성**common humanity**으로, 고통과 실패는 나만의 문제가 아니라 모든 인간이 경험하는 보편적 요소임을 인식할 것. 셋째는 마음챙김**mindfulness**으로, 현재 이 순간의 경험을 있는 그대로 관찰하고 받아들이는 것이다.

무조건적 자존감이 형성되면 실패를 두려워하지 않게 된다. 실패가 자신의 가치를 떨어뜨리지 않는다는 것을 알기 때문이다. 또한 남의 시선에 덜 신경 쓰게 된다. 다른 사람의 평가가 자신의 존재 의미를 좌우하지 않는다는 것을 깨닫기 때문이다. 뿐만 아니라 진정한 자기 자신을 찾을 수 있게 된다. 남들의 기대나 사회적 기준에 맞추려고 애쓰지 않아도 된다. 자신만의 고유한 가치와 개성을 인정하고 발전시킬 수 있다. 이것이 바로 존재 자체로 소중한 자신을 인정하는 힘이다.

자존감은 타고난 성격이 아니라 '키우는 근육'

"나는 원래 자존감이 낮은 사람이야." 이런 말을 하는 사람들은 대체로 자존감을 타고난 성격처럼 여긴다. 하지만 이는 잘못된 생각이다. 자존감은 타고난 성격이 아니라 '키우는 근육'과 같다. 훈련하면 강해지고, 방치하면 약해진다. 더 중요한 것은 언제든 다시 기를 수 있다는 점이다. 이를 뒷받침하는 과학적 근거가 있다. 뇌 과학자들은 우리의 뇌가 '신경가소성$_{neuroplasticity}$'을 가지고 있다는 것을 발견했다. 뇌는 평생에 걸쳐 변화하고 적응할 수 있다. 새로운 신경 연결이 형성되고, 기존의 연결이 강화되거나 약화된다.

최근 뇌과학 연구에 따르면, 자존감 역시 뇌의 신경 회로와 밀접한 관련이 있다는 것이 밝혀졌다. 신경가소성의 원리에 따라 환경 변화와 경험, 주변 자극의 영향에 의해 뇌의 구조와 기능이 재조직될 수 있다[29]. 이는 자존감 관련 뇌 부위도 훈련을 통해 강화될 수 있음을 의미한다. 신경가소성의 발견은 과거의 고정관념을 완전히 뒤바꿔놓았다. 예전에는 성인의 뇌는 더 이상 변하지 않는다고 여겨졌지만 지금은 연령과 상관없이 뇌가 계속 변화할 수 있다는 것이 증명되었다. 새로운 기술을 배우거나, 특정 환경에 적응하거나, 다양한 사고방식을 익힐 때마다 뇌는 물리적으로 변화한다.

연세대 언론홍보영상학부 김주환 교수는 그의 저서『내면소통』에서 '마음근력'이라는 개념을 제시했다. 그에 따르면 마음에도 근육이 있고, 이는 체계적이고 반복적인 훈련을 통해 강해진다고 한다.[30] 몸의 근육처럼 마음근력도 운동하지 않으면 허약해지고, 훈련하면 강해진다. 마음근력의 개념은 매우 직관적이다. 헬스장에서 근육을 기르는 것처럼 마음도 훈련을 통해 강해질 수 있다는 것이다. 처음에는 가벼운 무게부터 시작해서 점차 무거운 무게를 들 수 있게 되는 것처럼, 자존감도 작은 연습부터 시작해서 점차 강화할 수 있다.

실제로 자존감 향상을 위한 다양한 훈련 방법들이 개발되어 있다. 인지행동치료CBT가 대표적이다. 이 치료법은 부적응적 사고와 행동이 심리적 장애의 발달과 유지에 중요한 역할을 한다는 전제에서 출발한다. 새로운 정보 처리 기술과 대처 메커니즘을 가르침으로써 증상과 고통을 줄일 수 있다는 것이다.[31] 인지행동치료에서는 자존감도 훈련 가능한 영역으로 본다. 왜곡된 생각을 찾아내는 기술, 부적응적인 믿음을 수정하는 기술, 감정을 인식하고 조절하는 기술 등을 익힐 수 있다.[32] 이런 기술들은 모두 연습을 통해 향상될 수 있다.

예를 들어, 자동적 사고를 관찰하는 연습을 해 보자. 많은 사람들이 "나는 항상 실패한다.", "모든 사람이 나를 싫어한다."와 같은 부정적인 자동적 사고에 시달린다. 인지행동치료에서는 이런 자동적 사고를 객관적으로 관찰하고 검증하는 방법을 가르친다. "정말로 항상 실패하는가?", "성공한 경험은 없었나?", "모든 사람이 나를 싫어한다는 증거가 있는가?" 같은 질문을 통해 비합리적인 생각을 합리적인 생각으로 바꿔나간다.

운동이 자존감에 미치는 영향도 주목할 만하다. 하버드대 정신의학과 연구에 따르면, 하루 30분 이내 걷기와 같은 가벼운 유산소 운동은 항우울제만큼의 효과가 있다고 한다. 운동은 뇌에서 세로토닌, 도파민, 노르에피네프린 등의 분비를 촉진하는데, 이는 기분 조절에 매우 중요하다. 더 흥미로운 것은 운동이 '나는 나를 지킬 수 있다'는 신뢰감을 만든다는 점이다. 훈련을 통해 스스로를 관리하고 있다는 감각 자체가 자존감을 높인다.[33] 몸이 변했다는 사실보다 중요한 건 스스로 해냈다는 경험과 내가 내 몸을 컨트롤할 수 있다는 자신감이다.

운동을 통한 자존감 향상은 여러 메커니즘을 통해 일어난다. 첫째, 목표 설정과 달성의 경험이다. 작은 운동 목표라도 달성하면 성취감을 느낀다. 이런 경험이 누적되면서 나도 할 수 있다는 자신감이 생긴다.

둘째, 신체적 변화를 통한 자기 효능감 증가다. 근력이 늘거나 지구력이 향상되면 일상생활에서도 더 활기차고 자신감 있게 행동할 수 있다. 몸이 건강해지면 마음도 건강해진다.

셋째, 스트레스 해소 효과다. 운동은 스트레스 호르몬인 코르티솔을 감소시키고, 행복 호르몬인 엔도르핀을 증가시킨다. 이는 기분을 개선하고 자존감 향상에 도움이 된다.

자존감을 '근육'으로 보는 관점의 장점은 무엇일까. 희망을 준다. 지금 자존감이 낮더라도 훈련하면 높일 수 있다는 가능성을 보여준다. 태생적으로 정해진 것이 아니라 노력에 따라 바뀔 수 있다는 것을 안다.

그리고 구체적인 방법을 제시한다. 막연히 '긍정적으로 생각하라'가 아니라 실제로 할 수 있는 훈련법을 알려준다. 인지행동치료, 운동, 명상 등 과학적으로 검증된 방법들이 있다.

그렇다면 자존감 '근육'을 어떻게 기를 수 있을까. 작은 성공 경험부터 시작하는 것이 좋다. 매일 달성할 수 있는 작은 목표를 정하고 실천해 보자. 일찍 일어나기, 물 많이 마시기, 책 한 페이지 읽기 등 간단한 것부터 시작한다. 긍정적인 자기 대화를 연습하는 것도 중요하다. 감사 일기를 쓰는 것도 효과적이다. 매일 작은 것이라도 감사한 일들을 기록한다. 이는 부정적인 것에만 집중하는 뇌의 편향을 바로잡고, 긍정적인 측면을 더 잘 인식하게 도와준다.

마지막으로 자기 연민을 실천하는 것이 중요하다. 실수했을 때 자신을 혹독하게 비판하지 말고, 친구에게 하듯 따뜻하게 위로해 주자. 자존감은 결코 고정된 것이 아니다. 오늘부터라도 자존감 근육을 기르기 시작할 수 있다. 꾸준한 노력과 훈련을 통해 누구나 건강한 자존감을 만들어갈 수 있다.

흔들려도 다시 세울 수 있는 이유

자존감이 높은 사람도 때로는 흔들린다. 실패를 경험하거나 큰 상처를 받을 때면 자존감이 무너지기도 한다. 하지만 중요한 것은 다시 세울 수 있다는 점이다. 자존감이 근육과 같다면, 다친 근육도 치료하고 재활하면 다시 강해질 수 있는 것처럼 말이다. 오히려 시련을 겪고 회복한 자존감은 더욱 견고해진다.

자존감이 흔들리는 것은 자연스러운 일이다. 완벽한 사람은 없기 때문이다. 인생에는 예상치 못한 일들이 일어난다. 사랑하는 사람을 잃거나, 직장에서 해고당하거나, 건강에 문제가 생기거나, 중요한 시험에서 실패하거나, 인간관계에서 배신당하는 일들이 있다. 이런 일들이 일어날 때 자존감이 흔들리는 것은 당연하다. 문제는 흔들린 후에 어떻게 대처하느냐다. 자존감이 낮은 사람은 한 번 무너지면 오랫동안 회복하지 못한다. 그 실패나 상처가 자신의 모든 것을 규정한다고 생각한다. 반면 자존감이 건강한 사람은 비교적 빨리 회복한다.

이런 차이는 어디서 오는 걸까. 자존감이 건강한 사람들은 '회복탄력성 resilience'이 높다. 회복탄력성이란 어려운 상황에서도 다시 일어설 수 있는 능력을 말한다. 이 역시 훈련을 통해 기를 수 있는 능력이다. 회복탄력성의 핵심은 실패나 좌절을 어떻게 해석하느냐에 있다. 자존감이 낮은 사람은 한 번의 실패를 자신의 전반적인 능력이나 가치와 연결시키지만 자존감이 건강한 사람은 실패에서 배울 점을 찾고, 실패를 영구적이고 전반적인 것이 아니라 일시적이고 특정한 것으로 본다.

심리학자들은 이를 '설명 스타일 explanatory style'이라고 부른다. 부정적인 일이 일어났을 때 그 원인을 어떻게 설명하느냐에 따라 회복력이 달라진다는 것이다. 건강한 설명 스타일은 다음과 같은 특징을 가진다.

첫째, 구체적이다. 실패의 원인을 구체적으로 파악하면 다음에 개선할 방법도 찾을 수 있다.

둘째, 일시적이다. 한 번의 실패가 미래의 모든 가능성을 닫아버리는 것은 아니라는 것을 안다.

셋째, 외부적이다. 물론 자신의 책임을 완전히 외면하는 것은 아니다. 하지만 모든 실패를 자신의 근본적인 결함 때문이라고 보지는 않는다.

이런 건강한 설명 스타일은 학습될 수 있다. 마틴 셀리그만 Martin Seligman은 '학습된 낙관주의'라는 개념을 통해 이를 설명했다. 비관적인 사고방식도 학습된 것이라면 낙관적인 사고방식도 학습할 수 있다는 것이다. 자존감을 다시 세우는 데에는 자기 수용이 중요하다. 완벽하지 않은 나를 있는 그대로 받아들이는 것이다. 이때 크리스틴 네프Kristin Neff의 자기 연민self-compassion 이론이 효과적이다.

자존감을 다시 세우는 데에는 앞서 살펴본 자기 연민이 효과적이다. 앞서 소개한 자기 친절, 공통된 인간성, 마음챙김의 세 가지 요소를 실천해 보자.

작은 성취를 인정하는 것도 중요하다. 큰 성공만이 가치 있다고 생각하지 말고, 일상의 작은 성공을 축하하자. 만약 오늘 계획한 운동을 했다면 그것만으로도 충분히 인정받을 만하다. 친구에게 안부 전화를 했다면 그것도 의미 있는 일이다. 이런 작은 성취들이 모여 자존감의 기반을 만든다. 매일 작은 성공을 경험하면 점차 더 큰 도전에 맞설 수 있는 힘을 준다.

긍정적인 관계도 자존감 회복에 중요한 역할을 한다. 나를 있는 그대로 받아들이고 지지해주는 사람들과 시간을 보내자. 이런 관계 속에서 우리는 자신의 가치를 재확인할 수 있다. 반대로 지속적으로 비판하거나 비하하는 사람들과는 거리를 두는 것이 좋다.

사회적 지지social support는 스트레스를 완화하고 회복력을 높이는 중요한 요소다. 혼자서 모든 부담을 감당하려고 하지 말고, 도움이 필요할 때는 주저 없이 요청하자. 가족, 친구, 동료, 전문가 등 다양한 지지 체계를 활용할 수 있다.

성장 마인드셋growth mindset을 기르는 것도 중요하다. 캐롤 드웩Carol Dweck의 연구에 따르면, 성장 마인드셋을 가진 사람들은 실패를 학습 기회로 본다[34]. 능력은 고정된 것이 아니라 노력을 통해 발전시킬 수 있다고 믿는다. 고정 마인드셋을 가진 사람은 주어진 업무를 못한다며 포기하지만 성장 마인드셋을 가진 사람은 이를 노력으로 발전시킨다. 작은 차이 같지만 이는 엄청난 변화를 가져온다.

의미 찾기 **meaning-making** 도 회복에 도움이 된다. 어려운 경험에서도 의미를 찾을 수 있다면 그 경험은 성장의 기회가 된다. 이 실패를 통해 무엇을 배웠고 더 나은 단계로 성장하기 위해 어떤 일을 자문해 보자. 많은 성공한 사람들이 과거의 실패를 성공의 밑거름이라고 말한다. 실패에서 배우지 못하는 것이 가장 큰 실패이다. 그 경험을 통해 얻은 교훈과 성장이 결국 더 큰 성공으로 이어진다.

자존감 회복의 과정은 선형적이지 않다. 포기하지 말고 꾸준히 노력하면 반드시 회복할 수 있다. 지금 당신의 자존감이 흔들리고 있다면, 그것은 자연스러운 일이다. 포기하지 말고 한 걸음씩 다시 세워 나가자. 당신에게는 분명히 그럴 힘이 있다.

Chapter. 2

낮은 자존감의 숨은 신호들

"나는 원래 못해"라는 자기 한계

"나는 성공하지 못할 거야." 이런 말을 입에 달고 사는 사람들이 있다. 겉보기엔 단순한 자기 겸손처럼 보이지만, 사실 이는 자존감이 낮은 사람들의 전형적인 신호다. 자기 한계 설정은 미래의 가능성을 차단하는 심리적 방어막이다. 이러한 생각은 새로운 도전이나 변화를 원천적으로 차단한다. 왜냐하면 시도조차 하지 않으면 실패할 일도 없기 때문이다. 심리학자들은 이를 '학습된 무력감'과 연결해서 설명한다.[35] 반복적인 실패 경험이나 주변의 부정적 피드백이 쌓이면서, 자신의 능력에 대한 부정적 믿음이 굳어진다. 한 번 이런 믿음이 형성되면 성공 가능성이 있는 상황에서도 포기하는 경향을 보인다.

또 다른 특징은 같은 조건에서 성공한 타인을 보면서도 "나와는 다른 사람"이라며 거리를 두려 하고, 자신과 비슷한 상황에서 성공한 사례를 봐도 "운이 좋았을 뿐"이라고 해석한다. 이런 패턴은 특히 새로운 환경에서 두드러진다. 직장을 옮기거나 새로운 취미를 시작할 때, 혹은 새로운 관계를 맺을 때 "나는 원래 잘 못해."라며 미리 한계선을 그어놓는다. 이는 상처받을 가능성을 줄이려는 방어기제이지만, 동시에 성장할 기회도 함께 차단한다.

자기 한계 설정의 다른 형태는 완벽주의와 결합된 경우다. 이들은 자신에게 비현실적으로 높은 기준을 적용하고, 그 기준에 도달할 수 없다면 시도조차 포기한다. 흥미롭게도 자기 한계를 설정하는 사람들은 다른 사람에 대해서는 관대한 경우가 많다. 자신에 대한 기준과 타인에 대한 기준이 이중적으로 작동하는 것이다.

그렇다면 이런 자기 한계 설정에서 벗어나려면 어떻게 해야 할까? 먼저 자신의 내적 대화를 관찰해야 한다. 습관적으로 또는 무의식적으로 한계를 정하는 말이 나올 때마다 의식적으로 의문을 던져보는 것이다. 그리고 과거의 성공 경험, 아무리 작은 것이라도 떠올려 보면서 자신의 가능성을 재확인하는 것이 도움이 된다.

칭찬이 오래 남지 않는 마음

칭찬을 들었을 때 당신의 마음은 어떤가? 잠깐 기분이 좋아졌다가 금세 별거 아닌 일이라며 시무룩해하지는 않는가? 칭찬을 받아도 그 기쁨이 오래가지 못하는 것은 자존감이 낮은 사람들의 대표적인 특징이다. 자존감이 낮은 사람들은 칭찬을 받을 때 독특한 심리적 과정을 겪는다. 처음에는 기분이 좋아지지만 곧바로 부정적인 생각이 뒤따른다. 마치 칭찬이라는 선물을 받자마자 스스로 반납하는 행동과 같다.

이런 현상의 배경에는 자기 가치에 대한 확신 부족이 있다. 칭찬받을 자격이 없다고 느끼기 때문에 칭찬을 온전히 받아들이지 못한다. 대신 칭찬하는 사람의 의도를 의심하거나, 칭찬의 진정성을 의문시한다. 그 저 기분 좋으라고 하는 말이라고 해석하는 것이다.

칭찬 요법에 관한 연구에 따르면, 칭찬은 자존감 향상에 상당한 효과가 있다.[36] 하지만 자존감이 낮은 사람들은 이런 칭찬의 효과를 스스로 차단해 버린다. 칭찬을 들은 직후 잠깐의 기쁨을 느끼지만 내적 비판자가 즉시 등장해서 그 기쁨을 앗아간다. 특히 이들은 자신에 대해서는 가혹한 기준을 적용한다. 같은 성과를 낸 다른 사람에게는 진심으로 박수를 보내면서도, 자신이 같은 성과를 냈을 때는 평가 절하한다. 다른 사람을 칭찬할 때는 진심이 담겨 있지만, 자신을 향한 칭찬은 쉽게 믿지 못한다.

B 씨는 회사에서 프로젝트를 성공적으로 마무리했다. 동료들이 "정말 수고 많았어, 덕분에 일이 잘 풀렸어."라고 말했지만, B 씨는 속으로 "나 때문이 아니라 팀워크가 좋아서 그런 거지. 사실 나는 실수도 많이 했는데."라고 생각했다. 심지어 상사가 다음 프로젝트의 총괄 책임자를 제안했을 때도 그 제안에 의아해했다. 이런 패턴은 어린 시절의 경험과도 관련이 깊다. 성과 중심의 칭찬만 받아 왔다면 칭찬은 일시적인 것이고 다음 성과를 내지 못하면 사라질 것이라고 학습한다. 또는 칭찬 뒤에 항상 '하지만', '그런데'와 같은 접속 부사가 따라왔다면, 칭찬 자체를 완전히 신뢰하지 못하게 된다.

칭찬을 받아도 기쁨이 오래가지 못하는 또 다른 이유는 기준점이 계속 높아지기 때문이다. 칭찬 후에도 결과에 대한 압박감과 실패에 대한 부담감을 가장 먼저 생각하는 사람들은 마치 높이뛰기에서 막대가 계속 올라가는 것처럼 성공할 때마다 자신에게 더 높은 기준을 요구한다.

　더욱 문제가 되는 것은 칭찬의 '할인' 현상이다. 자존감이 낮은 사람들은 칭찬을 받으면 무의식적으로 그 가치를 깎아내린다. 심지어 칭찬하는 사람의 판단력까지 의심하기도 한다. 또한 이들은 칭찬의 내용보다 칭찬하지 않은 부분에 더 집중한다. "프레젠테이션 잘했다."라는 칭찬을 들으면, "목소리 톤에 대한 얘기는 없네."라며 부족한 부분을 찾아 헤맨다. 긍정적 피드백보다 부정적 피드백에 더 민감하게 반응하는 것이다.

　흥미롭게도 칭찬 지속 시간도 현저히 짧다. 일반적인 사람들이 칭찬의 기쁨을 며칠간 간직하는 반면, 자존감이 낮은 사람들은 몇 시간, 심지어 몇 분 만에 그 기쁨이 사라진다. 대신 "다음에도 이렇게 할 수 있을까?"하는 불안과 압박감이 그 자리를 차지한다. 부정적인 생각에 압도될 때는 무엇보다 칭찬하는 사람의 관점에서 생각해 보는 연습이 중요하다.

　이들은 자기 칭찬을 더욱 어려워한다. 다른 사람에게는 객관적인 칭찬을 쉽게 하면서도, 자신에게는 그런 말을 건네는 것이 어색하고 부자연스럽다. 이런 상황에서 벗어나려면 먼저 칭찬을 받을 때의 첫 번째 감정을 의식적으로 붙잡아 두는 연습이 필요하다. 칭찬을 들었을 때의 그 순간의 기쁨을 충분히 음미하고, 내적 비판자가 나타나면 "잠깐, 이 기쁨을 좀 더 느끼고 싶어."라고 말해 보자. 또한 칭찬을 기록하는 일도 도움이 된다. 칭찬받은 내용을 글로 써두고, 혼자 있을 때 다시 읽어보면서 그때의 기분을 되살려 보자. 이는 칭찬의 효과를 지속시키고, 자신의 가치를 객관적으로 인식하는 데 도움이 된다.

눈치 보느라 결정 못 내리는 나

"내가 한 행동을 보고 사람들이 무슨 생각을 할까? 혹시 이상하게 보이지는 않을까?" 매일 수많은 선택의 순간마다 이런 생각이 먼저 떠오른다면, 당신은 남의 시선이라는 감옥에 갇혀 살고 있을지도 모른다. 남의 눈치를 보는 것은 인간의 자연스러운 사회적 본능이다. 하지만 정도가 지나치면 자신의 주도권을 완전히 남에게 넘겨주는 결과를 낳는다. 자존감이 낮은 사람들은 자신의 가치를 스스로 인정하지 못하기 때문에, 그 가치를 남들의 평가에 의존하게 된다.

자기결정이론에 따르면, 인간의 기본적 심리 욕구 중 하나가 자율성이다. 하지만 남의 눈치를 과도하게 보는 사람들은 이 자율성을 포기하고 외부의 승인을 구하는 데 모든 에너지를 쏟는다. 자신이 원하는 것보다 남들이 원하는 것을 우선시하게 되는 것이다. 이런 패턴은 일상의 작은 선택에서부터 인생의 중요한 결정에 이르기까지 전방위적으로 나타난다. 문제는 이런 방식으로 살면 진정한 자신을 잃어버린다는 것이다. 남들의 기대에 맞춰 살다 보면 정작 자신이 무엇을 원하는지, 무엇을 좋아하는지조차 모르게 된다. 마치 타인이 그려놓은 그림 안에서만 색칠하며 살아가는 것과 같다. 남의 눈치를 보는 사람들은 거절하는 것을 특히 어려워한다. 자신이 거절함으로써 상대방이 실망하거나 화낼까 봐 두려워한다. 그 결과 원치 않는 일들을 떠안게 되고, 스트레스는 계속 쌓여만 간다. 자신의 경계선을 지키지 못하면서 점점 더 많은 것들을 양보하게 된다.

이런 패턴은 새로운 관계 형성에도 영향을 미친다. 처음 만나는 사람들 앞에서 어떻게 보일지 걱정하느라 자연스럽게 다가가지 못한다. 상대방이 자신을 어떻게 평가할지 미리 걱정하면서 관계 자체를 회피하거나, 겉으로는 사교적인 척하지만 진짜 자신은 숨기고 있다. 특히 갈등 상황에서 이런 경향이 두드러지는데, 의견 충돌이 생겼을 때 자신의 생각을 당당하게 표현하기보다는 분위기 깨는 사람이 되지 않으려고 조용히 뒤로 물러선다. 화합을 위해서라고 스스로를 합리화하지만, 실제로는 자신의 목소리를 잃어버리는 것이다.

이런 행동의 배경에는 거절당할 것에 대한 두려움이 있다. 자신의 의견이나 욕구를 표현했을 때 받아들여지지 않으면, 자신 전체가 거절당한 것처럼 느낀다. 그래서 아예 자신을 드러내지 않는 것이 안전하다고 생각한다. 하지만 아이러니하게도 남의 눈치만 보며 사는 사람은 결국 누구에게도 진정성 있게 다가갈 수 없다. 진짜 자신을 숨기고 있기 때문에 깊이 있는 관계를 형성하기 어렵다. 사람들은 진정성을 느낄 수 없는 관계에서 거리감을 느끼게 된다.

남의 눈치 보는 패턴에서 벗어나려면 먼저 작은 것부터 시작해야 한다. 오늘 점심메뉴만큼은 정말 내가 먹고 싶은 것으로 선택해 보는 것이다. 그리고 그 선택에 대해 다른 사람이 어떻게 생각하든 상관없다는 마음을 연습해 보는 것이다. 또한 대부분의 사람들은 자신의 일로 바빠서 남의 일에 그렇게 오래 신경 쓰지 않는다는 사실을 기억해야 한다. 내가 걱정하는 만큼 다른 사람들이 나에게 관심을 갖고 있지는 않다.

작은 일에도 쉽게 무너지는 마음

사소한 실수 하나에 며칠째 잠을 못 자고, 가벼운 비판 한마디에 세상이 무너진 것처럼 느끼고, 작은 변화 하나에도 과도하게 불안해한다.

이렇게 작은 일에도 쉽게 무너지는 것 역시 자존감이 낮은 사람들의 특징이다. 심리학에서는 이를 '스트레스 내성'의 문제로 설명한다. 자존감이 높은 사람들은 마치 단단한 나무처럼 바람이 불어도 뿌리가 흔들리지 않는다. 반면 자존감이 낮은 사람들은 얕게 뿌리박힌 나무처럼 작은 바람에도 쉽게 흔들린다.

이런 취약성의 근본 원인은 내적 안정감의 부족이다. 자신에 대한 확고한 믿음이나 가치관이 없기 때문에, 외부의 작은 충격에도 전체가 흔들린다. 마치 기초공사가 제대로 되지 않은 건물처럼, 조그만 지진에도 큰 피해를 입는 것과 같다.

특히 이들은 부정적 사건에 대해 과잉 해석하는 경향을 보인다. 상사가 조금 차가운 표정을 지으면 "나를 싫어하는 것 같다."고 생각하고, 친구가 연락을 늦게 받으면 "내가 뭘 잘못했나?"라고 자책한다. 객관적으로는 별것 아닌 일을 주관적으로는 큰 위기로 받아들이는 것이다. 이런 과민 반응은 '재앙적 사고'와 연결된다. 이러한 사고는 작은 문제가 생겼을 때 극단적으로 해석하는 경향이 있다.

또 다른 특징은 회복 시간이 오래 걸린다는 것이다. 자존감이 건강한 사람들은 실패나 비판을 경험해도 비교적 빨리 회복한다. 하지만 자존감이 낮은 사람들은 같은 일을 계속해서 곱씹으며 스스로를 괴롭힌다. 한 번의 실수를 수백 번 다시 생각하면서 자책을 반복한다.

이와 같은 패턴의 배경에는 완벽주의적 사고가 있는 경우가 많다. "실수하지 않아야 한다.", "항상 잘해야 한다."라는 비현실적 기준을 스스로에게 적용하고 조그만 실패도 용납할 수 없는 것이 되고, 작은 결함도 전체를 부정하는 근거가 된다. 신체적 증상으로도 나타날 수 있다. 스트레스에 대한 내성이 낮아서 작은 일에도 두통이나 소화불량,

불면증 등을 경험한다. 어떤 사람들은 중요한 발표나 면접을 앞두고 며칠 전부터 속이 쓰리거나 잠을 못 자는 증상을 보인다. 심한 경우 공황 발작이나 우울증상으로까지 발전하기도 한다.

작은 일에 쉽게 무너지는 패턴에서 벗어나려면 먼저 '관점의 전환'이 필요하다. 문제가 생겼을 때 "이것이 1년 후에도 중요할까?"라고 자문해 보는 것이다. 대부분의 경우 시간이 지나고 보면 별로 중요하지 않았던 일들이다. 또한 실패나 실수를 성장의 기회로 재해석하는 연습이 도움된다. "이 실수를 통해서 무엇을 배울 수 있을까?"라는 질문을 던져 보자. 실수를 자신을 공격하는 무기로 쓰는 대신에 더 나은 내일을 만드는 자원으로 활용하는 것이다. 무엇보다 자신에게 친구에게 하듯 친절하게 대하는 연습이 중요하다. 내적 대화를 관찰해서 자기 비판적인 목소리가 들릴 때마다 "만약 친구가 이런 상황이라면 나는 무슨 말을 건넬 수 있을까?"라고 생각하는 연습이 필요하다.

Chapter. 3

건강한 자존감이 주는 힘

비교 대신 성장을 보는 눈

SNS를 보며 다른 사람의 성취를 부러워하고, 직장에서 동료의 승진 소식에 마음이 씁쓸해진다. 대학교 동창회에 가면 누가 더 성공했는지 은밀히 비교하며 위축되거나 우월감에 빠진다. 이런 비교 중심의 사고는 자존감을 갉아먹는 독과 같다. 현대 사회는 비교를 부추기는 구조로 되어 있다. 성적표부터 시작해서 연봉, 집값, 자녀의 스펙까지 모든 것이 수치화되고 순위로 매겨진다. 미디어는 성공한 사람들의 화려한 모습만 보여주며 '당신도 이렇게 될 수 있다'는 메시지를 던진다. 하지만 이런 환경에서 계속 비교만 하다 보면 영원히 만족할 수 없다. 항상 나보다 더 가진 사람, 더 잘하는 사람이 존재하기 때문이다.

앞서 살펴본 캐롤 드웩**Carol Dweck**의 연구에 따르면 건강한 자존감을 가진 사람들은 비교보다 성장에 초점을 맞춘다.[37] 실패를 학습의 기회로 여기고, 다른 사람의 성취를 위협이 아닌 영감으로 받아들인다. 이들에게 중요한 것은 '남보다 얼마나 앞서 있는가?'가 아니라 '어제의 나보다 얼마나 발전했는가?'이다.

성장 마인드셋을 가진 사람들의 특징은 명확하다. 첫째, 과정을 중시한다. 결과가 좋지 않아도 노력한 과정 자체에 의미를 둔다. 둘째, 피드백을 적극적으로 받아들인다. 비판을 개인적인 공격으로 받아들이지 않고 개선의 기회로 본다. 셋째, 도전을 즐긴다. 어려운 과제를 만나면 '내가 할 수 있을까?' 대신 '무엇을 배울 수 있을까?'를 생각한다. 넷째, 타인의 성공을 축하한다. 다른 사람이 잘 되는 것을 보며 질투하기보다 그들의 전략과 노력에서 배우려 한다.

건강한 자존감은 나만의 속도로 성장하는 힘을 준다. 타인과의 경쟁에서 벗어나 어제의 나와 오늘의 나를 비교한다. 작은 발전이라도 인정하고 격려한다. 이런 태도는 장기적으로 더 큰 성취와 만족을 가져다준다. 마라톤 선수처럼 자신만의 페이스를 유지하며 꾸준히 나아가는 것이다. 실제로 이런 접근법은 업무 성과에도 긍정적인 영향을 미친다. 비교에 매몰된 사람은 단기적인 성과에만 집중하며 눈앞의 결과에 일희일비한다. 반면 성장에 집중하는 사람은 장기적인 관점에서 역량을 쌓아간다. 실패를 두려워하지 않기 때문에 더 도전적인 과제를 맡을 수 있고, 이는 결국 더 큰 성장으로 이어진다.

비교 중심의 사고에서 벗어나려면 의식적인 노력이 필요하다. SNS를 보며 남과 비교하고 있다면 잠시 멈추고 자신의 목표를 떠올려보자. 타인의 성취를 보며 질투가 든다면 그 감정을 성장의 동기로 전환시켜 보자. 또한 자신만의 성장 지표를 만들어 보자. 남들이 중요하게 여기는 기준이 아닌, 정말 내가 발전했다고 느낄 수 있는 구체적인 지표 말이다. 예를 들어 새로운 기술 배우기, 매일 30분 독서, 한 달에 한 번씩 새로운 사람 만나기 등 말이다. '한 달에 한 번은 새로운 사람과 대화해 보자.' 같은 것들이다. 이런 작은 목표들을 달성해가며 성취감을 느끼다 보면 자연스럽게 비교보다는 성장에 집중하게 된다.

건강한 자존감은 무한경쟁 사회에서 마음의 평화를 지켜주는 방패다. 남과 비교하는 대신 성장에 집중할 때, 우리는 진정한 발전과 만족을 경험할 수 있다. 이것이 바로 건강한 자존감이 주는 첫 번째 선물이다.

실패에도 나를 존중하는 태도

실패는 누구에게나 찾아온다. 중요한 건 실패 후 나를 어떻게 대하느냐다. 자존감이 낮은 사람은 실패를 자신의 무능함에 대한 증거로 해석한다. 반면 건강한 자존감을 가진 사람은 실패해도 자신의 가치를 의심하지 않는다. 실패와 자신의 존재 가치를 분리해서 생각할 줄 안다. 이는 단순히 긍정적으로 생각하자는 말이 아니다. 실패의 현실을 인정하면서도 그것이 자신의 전부를 규정하지 않는다는 관점이다. 실수는 행동의 결과이지 존재의 가치를 판단하는 기준이 아니라는 것을 안다. 마치 요리를 실패했다고 해서 그 사람 자체가 실패작이 되지 않는 것처럼 말이다.

C 씨는 창업에 실패한 후 몇 달 동안 자신을 무능한 사람이라고 여겼다. 친구들을 만나기도 부끄러워했고, 새로운 도전은 꿈도 꾸지 못했다. 사업에 소질이 없다는 생각, 다른 사람들은 성공하는 동안 나만 실패했다는 생각에 빠져 지냈다. 하지만 시간이 지나며 그는 실패를 통해 배운 것들을 정리하기 시작했다. 시장 분석의 중요성, 팀 관리의 어려움, 자금 운용의 현실 등 책에서는 배울 수 없는 값진 경험들이었다. 지

금 그는 새로운 사업을 준비하며 전보다 현실적이고 구체적인 계획을 세우고 있다.

회복탄력성 연구에 따르면, 실패를 건강하게 받아들이는 사람들은 몇 가지 특징을 보인다. 그들은 실패를 일시적인 상황으로 보고, 원인을 구체적으로 분석하며 배운 점을 다음 기회에 활용한다.[38]

자존감이 건강한 사람은 실패 후에도 자기 자신에게 친절하다. 이를 심리학에서는 '자기 연민self-compassion'이라고 부른다. 자기 비난보다는 건설적인 반성을 하는데, 마치 좋은 친구가 위로해주듯 자신에게도 따뜻한 말을 건넨다. 이런 태도는 빠른 회복과 재도전의 용기를 가져다준다.

실패에 대한 태도는 어린 시절부터 형성된다. 부모나 교사가 아이의 실수를 어떻게 대하느냐가 중요하다. "넌 항상 그래.", "역시 못할 줄 알았어."라는 말은 아이에게 '실패한 나=가치 없는 나'라는 등식을 심어준다. 반면 "이번엔 잘 안 됐지만 다음엔 더 잘 할 수 있어.", "실수를 통해 배우는 거야."와 같은 격려는 건강한 자존감을 기른다. 다행히 성인이 되어서도 이런 자기 대화는 충분히 바꿀 수 있다. 실패를 받아들이는 과정에서 중요한 것은 감정을 억누르지 않는 것이다. 실망, 좌절, 분노 같은 감정들을 느끼는 것은 지극히 자연스럽다. 이런 감정들을 무조건 긍정적으로 바꾸려 하거나 빨리 잊으려 하지 말자. 충분히 느끼고 받아들인 후에 다음 단계로 나아가는 것이 건강한 과정이다. 감정을 억누르면 오히려 더 오래 끌게 된다.

실패 후 회복 과정에서 도움이 되는 몇 가지 방법이 있다. 먼저 실패 경험을 글로 써 보자. 무엇이 일어났는지, 어떤 감정을 느꼈는지, 무엇을 배웠는지 구체적으로 기록하는 것이다. 이 과정에서 객관적인 시각을 갖게 되고 감정도 정리된다. 다음으로 신뢰하는 사람과 이야기를 나누자. 혼자 끙끙 앓지 말고 털어놓으면 마음이 한결 가벼워진다. 마지막으로 작은 성공 경험을 만들어 보자. 실패로 인해 움츠러든 마음을 다시 펴는 데 도움이 된다.

건강한 자존감을 가진 사람들은 실패를 두려워하지 않는다. 실패가 자신을 파괴하지 않는다는 걸 알기 때문이다. 오히려 실패를 통해 더 강해진다. 이런 태도는 도전 정신을 유지하게 해 주며 성장하는 인생의 비결이다. 실패에도 나를 존중하는 태도는 연습을 통해 기를 수 있다. 작은 실수나 실패가 있을 때마다 자신에게 어떻게 말하고 있는지 점검해 보자. 친한 친구가 같은 실패를 했다면 어떻게 위로하고 격려했을지 생각해 보자. 그 친절함을 나에게도 베풀 수 있을 때 진정한 자존감이 시작된다.

관계를 단단하게 만드는 자존감

건강한 자존감은 인간관계에서 특별한 힘을 발휘한다. 자신을 존중하는 사람은 타인도 존중할 줄 안다. 자신의 가치를 확신하기 때문에 남의 인정에 목매달지 않는다. 이런 안정감은 깊고 진실한 관계의 토대가 된다. 반대로 자존감이 낮은 사람은 관계에서 끊임없이 불안하다. 상대방이 자신을 어떻게 생각하는지 전전긍긍하며, 버림받을까봐 두려워한다. 자존감이 낮은 사람의 관계 패턴은 예측 가능하다. 상대방이 자신을 떠날까봐 두려워서 과도하게 맞추려 한다. 자신의 의견을 숨기고 상대가 원하는 대로 행동한다. 혹은 정반대로 먼저 거리를 두기도 한다.

D 씨는 새로운 사람을 만날 때마다 극도로 긴장했다. 상대가 자신을 좋아하지 않을까봐 눈치를 보며 말을 조심했다. 진짜 자신의 모습을 보

여주기보다는 상대가 원할 법한 모습을 연기했다. 하지만 이런 태도는 오히려 어색함을 만들었다. 사람들은 그의 진심을 느끼지 못했고 깊은 관계로 발전하지 못했다. 자존감 향상 상담을 받은 후 그는 자연스러운 자신의 모습을 보여주기 시작했디. 완벽하지 않아도 진실한 모습이 사람들에게 더 매력적으로 다가갔다.

정신건강의학과 전문가들이 연구한 건강한 경계바운더리 이론에 따르면, 자존감이 안정된 사람들은 나와 상대를 모두 존중하는 수평적 관계를 만든다.[39] 상대를 지배하려 하지도, 일방적으로 맞추지도 않는다. 서로의 차이를 인정하고 수용한다. 자신에게 좋은 것이 상대에게도 반드시 좋은 것은 아니라는 점을 이해한다.

건강한 자존감을 가진 사람의 관계는 여러 특징을 보인다. 첫째, 갈등을 두려워하지 않는다. 의견 차이를 자연스러운 것으로 받아들이고 건설적으로 해결하려 한다. 둘째, 자신의 감정을 솔직하게 표현한다. 속마음을 숨기지 않고 진실하게 소통한다. 셋째, 상대의 감정도 존중한다. 자신의 입장만 고집하지 않고 상대방의 마음을 헤아린다. 이런 관계는 시간이 지날수록 더 깊어진다. 서로의 진짜 모습을 알아가며 신뢰가 쌓인다. 어려움이 있을 때 함께 해결하려 노력한다. 성장과 변화를 지지한다. 상대방이 더 나은 사람이 되기를 진심으로 원한다. 이런 관계는 삶의 든든한 버팀목이 된다. 힘들 때 기댈 수 있고, 기쁠 때 함께 나눌 수 있는 소중한 존재가 되는 것이다.

자존감이 건강한 사람은 관계에서 의존과 독립의 균형을 잘 맞춘다. 상대방이 필요하지만 상대방 없이는 못 사는 것은 아니다. 혼자서도 충분히 행복할 수 있지만 함께할 때 더 풍요로워진다. 이런 태도는 상대방에게 부담을 주지 않으면서도 깊은 유대감을 만든다. 관계가 의무가 아닌 선택이 될 때 진정한 사랑이 가능해진다.

갈등 상황에서의 대처 방식도 다르다. 자존감이 낮은 사람은 갈등을 피하거나 일방적으로 양보한다. 혹은 감정적으로 폭발하며 관계를 망치기도 한다. 반면 자존감이 건강한 사람은 갈등을 성장의 기회로 본다. 우리가 왜 다르게 생각하는지 이해하고 어떻게 하면 모두 만족할 수 있을지를 고민한다. 이처럼 문제를 해결하는 과정에서 서로를 더 깊이 이해하게 된다. 또한 건강한 자존감을 가진 사람은 관계에서 자기 자신을 잃지 않는다. 상대방을 위해 자신을 희생하지 않으면서도 배려를 잃지 않는다. 자신만의 취미, 친구, 관심사를 유지한다. 이런 개별성이 오히려 관계를 더 풍부하게 만든다. 서로 다른 세계에서 가져온 이야기들이 관계에 활력을 불어넣는다.

건강한 관계를 위해서는 먼저 나 자신과 좋은 관계를 맺어야 한다. 자신의 감정을 알아차리고 인정하는 것부터 시작이다. 화가 나면 화가 난다고 인정하고, 슬프면 슬프다고 받아들이자. 감정을 억누르거나 부정하지 말고 있는 그대로 느끼는 것이다. 자신에게 친절하게 말하는 연습을 하자. 자신의 장점과 단점을 모두 수용하는 것이다. 이런 자기 수용이 바탕이 될 때 타인과도 건강한 관계를 만들 수 있다.

관계에서 어려움을 느낀다면 자신의 자존감부터 점검해 보자. 상대방의 사소한 말에 쉽게 상처받는다면, 관계에서 항상 불안하다면, 갈등을 극도로 피한다면 자존감을 키우는 것이 우선이다. 건강한 자존감이야말로 행복한 관계의 출발점이기 때문이다.

행복의 기준을 '남'에서 '나'로 옮기기

'행복'이라는 단어만큼 사람마다 다르게 정의되는 말도 드물다. 어떤 사람은 돈이 많을 때 행복하다고 하고, 어떤 사람은 사랑받을 때 행복하다고 한다. 또 어떤 사람은 인정받을 때, 목표를 달성했을 때, 여행을 갔을 때 행복하다고 말한다. 문제는 이런 행복의 기준이 대부분 남들의 시선이나 사회의 기준에 맞춰져 있다는 점이다. 진정 내가 원하는 것이 아니라 남들이 부러워할 만한 것, 사회에서 인정받을 만한 것을 추구하고 있는 것은 아닌지 돌아봐야 한다.

현대 사회의 행복 기준은 놀라울 정도로 획일화되어 있다. 좋은 대학을 나와 안정적인 직장에 다니고, 내 집을 마련하고, 좋은 사람과 결혼해서 아이를 낳고, 여유롭게 노후를 보내는 것이 표준적인 행복의 공식처럼 여겨진다. SNS에서는 화려한 라이프스타일, 맛있는 음식, 멋진 여행지 사진들이 넘쳐난다. 마치 이런 것들을 누리지 못하면 불행한 사람인 것처럼 느껴진다.

건강한 자존감을 가진 사람은 행복의 기준을 스스로 만든다. 남들이 부러워하는 것보다는 자신이 진정으로 원하는 것을 추구한다. 외부의 평가보다는 내적 만족에 더 큰 가치를 둔다. 이들은 자신만의 가치관이 명확하다. 무엇이 정말 중요한지, 무엇이 자신을 행복하게 만드는지 알고 있다. 그래서 남들의 시선에 휘둘리지 않고 자신만의 길을 걸어갈 수 있다.

E 씨는 대기업에 다니며 남부럽지 않은 연봉을 받았지만 늘 공허했다. 친구들은 부러워했고 부모님도 자랑스러워했지만 정작 본인은 의미를 찾지 못했다. 매일 반복되는 업무, 치열한 경쟁, 정치적인 관계들

이 그를 지치게 했다. 자신이 정말 원하는 것이 무엇인지 깊이 고민한 결과, 교육 분야에서 일하고 싶다는 꿈을 발견했다. 주변에서는 안정적인 직장을 왜 그만두냐며 만류했지만 그는 용기를 내어 전직했다. 연봉은 반으로 줄었지만 지금은 훨씬 만족스러운 삶을 살고 있다.

행복 심리학 연구에 따르면, 진정한 행복은 주관적 웰빙에서 나온다.[40] 이는 자신의 삶에 대한 만족도와 긍정적 감정의 경험으로 측정된다. 중요한 건 이 모든 것이 개인의 주관적 기준에 달려 있다는 점이다. 같은 상황에서도 어떤 사람은 행복하고 어떤 사람은 불행할 수 있다. 연봉이 높아도 불만족할 수 있고, 소박한 삶이어도 만족할 수 있다는 것이다.

자존감이 건강한 사람들의 행복 추구 방식은 몇 가지 특징을 보인다. 첫째, 자신만의 가치관이 명확하다. 무엇이 진정 중요한지 알고 있기 때문에 우선순위가 분명하다. 다른 사람이 중요하게 여기는 것이라도 자신에게 의미가 없다면 과감히 포기할 수 있다. 둘째, 작은 것에서도 만족을 찾는다. 거창한 성취가 아니어도 일상의 소소한 기쁨을 누린다. 맛있는 커피 한 잔, 따뜻한 햇살, 가족과의 대화 같은 것들에서 행복을 느낀다. 셋째, 과정을 중시한다. 목표 달성 그 자체보다는 목표를 향해 가는 과정에서 의미를 찾는다. 남의 기준으로 살아가는 삶은 피곤하다. 항상 다른 사람의 눈치를 봐야 하고, 끝없이 비교해야 한다. 아무리 많이 가져도 더 가진 사람이 있으면 불만족스럽다. 사회에서 인정하는 성공을 이뤄도 내적으로는 공허함을 느낀다. 이런 삶에서는 진정한 행복을 느끼기 어렵다. 마치 남의 옷을 입고 살아가는 것처럼 어색하고 불편하다.

자신만의 행복 기준을 세우려면 먼저 자기 탐색이 필요하다. 어떤 순간에 진정으로 행복했는지 떠올려보자. 그때 무엇이 그 행복을 만들어 냈는지 분석해 보자. 타인의 인정이었는지, 자신의 성취감이었는지, 아니면 소중한 사람과의 시간이었는지 파악하는 것이다. 이런 과정을 통해 자신만의 행복 공식을 찾을 수 있다. 또한 사회적 기준에 의문을 제기해 보자. 정말로 집을 사야만 행복할까? 결혼을 해야만 완성된 인생일까? 높은 연봉이 모든 것을 해결해줄까? 이런 질문들을 통해 무비판적으로 받아들였던 기준들을 재검토해볼 수 있다. 그 과정에서 정말 자신에게 중요한 것이 무엇인지 발견하게 된다. 행복의 주체성을 찾기 위해서는 용기도 필요하다. 남들과 다른 선택을 하는 것은 쉽지 않다. 주변의 시선과 비판을 감수해야 할 수도 있다. 하지만 남의 인생을 사는 것보다는 나다운 인생을 사는 것이 훨씬 의미 있다. 비판하는 사람들도 결국은 자신의 기준으로 판단하는 것일 뿐이다.

건강한 자존감은 행복을 남에게 의존하지 않게 해 준다. 물론 타인과의 관계나 사회적 성취도 중요하다. 하지만 그것들이 행복의 전부가 되지는 않는다. 혼자 있을 때도, 특별한 일이 없는 평범한 날에도 기본적인 만족감을 느낄 수 있다. 자신의 존재 자체에서 가치를 찾을 수 있기 때문이다. 진정한 행복은 조건부가 아니다. '~하면 행복할 거야.'가 아니라 '지금 이 순간도 충분히 의미 있다.'라고 생각할 수 있을 때 찾아온다. 물론 목표와 꿈을 갖는 것도 중요하다. 하지만 목표를 달성하기 전까지는 불행하다고 생각할 필요는 없다. 목표를 향해 나아가는 과정 자체도 삶의 일부이고, 그 과정에서도 충분히 행복할 수 있다.

행복의 주체는 나 자신이다. 남들이 정해놓은 성공의 기준이나 행복의 조건에 휘둘리지 말자. 내가 진정 원하는 것이 무엇인지, 무엇이 나를 만족시키는지 깊이 생각해보자. 그리고 그 기준에 따라 살아가는 용기를 가져보자. 그때 비로소 진정한 행복을 경험할 수 있다. 행복은 지금의 만족과 그것에 대한 감사이다. 이것이야말로 건강한 자존감이 주는 가장 큰 선물이다.

Chapter. 4

왜 지금
자존감 회복이
중요한가

AI 시대일수록 결국 남는 건 '나'

AI가 인간의 일자리를 빼앗는다는 불안이 현실이 되고 있다. 번역가, 기자, 심지어 의사와 변호사까지 AI의 도전을 받고 있다. 하지만 역설적으로 AI 시대일수록 더욱 중요해지는 것이 있다. 바로 대체할 수 없는 '나만의 가치'다. 최근 미주리과학기술대학교의 심리학자들이 발표한 연구는 흥미로운 경고를 담고 있다. 인공지능과의 감정적 유대가 현실 인간관계에 왜곡을 초래할 수 있다는 것이다. 사람들이 AI 챗봇과 로맨틱한 관계를 맺거나 심지어 결혼을 선언하는 사례까지 등장했다. 이는 기술 발전이 인간의 정체성 혼란과 소외를 심화시킬 수 있음을 보여준다.[41]

특히 우려되는 것은 AI 의존 현상이다. 질문이 생기면 검색엔진에, 창작이 필요하면 생성형 AI에, 심지어 감정적 위로가 필요할 때도 AI 상담사에게 의존하는 사람들이 늘고 있다. 이런 현상이 지속되면 인간 고유의 사고력과 판단력이 퇴화할 위험이 있다. 마치 내비게이션에 의존하다 보니 길눈이 퇴화되는 것과 같은 현상이 정신적 영역에서도 일어날 수 있다.

하지만 이런 위기 속에서도 희망은 있다. GS 칼텍스에서 서울디지털대 상담심리학과 정교수이자 SDU 심리상담센터장인 이지영 교수에게 의뢰한 연구에 따르면, AI가 아무리 발달해도 모호하고 다양한 해석이 가능한 감정의 단서와 변화를 정확히 읽어내고 파악하는 것은 어렵다. 특히 공감, 창의성, 관계 형성 능력 같은 인간 고유의 역량은 대체 불가능하다는 것이 전문가들의 공통된 견해다.[42] 더 구체적으로 살펴보면, AI는 패턴을 인식하고 기존 데이터를 조합해 결과를 만들어낸다. 하지만 진정한 창조는 기존에 없던 것을 만들어내는 것이다. 예를 들어 AI는 수많은 그림을 학습해 새로운 그림을 그릴 수 있지만, 피카소가 입체파를 창시했을 때의 그 혁신적 발상은 흉내 낼 수 없다. 그런 발상은 개인의 독특한 경험과 사고, 그리고 용기에서 나오기 때문이다.

일자리 경쟁에서도 자존감이 핵심 경쟁력이 된다. 자존감이 높은 사람은 새로운 기술을 두려워하지 않고 배우려 한다. 실패를 성장의 기회로 받아들인다. 변화하는 환경에 유연하게 적응한다. 이런 특성들이 AI 시대의 인재가 갖춰야 할 핵심 역량과 정확히 일치한다. 실제로 AI 시대에 성공하는 사람들의 공통점을 보면 기술적 능력보다는 마인드셋이 더 중요함을 알 수 있다. 그들은 AI를 위협으로 보지 않고 도구로 본다. 자신만의 고유한 가치를 알고 있기 때문에 AI와 경쟁하지 않고 협업한다. 예를 들어 뛰어난 작가는 AI의 도움을 받아 더 빠르게 초안을 작성하지만, 그 작품에 담긴 독특한 시각과 감성은 여전히 작가만의 것이다.

AI는 데이터를 분석하고 패턴을 찾아낸다. 하지만 '나'만의 경험과 감정, 직관은 복사할 수 없다. 나만의 삶의 이야기, 상처와 치유의 경험,

사랑하고 좌절했던 순간들. 이 모든 것이 쌓여 만들어진 '나'라는 존재는 그 어떤 기술로도 대체할 수 없다. 예를 들어 상담사의 경우를 보자. AI 상담사가 등장했지만, 진정한 공감과 위로는 여전히 인간 상담사만이 줄 수 있다. 왜냐하면 인간 상담사는 자신도 아픔을 겪어봤고, 치유의 과정을 경험했기 때문이다. 그런 경험에서 우러나는 진정성은 AI가 흉내낼 수 없는 영역이다.

또한 AI 시대일수록 인간의 직관과 판단력이 더욱 중요해진다. AI가 제공하는 정보와 분석 결과 중에서 무엇을 선택하고 어떻게 활용할지 결정하는 것은 여전히 인간의 몫이다. 이런 판단력은 자신에 대한 확신, 즉 자존감에서 나온다. 자존감이 있는 사람은 AI의 결과를 맹신하지 않는다. 자신의 가치관과 경험을 바탕으로 비판적으로 검토한다. 때로는 AI의 추천과 다른 선택을 할 용기도 갖는다. 이런 주체적 사고가 AI 시대의 핵심 역량이다.

결국 AI 시대에 살아남는 것은 기술을 잘 다루는 사람이 아니라, 자신의 가치를 아는 사람이다. 기술은 빠르게 변하지만, 나라는 존재의 고유함은 변하지 않는다. 자존감은 이런 자기 인식의 출발점이며, 변화하는 세상에서 흔들리지 않는 내적 좌표가 된다. AI가 발전할수록, 결국 가장 중요한 것은 '나 자신'이라는 진실이 더욱 선명해진다.

불안 사회에서 흔들리지 않는 힘

현대 사회는 집단 불안증에 시달리고 있다. 아침에 눈을 뜨자마자 스마트폰을 확인하고, 하루 종일 각종 알림에 시달리며, 밤늦게까지 SNS를 스크롤하는 삶. 이런 일상이 우리의 정신건강을 서서히 갉아먹고 있다. 수치가 이를 생생히 보여준다. 2024년 보건복지부가 발표한 국민 정신건강 조사 결과, 정신건강 문제를 경험한 국민의 비율이 2022년 63.8퍼센트에서 2024년 73.6퍼센트로 급증했다. 우울감, 스트레스, 불면 등의 문제가 크게 늘어났고, 5개 이상의 정신건강 문제를 동시에 경험하는 사람들이 33.5퍼센트로 2년 전보다 10.3퍼센트포인트나 증가했다.[43] 이런 수치는 단순한 개인의 문제가 아니다. 사회 전체가 불안에 전염되고 있다는 신호다. SNS를 통해 퍼지는 부정적 정보, 경제적 불안정, 미래에 대한 걱정들이 연쇄반응을 일으키며 사람들의 마음을 잠식한다.

특히 문제가 되는 것은 '비교 불안'이다. 남들은 다 잘사는 것 같은데 나만 뒤처지는 느낌, 남들은 다 성공하는데 나만 실패하는 기분. 이런 왜곡된 인식이 자존감을 갉아먹는다. 실제로는 모든 사람이 각자의 어려움을 겪고 있는데도, SNS의 하이라이트만 보며 절망한다. 더 심각한 것은 '정보 과부하'로 인한 불안이다. 하루에 쏟아지는 정보의 양이 과거와 비교할 수 없을 정도로 많아졌다. 뉴스, SNS, 메신저, 이메일 등을 통해 끊임없이 밀려드는 정보들이 우리의 뇌를 과로 상태로 만든다. 이런 상황에서 무엇이 중요하고 무엇이 중요하지 않은지 판단하기 어려워진다.

경제적 불안도 큰 요인이다. 부동산 가격 상승, 물가 인상, 일자리 불안정 등이 복합적으로 작용하며 사람들의 마음을 무겁게 한다. 특히 청년층의 경우 취업 경쟁이 치열해지고, 결혼과 출산을 포기하는 사례가 늘어나면서 미래에 대한 희망을 잃어가고 있다. 기후 변화와 각종 재난에 대한 불안도 무시할 수 없다. 전 세계적으로 기상이변이 잦아지고, 팬데믹 같은 예상치 못한 위기가 발생하면서 사람들은 미래를 예측하기 어렵다는 불안감을 갖게 되었다.

하지만 자존감이 높은 사람들은 다르다. 코메디닷컴의 김명환 창원 한마음병원장 분석에 따르면, 자존감이 높은 사람들은 스트레스 상황에서도 침착하게 대처할 수 있다. 외부의 비판이나 실패에도 쉽게 동요되지 않으며, 감정을 잘 조절할 수 있다. 누군가의 비판을 받더라도 이를 개인적인 공격으로 받아들이기보다는 자신의 개선점을 찾아보는 계기로 삼는다.[44] 자존감이 높은 사람들의 구체적인 특징을 살펴보면 흥미로운 점들이 발견된다. 수많은 정보 중에서 자신에게 필요한 것만을 골라내고 부정적인 감정이 생겨도 적절한 방법으로 해소한다. 또한 문제가 있다는 것을 인정하면서도 해결할 수 있다는 믿음을 잃지 않는다.

자존감은 일종의 '심리적 백신' 역할을 한다. 불안이 전염되는 사회에서도 자존감이 있으면 면역력을 갖게 된다. 외부의 부정적 정보에 휩쓸리지 않고, 자신만의 판단 기준을 유지할 수 있다. 예를 들어 경제 불안 상황에서도 자존감이 있는 사람은 자신이 통제할 수 있는 것과 없는 것을 구분한다. 전체 경제 상황은 통제할 수 없지만, 자신의 역량 개발이나 지출 관리는 통제할 수 있다. 그래서 통제 가능한 영역에 집중하면서 불안을 줄여나간다.

SNS 사용에서도 차이가 난다. 자존감이 낮은 사람은 다른 사람의 게시물을 보며 자신과 비교하고 열등감을 느낀다. 반면 자존감이 높은 사람은 다른 사람의 성공을 축하하고, 그것에서 영감을 얻으려 한다. 같은 정보를 접해도 받아들이는 방식이 완전히 다르다. 불안한 시대일수록 내적 안정감이 필요하다. 외부에서 아무리 많은 불안 요소가 밀려와도, 나 자신에 대한 믿음이 있다면 중심을 잃지 않을 수 있다. 자존감은 이런 심리적 면역력의 핵심이다.

실제로 불안한 상황에서도 성장하는 사람들을 보면, 그들은 위기를 기회로 전환하는 능력이 뛰어나다. 이런 능력의 바탕에는 '나는 어떤 상황에서도 헤쳐나갈 수 있다'는 자기 효능감이 있다. 그리고 이 자기 효능감의 뿌리는 바로 건강한 자존감이다.

인간다움의 기초는 자존감이다

인간다움이란 무엇일까? 효율성도, 생산성도 아니다. 바로 자신을 있는 그대로 인정하고 사랑하는 마음, 그리고 그 사랑을 다른 존재로 확장할 수 있는 능력이다. 이 모든 것의 중심에 자존감이 있다. 현대 사회는 인간을 점수로 평가한다. 성적, 연봉, 외모, 스펙. 숫자로 표현할 수 있는 것들만이 가치 있다고 여겨진다. 하지만 이런 기준들은 인간의 본질과는 거리가 멀다. 인간의 진정한 가치는 측정할 수 없는 영역에 있다. 사랑하고 사랑받는 능력, 아파하고 위로하는 능력, 꿈꾸고 희망하는 능력. 이런 것들이야말로 인간다움의 핵심이다.

인본주의 심리학의 아버지 칼 로저스는 인간이 성장과 성취를 향한 내재적 경향을 가지고 있다고 했다. 로저스는 자기실현 경향성이 발현되려면 무조건적 긍정적 존중, 즉 있는 그대로의 자신을 수용하는 태도가 필요하다고 강조했다. 박진희 등의 연구에 따르면, 로저스의 인본주의 이론은 자기 자신과 타인에 대한 이해와 수용의 과정을 통해 자기실현이 가능함을 제시하고 있으며, 이는 바로 건강한 자존감의 토대가 된다.[45]

자존감은 단순히 자신감이나 자만심이 아니다. 자존감은 '있는 그대로의 모습에 대한 긍정'을 의미한다. 자신의 장점도 인정하고 단점도 수용하면서, 그럼에도 불구하고 나는 가치 있는 존재라고 믿는 마음이다.

이런 자존감이 있을 때 진정한 인간다운 행동이 가능해진다. 자신을 사랑하는 사람만이 다른 사람을 진정으로 사랑할 수 있다. 자신을 존중하는 사람만이 타인을 존중할 수 있다. 자신을 용서할 줄 아는 사람만이 타인을 용서할 수 있다.

특히 관계 중심의 현대 사회에서 자존감은 연결의 고리 역할을 한다. 자존감이 있는 사람은 관계에서 방어적이지 않다. 상대방을 위협으로 보지 않고 함께 성장할 동반자로 본다. 경쟁보다는 협력을, 배제보다는 포용을 추구한다. 예를 들어 직장에서의 관계를 보자. 자존감이 낮은 사람은 동료를 경쟁자로만 본다. 동료가 성공하면 자신이 위협받는다고 느낀다. 그래서 협력보다는 견제를, 소통보다는 경계를 우선시한다. 반면 자존감이 있는 사람은 동료의 성공을 자신의 위협이 아닌 전체 팀의 성장으로 본다. 그래서 적극적으로 협력하고, 서로의 강점을 살려 시너지를 만들어낸다.

가족 관계에서도 마찬가지다. 자존감이 있는 부모는 자녀를 자신의 소유물이나 연장선으로 보지 않는다. 독립된 인격체로 존중하며, 자녀만의 고유한 길을 찾아갈 수 있도록 지원한다. 자녀의 성취를 자신의 성취로 착각하지도, 자녀의 실패를 자신의 실패로 자책하지도 않는다. 연인 관계에서는 더욱 명확하다. 자존감이 있는 사람은 상대방에게 지나치게 의존하지 않는다. 상대방의 사랑을 받기 위해 자신을 포기하지도 않는다. 독립된 개체로서 서로를 존중하며, 건강한 거리감을 유지하면서도 깊은 친밀감을 나눈다.

현대 사회는 인간을 효율성과 생산성으로만 평가하려 한다. 하지만 인간의 가치는 무엇을 얼마나 해내느냐로 결정되지 않는다. 존재 자체로 소중한 것이 인간이다. 이를 아는 것이 자존감이고, 이를 실천하는 것이 인간다움이다. 자존감이 있는 사람은 타인의 아픔에 공감할 수 있다. 자신도 아픔을 겪어봤고, 그 아픔이 얼마나 견디기 어려운지 알기 때문이다. 그래서 타인의 고통을 외면하지 않고, 할 수 있는 범위에서 도움을 주려 한다. 또한 자존감이 있는 사람은 약자에 대한 배려를 자연스럽게 한다. 자신도 언제든 약해질 수 있다는 것을 알고, 모든 인간이 기본적으로 존중받을 권리가 있다고 믿기 때문이다. 이런 마음가짐이 바로 인간다움의 핵심이다.

AI 시대일수록 이런 인간다움의 가치가 더욱 중요해진다. 기계는 효율적이지만 따뜻하지 않다. 정확하지만 공감하지 못한다. 문제를 해결할 수는 있지만 마음을 위로할 수는 없다. 인간다움의 중심인 자존감을 회복할 때, 우리는 기술과 구별되는 고유한 가치를 발휘할 수 있다. 결국 인간다움은 완벽함에서 나오지 않는다. 불완전하지만 그 불완전함마저도 인정하고 받아들이는 용기에서 나온다. 실수하고 넘어지지만 다시 일어서는 회복력에서 나온다. 혼자서는 부족하지만 함께할 때 더 강해지는 연대감에서 나온다. 이 모든 것의 출발점이 바로 자존감이다.

모든 변화의 출발점, 자존감 회복

변화는 어디서 시작될까? 많은 사람들이 외부 조건이 바뀌면 삶이 좋아질 거라고 생각한다. 더 좋은 직장, 더 많은 돈, 더 나은 인간관계. 하지만 진정한 변화는 내면에서 시작된다. 그 출발점이 바로 자존감이다. 변화에 대한 갈망은 인간의 본성이다. 현재 상태에 만족하지 못하고 더 나은 미래를 꿈꾸는 것은 자연스러운 욕구다. 하지만 많은 사람들이 변화를 시도하다가 중도에 포기하는 이유는 무엇일까? 바로 자신에 대한 믿음, 즉 자존감이 부족하기 때문이다.

심리학자 에릭 에릭슨Erik Erikson의 발달 이론을 보면, 인간의 전 생애에 걸친 발달에서 자아 정체성이 얼마나 중요한지 알 수 있다. 『내 삶의 심리학 mind』의 전문가 분석에 따르면, 에릭슨은 '자존감을 잃지 않는 자기조절능력'을 건강한 발달의 핵심으로 봤다. 즉, 변화와 성장의 모든 단계에서 자존감이 기초가 된다는 것이다.[46] 실제로 자존감이 높은 사람들의 삶을 보면 이를 확인할 수 있다. 이들은 합리적이고 주도적인 의사결정을 한다. 외부의 압력에 휘둘리지 않고 자신의 가치와 원칙에 따라 선택한다. 이런 선택들이 쌓여 삶의 변화를 만들어 낸다.

변화 과정에서 자존감의 역할을 구체적으로 살펴보자. 첫째, 자존감은 '변화의 동기'를 제공한다. 자존감이 있는 사람은 "나는 더 나은 삶을 살 자격이 있다."라고 믿는다. 현재의 불만족스러운 상황을 견디지 않고 적극적으로 개선하려 한다. 둘째, 자존감은 '변화의 용기'를 준다. 변화에는 항상 위험이 따른다. 하지만 자존감이 있으면 설사 실패하더라도 다시 일어설 수 있다는 믿음을 갖는다. 셋째, 자존감은 '변화의 지속력'을 만든다. 변화 과정에서 어려움에 부딪혀도 쉽게 포기하지 않는다.

특히 학습과 성장 측면에서 자존감의 역할은 결정적이다. 자존감이 있는 사람은 모르는 것을 부끄러워하지 않는다. 실패를 학습의 기회로 받아들인다. 새로운 도전을 두려워하지 않는다. 이런 성장 마인드셋이 평생 학습의 동력이 된다.

직업 변화의 경우도 마찬가지다. 자존감이 낮은 사람은 현재 직업이 불만족스러워도 두려움 때문에 변화를 시도하지 못한다. 자존감이 있는 사람은 스스로를 믿고 과감하게 도전한다. 인간관계에서의 변화도 자존감과 밀접한 관련이 있다. 자존감이 낮은 사람은 불건전한 관계에서도 벗어나지 못한다. 이보다 더 좋은 관계를 맺을 수 없다고 믿기 때문이다. 하지만 자존감이 있는 사람은 "나는 존중받을 자격이 있다."고 믿으며 건강하지 못한 관계를 과감히 벗어난다.

2024년 국민 정신건강 조사에서 주목할 만한 점이 있다. 바로 정신건강 문제를 겪고도 병원을 방문하지 않은 비율이 73.0퍼센트에 달한다는 것이다. 이는 많은 사람들이 변화의 필요성을 느끼면서도 실제 행동으로 옮기지 못한다는 의미다. 왜 그럴까? 자존감이 낮아서다. 자존감이 있으면 작은 변화부터 시작할 용기가 생긴다. 실패해도 괜찮다는 마음이 있으니까 다시 도전할 수 있다. 변화는 연쇄 반응을 일으킨다. 자존감이 회복되면 자기 돌봄을 시작한다. 건강한 관계를 추구한다. 의미 있는 일을 찾는다. 이런 변화들이 모여 삶 전체가 달라진다. 예를 들어 A 씨는 오랫동안 무기력에 시달렸다. 매일 똑같은 일상의 반복이었고, 꿈도 희망도 없었다. 하지만 작은 자존감 회복 활동을 시작하면서 변화가 일어났다. 먼저 자신의 장점을 인정하기 시작했다. 그러자 새로운 취미에 도전할 용기가 생겼다. 취미 활동을 통해 새로운 사람들을 만났고, 그들로부터 긍정적인 피드백을 받았다. 이것이 다시 자존감을 높였고, 더 큰 변화에 도전할 수 있게 되었다. 개인의 변화뿐 아니라 사회적 변화도 마찬가지다. 자존감이 있는 사람들이 모이면 건강한 공동체를 만든다. 서로를 존중하고, 함께 성장하며, 긍정적인 영향을 확산시킨다.

기업에서도 직원들의 자존감이 높을 때 혁신이 일어난다. 실패를 두려워하지 않고 새로운 아이디어를 제안한다. 동료와 경쟁하지 않고 협력한다. 이런 분위기가 조직 전체의 성장을 이끈다.

결국 우리가 꿈꾸는 모든 변화의 출발점은 자존감이다. 나 자신을 믿고 사랑할 때, 비로소 진정한 변화가 가능해진다. 외부 조건을 바꾸기 전에 먼저 내면의 자존감을 회복하는 것. 이것이 모든 변화의 첫걸음이다.

Part 3

자존감을 회복하기 전 알아야 할 것들

Ⅱ

Chapter. 1

나의 자존감 레벨 체크하기

1. "나는 나를 얼마나 믿고 있을까?"

자신의 내적 가치와 존재 자체에 대한 평가를 진단한다. 외부 조건과 무관한 순수한 자기 가치감을 측정해 보자.

통합 진단 가이드

테스트 방법
- 각 문항을 읽고 최근 한 달간의 상태를 기준으로 답하세요
- **5점 척도** ① 전혀 그렇지 않다 ② 그렇지 않다 ③ 보통이다 ④ 그렇다 ⑤ 매우 그렇다
- 각 영역 15문항, 총점 75점 만점
- 솔직하게 답할수록 정확한 진단이 가능합니다

결과 해석 기준 (모든 영역 공통)
- **60~75점** 높은 자존감 (건강한 상태)
- **45~59점** 보통 자존감 (양호한 상태)
- **30~44점** 낮은 자존감 (개선 필요)
- **15~29점** 매우 낮은 자존감 (집중 관리 필요)

내적 자존감 진단 테스트

각 문항에 대해 1-5점으로 답하세요.

번호	진단 항목	점수 척도				
		전혀 아니다 (1점)	그렇지 않다 (2점)	보통 이다 (3점)	그렇다 (4점)	매우 그렇다 (5점)
자기 가치 인식						
1	나는 존재 자체로 가치 있는 사람이다					
2	나는 사랑받을 자격이 충분하다					
3	나는 좋은 성품을 가지고 있다					
4	나는 나 자신을 좋아한다					
5	나는 내가 소중한 사람이라고 믿는다					
자기 수용						
6	나는 내 단점도 나의 일부로 받아들인다					
7	나는 완벽하지 않아도 괜찮다					
8	나는 실수해도 나를 용서할 수 있다					
9	나는 나의 감정을 있는 그대로 인정한다					
10	나는 과거의 상처를 놓아줄 수 있다					
자기 신뢰						
11	나는 내 판단을 믿는다					
12	나는 어려움을 극복할 힘이 있다					
13	나는 미래에 대한 희망을 가지고 있다					
14	나는 내 선택에 확신을 갖는다					
15	나는 나만의 가치관이 분명하다					
총점						/ 75점
영역별 분석	자기 가치 인식 (1-5번)					/ 25점
	자기 수용 (6-10번)					/ 25점
	자기 신뢰 (11-15번)					/ 25점

2. 관계형 자존감 –눈치를 얼마나 보는가

타인과의 관계에서 자신을 어떻게 평가하는지 진단한다. 관계 속에서도 자신을 지킬 수 있는지 측정해 보자.

관계 자존감 진단 테스트
각 문항에 대해 1–5점으로 답하세요.

번호	진단 항목	점수 척도				
		전혀 아니다 (1점)	그렇지 않다 (2점)	보통 이다 (3점)	그렇다 (4점)	매우 그렇다 (5점)
관계 독립성						
1	나는 타인의 평가에 흔들리지 않는다					
2	나는 남의 기분에 책임감을 느끼지 않는다					
3	나는 혼자 있어도 외롭지 않다					
4	나는 모든 사람에게 좋은 사람일 필요는 없다고 생각한다					
5	나는 인정받지 못해도 괜찮다					
경계 설정						
6	나는 부당한 요구를 거절할 수 있다					

7	나는 내 시간과 에너지를 보호한다					
8	나는 불필요한 사과를 하지 않는다					
9	나는 내 의견을 당당히 표현한다					
10	나는 갈등을 건강하게 해결할 수 있다					
관계 자신감						
11	나는 진정한 나의 모습을 보여줄 수 있다					
12	나는 칭찬을 편하게 받아들인다					
13	나는 도움이 필요할 때 요청할 수 있다					
14	나는 관계에서 주고받음의 균형을 맞춘다					
15	나는 건강한 관계를 구분할 수 있다					

총점		/ 75점
영역별 분석	관계 독립성 (1-5번)	/ 25점
	경계 설정 (6-10번)	/ 25점
	관계 자신감 (11-15번)	/ 25점

개선 포인트 관계 독립성이 낮다면 혼자만의 시간을 늘려 보세요. 경계 설정이 약하다면 작은 거절부터 연습하고, 관계 자신감이 부족하다면 신뢰할 수 있는 한 사람과 진솔한 대화를 시작해 보세요.

3. 성취형 자존감 – 성과 없을 때 나는 어떤가

능력과 성취에 대한 평가를 진단한다. 성과와 무관하게 자신을 인정할
수 있는지 측정해 보자.

수행 자존감 진단 테스트
각 문항에 대해 1-5점으로 답하세요.

번호	진단 항목	점수 척도				
		전혀 아니다 (1점)	그렇지 않다 (2점)	보통 이다 (3점)	그렇다 (4점)	매우 그렇다 (5점)
성과 독립성						
1	나는 실패해도 내 가치는 변하지 않는다고 믿는다					
2	나는 성과가 없어도 스스로를 인정한다					
3	나는 과정 자체에서 의미를 찾는다					
4	나는 남과 비교하지 않고 내 기준에 따라 평가한다.					
5	나는 1등이 아니어도 만족할 수 있다					
실패 관리						
6	나는 실패를 성장의 기회로 본다					
7	나는 실수했을 때 자책하지 않는다					
8	나는 완벽하지 않은 결과도 수용한다					
9	나는 도전하다 실패해도 후회하지 않는다					
10	나는 실패 경험에서 교훈을 찾는다					
능력 자신감						
11	나는 내 능력을 신뢰한다					
12	나는 성공을 노력의 결과로 인정한다					

13	나는 새로운 도전을 두려워하지 않는다					
14	나는 내 속도대로 성장하면 된다고 생각한다					
15	나는 작은 성취도 가치 있다고 생각한다					
총점						/ 75점
영역별 분석	성과 독립성 (1-5번)					/ 25점
	실패 관리 (6-10번)					/ 25점
	능력 자신감 (11-15번)					/ 25점

개선 포인트 성과 독립성이 낮다면 과정 일기를 써 보세요. 실패 관리가 약하다면 실패 후 배운 점 3개 찾기 또는 능력 자신감이 부족하다면 매일 작은 성취 등을 기록해 보세요.

4. 일상 습관 속 자존감 점수 매기기

일상에서 자신을 돌보는 행동과 습관을 진단한다. 자기 돌봄의 실천 정도를 측정해 보자.

일상 자존감 진단 테스트

각 문항에 대해 1-5점으로 답하세요.

번호	진단 항목	점수 척도				
		전혀 아니다 (1점)	그렇지 않다 (2점)	보통 이다 (3점)	그렇다 (4점)	매우 그렇다 (5점)
신체 돌봄						
1	나는 규칙적으로 운동한다					
2	나는 충분한 수면을 취한다					

3	나는 건강한 식사를 챙긴다					
4	나는 몸이 보내는 신호를 존중한다					
5	나는 외모를 가꾸는 데 시간을 쓴다					
감정 돌봄						
6	나는 스트레스를 건강하게 해소한다					
7	나는 부정적 감정을 적절히 표현한다					
8	나는 즐거운 활동을 위한 시간을 만든다					
9	나는 디지털 디톡스 시간을 갖는다					
10	나는 매일 감사할 일을 찾는다					
시간 관리						
11	나는 우선순위에 따라 시간을 쓴다					
12	나는 나를 위한 시간을 확보한다					
13	나는 적절한 휴식을 취한다					
14	나는 미루지 않고 실행한다					
15	나는 일과 삶의 균형을 유지한다					
총점						/ 75점
영역별 분석	신체 돌봄 (1-5번)					/ 25점
	감정 돌봄 (6-10번)					/ 25점
	시간 관리 (11-15번)					/ 25점

개선 포인트 신체 돌봄이 부족하면 10분 산책을, 감정 돌봄이 약하면 감정 일기를 써 보세요. 시간 관리가 어렵다면 하루 3가지 우선순위 정하기부터 시작하세요.

자존감 종합 진단 결과표

STEP 1. 점수 기록표

모든 섹션의 점수를 한눈에 정리하세요.

영역	세부 항목	점수	소계
내적 자존감	자기 가치 인식	/ 25	/ 75
	자기 수용	/ 25	
	자기 신뢰	/ 25	
관계 자존감	관계 독립성	/ 25	/ 75
	경계 설정	/ 25	
	관계 자신감	/ 25	
수행 자존감	성과 독립성	/ 25	/ 75
	실패 관리	/ 25	
	능력 자신감	/ 25	
일상 자존감	신체 돌봄	/ 25	/ 75
	감정 돌봄	/ 25	
	시간 관리	/ 25	
총점			/ 300

STEP 2. 자존감 유형 진단
가장 높은 점수와 가장 낮은 점수 영역을 확인하세요.

당신의 자존감 유형은?

내적 강화형 (Sec1 최고점) 자기 확신이 강하지만 관계나 성과에서 흔들릴 수 있음.	**관계 중심형** (Sec2 최고점) 관계는 잘 맺지만 혼자일 때 불안할 수 있음.
성취 지향형 (Sec3 최고점) 일은 잘하지만 실패에 취약할 수 있음.	**실천 우선형** (Sec4 최고점) 자기관리는 잘하지만 내적 확신이 부족할 수 있음.

중앙:
균형형
(점수 차이 10점 이내)
전반적으로 안정적이나
더 높은 수준 가능함.

STEP 3. 자존감 레벨 매트릭스

관계 자존감 높음 (60+)

II. 관계형 타인 의존적 경향	**I. 통합형** 가장 이상적인 상태
III. 고립형 전반적 개선 필요	**IV. 성취형** 일중독 위험

관계 자존감 낮음 (~59)

STEP 4. 영역별 상세 분석

<table>
<tr><td>

강점 영역 (60~75점)
- 영역 ______________
- 유지 전략
  ☐ 현재 패턴 지속하기
  ☐ 다른 영역으로 강점 전이하기
  ☐ 롤모델 되어 주기

</td><td>

보통 영역 (45~59점)
- 영역 ______________
- 개선 전략
  ☐ 가장 낮은 세부 항목 1개 집중 개선
  ☐ 강점 영역 벤치마킹
  ☐ 작은 실천 3개 시작

</td></tr>
</table>

취약 영역 (15~44점)
- 영역 ______________
- 집중 전략
  ☐ 전문가 상담 고려
  ☐ 집중 30일 프로그램 실시
  ☐ 일일 체크리스트 작성

STEP 5. 맞춤형 처방전

점수에 따른 맞춤 솔루션을 확인하세요.

240-300점 자존감 마스터
당신은 이미 건강한 자존감을 가지고 있습니다.

- 추천: 멘토링, 자존감 일기 공유, 롤모델 활동

- 주의: 과도한 자신감이 되지 않도록 겸손 유지

180-239점 성장 단계
대체로 안정적이지만 특정 상황에서 흔들립니다.

- 추천: 취약 영역 집중 개선, 강점 영역 확장

- 목표: 3개월 내 240점 도달

120-179점 회복 필요
자존감이 불안정하고 외부 영향을 많이 받습니다.

- 추천: 가장 낮은 영역부터 단계적 개선

- 지원: 자존감 코칭, 지지 그룹 참여

- 추천: 전문가 상담, 체계적 프로그램 참여

- 시작: 하루 한 가지 자기 칭찬

STEP 6. 30일 액션 플랜

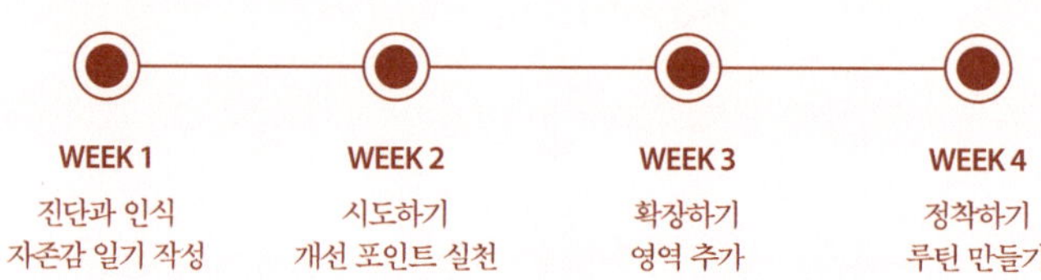

Week 1-2 : 진단과 인식	Week 3-4 : 실천과 확장
□ 매일 자존감 일기 작성 (언제, 왜 떨어지는지)	□ 두 번째 낮은 영역 추가
□ 가장 낮은 영역 1개 선택	□ 성공 경험 기록 (하루 3개)
□ 해당 영역 개선 포인트 3개 실천 시작	□ 지지자/동반자 찾기
□ 일일 체크리스트 작성	□ 주간 자존감 점검

월말 평가

□ 4개 영역 재진단 실시
□ 점수 변화 기록
□ 효과적이었던 방법 정리
□ 다음 달 목표 설정

STEP 7. 나의 자존감 선언문

아래 문장을 완성하고 매일 소리내어 읽어 보세요.

"나는 〈(가장 높은 점수 영역의 강점 넣기)〉한 사람이다."
"나는 〈(가장 낮은 점수 영역 넣기)〉를 개선하고 있다."
"나는 매일 〈(구체적인 행동 한 가지)〉를 실천한다."
"30일 후 나는 〈(구체적인 목표 점수나 상태)〉가 될 것이다."

진단 기록 보관표						
진단일	내적	관계	수행	일상	총점	메모
시작일	75	75	75	75	300	
+30일						
+60일						
+90일						

〔중요 포인트〕

- 자존감은 하루아침에 바뀌지 않습니다.
- 작은 변화가 큰 차이를 만듭니다.
- 매일 1퍼센트 개선하면 한 달 후 30퍼센트 성장합니다.
- 당신은 충분히 가치 있는 사람입니다.

연세대학교 심리학과 이동귀 교수팀의 연구에 따르면 한국인의 자존감은 사회적 능력, 긍정적 성품, 대인관계, 가족 네 영역으로 구성된다.[47] 성신여대 박홍석 교수와 서울상담심리대학원대학의 이정미 교수의 연구는 자존감이 상황에 따라 변하는 상태적 특성도 있음을 보여준다.[48] 당신의 자존감도 훈련을 통해 충분히 개선될 수 있다. 오늘이 시작이다.

Chapter. 2

재미있는
자존감 테스트

심리 체력 테스트

당신의 마음에도 체력이 있다. 몸의 체력처럼 마음의 체력도 측정할 수 있다. 심리 체력이란 일상의 스트레스와 압박을 견디는 마음의 힘이다. 자존감이 높은 사람은 심리 체력도 튼튼하다. 반대로 자존감이 낮으면 작은 일에도 쉽게 지친다. 심리 체력을 측정하는 방법은 간단하다. 다음 이 질문들의 답이 당신의 심리 체력 상태를 알려준다.

자가 점검 질문

☐ 오늘 하루 부정적인 생각을 몇 번 했나?

☐ 비판을 들었을 때 회복하는데 얼마나 걸렸나?

☐ 실수했을 때 자책하는 시간은 얼마나 되나?

윤홍균 정신과 의사는 심리 체력을 '마음의 면역력'이라고 표현한다.[49] 면역력이 약하면 감기에 쉽게 걸리듯, 심리 체력이 약하면 우울과 불안에 쉽게 노출된다. 그는 심리 체력이 낮은 사람들의 공통점을 발견했다. 자기 비난이 습관화되어 있다는 것이다. 작은 실수에도 스스로 자책하는 경우가 많았다. 심리 체력 측정을 위한 10가지 체크리스트를 소개한다. 각 문항에 1점 **전혀 아니다**부터 5점 **매우 그렇다**까지 점수를 매겨 보자.

번호	진단 항목	점수 척도				
		전혀 아니다 (1점)	그렇지 않다 (2점)	보통 이다 (3점)	그렇다 (4점)	매우 그렇다 (5점)
1	스트레스를 받으면 금방 회복한다					
2	실패해도 다시 도전할 용기가 있다					
3	남의 평가에 크게 흔들리지 않는다					
4	하루 중 긍정적인 생각이 더 많다					
5	어려움이 와도 극복할 수 있다고 믿는다					
6	자신의 감정을 잘 조절할 수 있다					
7	타인과 갈등이 생겨도 침착하게 대처한다					
8	미래에 대해 희망적이다					
9	자신의 장점을 3개 이상 말할 수 있다					
10	지금의 나 자신이 괜찮다고 느낀다					

점수별 결과

- □ 40점 이상: 심리 체력 우수
- □ 30~39점: 보통 수준
- □ 20~29점: 관리 필요
- □ 20점 미만: 전문가 도움 고려

심리 체력이 낮게 나왔다고 낙담할 필요는 없다. 심리 체력도 훈련으로 강화할 수 있다. 심리 체력을 키우는 또 다른 방법은 '멘탈 근육 운동'이다. 부정적 생각이 들 때마다 "잠깐, 이게 사실일까?"라고 자문해 보자. 대부분의 부정적 생각은 사실이 아니라 왜곡된 해석이다. 이런 질문을 통해 생각의 오류를 바로잡을 수 있다. 심리 체력 강화에는 휴식도 중요하다. 몸의 체력처럼 마음도 쉬어야 회복된다. 하루 10분이라도 스마트폰도 내려놓고 현재에 머물러보자.

자존감 OX 테스트

자존감 수준을 가장 쉽게 확인할 수 있는 OX 테스트이다. 다음 20개 문항을 읽고 평소 자신의 모습과 일치하면 O, 아니면 X를 표시해 보자.

파트 A: 낮은 자존감 신호

번호	설문 항목	답변	
		O	X
1	칭찬을 들으면 진심인지 의심한다		
2	SNS에 사진 올리기 전 여러 번 고민한다		
3	거절하는 것이 어렵다		
4	실수하면 오래 자책한다		
5	남들과 비교하는 습관이 있다		
6	내 의견을 말하기가 망설여진다		
7	혼자 있을 때가 더 편하다		
8	작은 비판에도 크게 상처받는다		
9	결정을 내리기 어렵다		
10	나에게 좋은 일이 생길 자격이 없다고 느낀다		

번호	설문 항목	답변	
		O	X
1	실패해도 다시 도전한다		
2	내 장점을 잘 안다		
3	타인의 성공을 진심으로 축하할 수 있다		
4	거울 속 내 모습이 싫지 않다		
5	실수를 성장의 기회로 본다		
6	내 감정을 솔직하게 표현한다		
7	혼자서도 즐거운 시간을 보낸다		
8	타인의 평가보다 내 기준이 중요하다		
9	나는 충분히 사랑받을 가치가 있다		
10	지금의 나로도 충분하다		

결과

- □ 파트 A에서 O가 7개 이상: 자존감이 낮은 편
- □ 파트 B에서 O가 7개 이상: 자존감이 높은 편
- □ 두 영역 모두 5~6개: 보통 수준의 자존감

이무석 교수는 자존감이 낮은 사람들의 특징을 이렇게 설명한다.[50] 타인의 시선에 과도하게 신경 쓰고, 자신의 부족함에만 초점을 맞춘다. 완벽하지 않으면 가치가 없다고 생각한다. 이런 생각은 악순환을 만든다. 자신을 믿지 못하니 도전하지 않고, 도전하지 않으니 성취도 없다. 성취가 없으니 더욱 자신을 믿지 못한다.

OX 테스트 결과를 너무 심각하게 받아들일 필요는 없다. 자존감은 고정된 것이 아니다. 상황에 따라, 시기에 따라 변한다. 중요한 건 현재

상태를 아는 것이다. 자신의 자존감 수준을 알면 무엇을 개선해야 할지 방향을 잡을 수 있다.

자존감이 낮게 나왔다면 작은 변화부터 시작해 보자. 매일 자신에게 칭찬 한마디를 건네는 것만으로도 변화는 시작된다. 반대로 자존감이 높게 나왔다면 그 상태를 유지하는 것이 중요하다. 자만하지 않으면서도 자신을 믿는 균형을 찾아야 한다. 타인도 존중하면서 자신도 아끼는 건강한 자존감을 키워가자.

자존감 동물 유형 테스트

자존감 유형을 동물에 비유하면 더 쉽게 이해할 수 있다. 당신은 어떤 동물 유형일까? 다음 설명을 읽고 자신과 가장 비슷한 동물을 찾아보자.

첫 번째는 '사자형'이다. 자신감이 넘치고 도전을 두려워하지 않는다. 리더십이 강하고 목표를 향해 거침없이 나아간다. 실패해도 "다시 하면 돼."라며 금방 극복하지만 때로는 타인의 감정을 놓치기도 한다. 자신의 방식을 고집하다 갈등을 만들기도 한다. 사자형은 전체 인구의 약 15퍼센트를 차지한다.

두 번째는 '토끼형'이다. 매사에 민감하고 조심스럽다. 타인의 반응을 살피며 눈치를 본다. 갈등을 피하려 하고 자신의 의견을 잘 드러내지 않는다. 비판받을까봐 두려워 도전을 망설인다. 안전한 선택을 선호한다. 하지만 섬세하고 배려심이 깊다. 타인의 아픔에 공감을 잘한다. 토끼형은 전체 인구의 약 35퍼센트로 가장 많다.

세 번째는 '거북이형'이다. 느리지만 꾸준하다. 자신만의 속도로 천천히 나아간다. 타인과 비교하지 않고 자기 길을 간다. 실패해도 크게 흔들리지 않는다. 대신 변화를 싫어하고 새로운 시도를 꺼린다. 안정적이지만 때로는 답답해 보일 수 있다. 거북이형은 전체 인구의 약 20퍼센트를 차지한다.

네 번째는 '카멜레온형'이다. 상황에 따라 모습을 바꾼다. 집에서와 밖에서의 모습이 다르다. 타인 앞에서는 밝고 활발하지만 혼자 있을 때는 우울하다. 진짜 자신이 누구인지 혼란스럽다. 타인의 기대에 맞추느라 지친다. 카멜레온형은 전체 인구의 약 20퍼센트를 차지한다.

마지막은 '독수리형'이다. 높은 곳에서 전체를 조망한다. 객관적이고 균형 잡힌 시각을 가졌다. 자신의 강점과 약점을 정확히 안다. 실패를 성장의 기회로 받아들인다. 타인과 적절한 거리를 유지하며 건강한 관계를 맺는다. 독수리형은 전체 인구의 약 10퍼센트로 가장 적지만, 가장 이상적인 자존감 상태다.

각 동물 유형마다 장단점이 있다. 자신의 유형을 알고 부족한 부분을 보완하는 것이다. 동물 테스트는 재미로 하는 것이지만 자기 이해의 출발점이 될 수 있다. 자신이 어떤 상황에서 어떤 반응을 보이는지 관찰해 보자. 그것이 자존감을 높이는 첫걸음이다. 당신이 어떤 동물이든 변화는 가능하다. 토끼도 사자가 될 수 있고, 카멜레온도 독수리가 될 수 있다. 자존감은 타고나는 것이 아니라 기르는 것이다.

SNS 사용 패턴으로 보는 자존감 유형

SNS 사용 방식은 자존감 상태를 보여 주는 거울이다. 당신은 SNS를 어떻게 사용하고 있나? 사용 패턴을 통해 자존감 유형을 파악해 보자.

첫 번째 유형은 '인정 추구형'이다. 하루에도 여러 번 게시물을 올린다. 좋아요 숫자를 수시로 확인한다. 반응이 없으면 불안해한다. 게시물을 올렸다가 반응이 적으면 삭제한다. 댓글 하나하나에 민감하게 반응한다. 타인의 SNS를 보며 자신과 비교한다. 팔로워 숫자에 집착한다. 이 유형은 자존감이 외부 인정에 의존한다.

두 번째는 '완벽 추구형'이다. 게시물 하나를 올리는 데 한 시간 이상 고민한다. 사진을 여러 장 찍고 가장 좋은 것을 고른다. 필터와 보정에 공을 들인다. 문구도 여러 번 수정한다. 완벽하지 않으면 올리지 않는다. 다른 사람들의 완벽해 보이는 삶과 자신을 비교한다. 이 유형은 불완전함을 받아들이지 못한다.

세 번째는 '관찰자형'이다. 주로 보기만 하고 활동하지 않는다. 좋아요는 누르지만 댓글은 달지 않는다. 자신의 게시물은 거의 올리지 않는다. 타인의 삶을 구경하는 데 시간을 보낸다. SNS를 하면서도 소외감을 느낀다. 이 유형은 자신을 드러내는 것이 두렵다.

네 번째는 '가면형'이다. SNS에서의 모습과 실제 모습이 다르다. 행복한 순간만 선별해서 올린다. 부정적인 감정은 절대 드러내지 않는다. 완벽한 삶을 연출한다. 하지만 현실과의 괴리감에 힘들어한다. 진짜 자신을 아는 사람이 없다고 느낀다. 이 유형은 진정한 자신을 숨긴다.

다섯 번째는 '균형형'이다. SNS를 적절히 활용한다. 일상을 자연스럽게 공유한다. 좋아요 숫자에 연연하지 않는다. 타인과 비교하지 않고 자신만의 콘텐츠를 만든다. SNS를 소통의 도구로 사용한다. 필요할 때는 SNS를 끄고 현실에 집중한다. 이 유형이 가장 건강한 자존감 상태다.

당신은 어떤 유형인가? 대부분의 사람들은 여러 유형이 섞여 있다. 상황에 따라 다른 모습을 보이기도 한다. 중요한 건 자신의 패턴을 인식하는 것이다. SNS가 자존감을 해친다면 디지털 디톡스가 필요하다. 일주일에 하루는 SNS를 하지 않는 날을 정해보자. 알림을 끄고 앱을 잠시 삭제해도 좋다. SNS를 하지 않는 시간에 진짜 자신과 만나보자. SNS는 도구일 뿐이다. 자존감의 원천이 되어서는 안 된다. 좋아요 100개보다 스스로 만족하는 것이 중요하다. 팔로워 1,000명보다 진짜 친구 한 명이 소중하다. SNS 밖의 진짜 삶에서 자존감을 찾아보자. 당신의 가치는 스크린 너머가 아닌 현실에 있다.

Chapter. 3

나를 이해하게 만드는 질문들

내가 나에게 가장 자주 하는 말

당신은 하루에 몇 번이나 자신과 대화를 나눈다. 아침에 눈을 뜨는 순간부터 잠들기 전까지 끊임없이 이어진다. "오늘도 피곤하네.", "난 왜 이럴까?" 혹은 "잘했어.", "할 수 있어."와 같은 내면의 목소리를 심리학에서는 '자기 대화self-talk'라고 부른다. 하루에 우리가 하는 생각은 대략 1만 번에서 6만 번 정도다. 대부분은 의식하지 못한 채 스쳐 지나간다. 그런데 이 수많은 생각 중에서 반복되는 패턴이 있다. 바로 자기 자신에 대한 평가와 판단이다. 연구에 따르면 우리가 하는 자기 대화의 약 80퍼센트가 부정적이라고 한다. 진화적으로 위험을 감지하고 회피하는 것이 생존에 유리했기 때문이다.

내면의 비평가는 언제 생겼을까. 어린 시절부터다. 부모나 선생님, 주변 어른들의 말이 내면화된 것이다. 심리학자들은 이를 '내면화된 비판적 부모internalized critical parent'라고 부른다.

자기 대화의 패턴을 아는 것은 중요하다. 이것이 자존감의 높낮이를 결정하는 핵심 요소이기 때문이다. 매일 자신에게 부정적인 말을 하는 사람과 긍정적인 말을 하는 사람의 자존감은 천지 차이로 벌어진다. 내가 나에게 하는 말이 곧 나 자신을 만들어 가기 때문이다. 신경과학 연구에 따르면 반복적인 자기 대화는 실제로 뇌의 신경 회로를 변화시킨다. 부정적 자기 대화는 스트레스 호르몬인 코티솔을 증가시키고, 긍정적 자기 대화는 도파민과 세로토닌 분비를 촉진한다.

하루 동안 자신이 스스로에게 하는 말을 기록해 보자. 아침에 일어났을 때, 거울을 볼 때, 실수했을 때, 성공했을 때. 어떤 말들이 나오는지 써 보자. 놀라울 정도로 부정적인 말이 많다는 걸 발견하게 될 것이다. 한 연구에서는 참가자들이 자신의 자기 대화를 일주일간 기록한 결과, 평균 70퍼센트 이상이 자기 비판적 내용이었다고 한다. "또 늦잠 잤네.", "그 일도 제대로 못 하다니.", "역시 난 안 돼". 이런 말들이 하루에도 수십 번씩 반복된다. 반대로 긍정적인 말은 얼마나 될까. "수고했어.", "잘했어, 괜찮아." 같은 말은 좀처럼 하지 않는다. 남에게는 쉽게 하는 위로와 격려를 정작 자신에게는 인색하다. 왜 그럴까? 우리는 자신에게 엄격해야 성장한다고 배웠기 때문이다. 하지만 과도한 자기 비판은 성장이 아니라 위축을 가져온다.

자기 대화를 바꾸는 것은 생각보다 어렵지 않다. 먼저 나 자신이 스스로를 비난하고 있다는 사실을 인식하자. 그다음에는 의식적으로 다른 말로 바꿔보는 연습을 한다. 이를 '인지 재구조화cognitive restructuring'라고 한다. 이 연습을 21일만 지속해도 변화가 일어난다. 내면의 목소리가 조금씩 부드러워지는 걸 느낄 수 있다. 66일이 지나면 새로운 패턴이 자동화된다는 연구 결과도 있다.

가장 효과적인 방법 중 하나는 자신을 3인칭으로 관찰하는 것이다. 자신을 객관적으로 보게 되면서 자연스럽게 따뜻한 시선이 생긴다. 친한 친구를 대하듯 자신을 대하게 되는 것이다. 실제로 미시간 대학의 연구에서는 3인칭 자기 대화가 감정 조절에 매우 효과적임을 입증했다. 또 다른 방법은 '만약 친구라면' 기법이다. 같은 상황에 처한 친구에게 뭐라고 말해줄지 생각해 보자. 우리는 타인에게는 관대하면서 자신에게는 가혹하다. 이 불균형을 바로잡는 것이 중요하다.

자기 대화는 단순한 혼잣말이 아니다. 내 정체성을 만들어가는 과정이다. 나는 할 수 있는 사람이라고 생각하면 정말 그런 사람이 될 수 있다. 말의 힘은 생각보다 강력하다. 플라시보 효과처럼 믿으면 실제가 된다. 이처럼 자기 대화를 바꾸는 것, 그것이 자존감 회복의 첫걸음이다.[51]

실패의 순간, 떠오르는 첫 생각

시험에서 낮은 점수를 받았다. 면접에서 떨어졌다. 발표를 망쳤다. 이럴 때 스스로의 부족함을 탓할까 아니면 다음에는 더 잘 할 수 있다며 나 자신을 격려할까. 이 차이가 당신의 미래를 결정한다. 심리학에서는 이를 '귀인 양식attribution style'이라고 부른다. 어떤 일의 원인을 어디에 두느냐에 따라 우리의 감정과 행동이 달라진다는 것이다. 프리츠 하이더가 처음 제시한 이 개념은 자존감과 밀접한 관련이 있다. 1950년대부터 시작된 귀인 이론 연구는 현재까지도 활발히 진행되고 있다.[52] 귀인은 크게 내부 귀인과 외부 귀인으로 나뉜다. 내부 귀인은 원인을 자신에게서 찾는다. 외부 귀인은 상황이나 환경 탓으로 돌린다. 건강한 사람은 이 둘을 상황에 맞게 적절히 사용한다.

자존감이 낮은 사람들의 특징이 있다. 실패는 내부 귀인으로, 성공은 외부 귀인으로 해석한다는 것이다. 반대로 자존감이 높은 사람은 실패를 외부 요인이나 일시적 요인으로, 성공을 자신의 능력으로 귀인한다. 이런 차이가 시간이 지나면서 엄청난 격차를 만들어낸다. 더 중요한 것은 안정성과 통제 가능성이다. "나는 원래 수학을 못 해."는 안정적이고 통제 불가능한 귀인이다. 이렇게 생각하면 노력할 의욕이 사라진다. 반면 "이번엔 준비가 부족했어."는 불안정하고 통제 가능한 귀인이다. 다음엔 더 노력하면 된다는 희망이 생긴다. 바이너의 귀인 이론에 따르면 이런 귀인 차원이 동기부여와 정서에 직접적인 영향을 미친다.

실패했을 때 부정적인 생각이 자동으로 떠오른다면 주의가 필요하다. 이런 생각은 학습된 무기력으로 이어진다. 아무리 노력해도 소용없다고 믿게 되는 것이다. 미국 펜실베니아 대학교 마틴 셀리그만^{Martin Seligman} 교수의 유명한 개 실험이 이를 잘 보여 준다. 반복된 실패 경험이 무기력을 학습시킨다는 것이다.

건강한 귀인 양식을 만드는 방법이 있다. 실패했을 때 세 가지 질문을 해 보자. 첫째, 정말 내 탓일까? 둘째, 항상 그럴까? 셋째, 모든 영역에서 그럴까? 대부분의 경우 답은 '아니오.'이다. 이를 '3P 질문법'이라고 부른다. Personal ^{개인적}, Permanent ^{영구적}, Pervasive ^{전반적}인지 점검하는 것이다. 예를 들어, 직장에서 발표를 실패했다고 하자. "나는 발표를 잘 못해."라고 단정하면 실패를 개인적^{Personal} 문제로 귀인하고, "앞으로도 계속 망칠 거야."라고 생각하면 그것을 영구적^{Permanent} 좌절로 일반화하며, "나는 일도, 인간관계도, 다 자신이 없어."라고 느끼면 실패가 삶 전체로 확산되는 전반적^{Pervasive} 무력감에 빠진다.

그러나 "이번엔 준비가 부족했을 뿐이고, 다른 업무에서는 좋은 평가를 받고 있어."라고 해석하면, 원인을 구체적이고 일시적인 상황으로 한정해 마음의 균형과 회복탄력성을 높일 수 있다.

펜실베니아 대학의 30년 추적 연구에서 낙관적 귀인 양식을 가진 사람들이 평균 7.6년 더 오래 살았다. 낙관적 귀인 양식을 가진 사람들이 더 건강하고 오래 산다는 흥미로운 결과이다. 실패를 어떻게 해석하느냐가 삶의 질과 양을 모두 결정하는 것이다. 이처럼 실패를 대하는 태도가 바뀌면 삶이 달라진다. 실패가 두렵지 않고 오히려 성장의 기회로 보이기 시작한다. 토마스 에디슨의 유명한 말이 있다. "나는 실패한 적이 없다. 단지 작동하지 않는 만 가지 방법을 발견했을 뿐이다." 이것이 건강한 귀인의 힘이다.

자신의 귀인 양식을 아는 것은 자존감 회복의 출발점이다. 당신이 실패를 어떻게 해석하는지 알면, 그것을 바꿀 수 있다. 파괴적 귀인을 건설적 귀인으로, 무기력을 만드는 귀인을 동기를 주는 귀인으로. 실패했을 때 떠오르는 첫 생각을 관찰하고, 그것이 당신을 어디로 이끄는지 살펴보자. 그것이 진정한 자기 이해의 시작이다. 귀인 양식의 변화는 곧 자존감의 변화로 이어진다.

칭찬과 비판, 무엇이 더 오래 남는가

열 개의 칭찬과 한 개의 비판을 들었을 때 다음 날 무엇이 더 선명하게 기억날까. 아마 대부분은 그 한 마디 비판일 것이다. 왜 우리는 좋은 말보다 나쁜 말에 더 집착할까. 이것을 심리학에서는 '부정성 편향 negativity bias'이라고 한다. 인간의 뇌는 생존을 위해 긍정적인 정보보다 부정적인 정보에 더 민감하게 반응하도록 진화했다. 위험 신호를 놓치면 생명을 잃을 수 있지만, 좋은 기회를 놓쳐도 당장 죽지는 않기 때문이다. 우리 조상들에게는 호랑이를 피하는 것이 맛있는 열매를 찾는 것보다 중요했다.[53]

문제는 현대 사회에서도 이 원시적 반응이 계속된다는 것이다. 상사의 작은 지적, 친구의 무심한 한마디, SNS의 부정적 댓글. 이런 것들이 마음속에 깊이 박혀 오래 남는다. 칭찬은 물처럼 흘러가지만 비판은 돌처럼 가라앉는다. 바우마이스터의 연구에 따르면 "나쁜 것이 좋은 것보다 강하다**Bad is stronger than good**."는 것이 심리학의 기본 원칙이다. 자존감이 낮은 사람일수록 이런 경향이 강하다.

실제로 뇌 영상 연구를 보면 흥미로운 결과가 나온다. 부정적 자극을 처리하는 편도체는 긍정적 자극보다 부정적 자극에 더 강하게 반응한다. 부정적 경험은 0.1초 만에 뇌에 각인되지만, 긍정적 경험이 장기 기억으로 저장되려면 12초 이상 음미해야 한다. 미국의 신경심리학자 릭 핸슨**Rick Hanson**은 이를 "뇌는 부정적 경험에는 벨크로 테이프처럼, 긍정적 경험에는 테프론처럼 작동한다."고 표현했다.

그렇다면 어떻게 해야 할까. 먼저 이것이 자연스러운 현상임을 인정하는 것이다. 인간이라면 누구나 갖고 있는 생존 본능이기에 이것에 휘둘리느냐, 조절하느냐의 차이다. 부정성 편향을 아는 것 자체가 이미 절반의 해결이다. 칭찬을 제대로 받아들이는 연습이 필요하다. 칭찬을 들었을 때 부정하지 말고 감사히 받아들이자. 그리고 어떤 점을 칭찬받았는지, 왜 그런 평가를 받았는지. 최소 20초는 그 긍정적 감정에 머물러 보자. 매일 받은 칭찬을 기록하는 칭찬 일기를 쓰는 것도 좋은 방법이다. 실제로 칭찬 일기를 3개월 쓴 사람들의 자존감이 평균 23퍼센트 상승했다는 연구 결과도 있다.

비판을 다루는 효율적인 방법도 살펴보자. 먼저 비판의 내용을 객관적으로 분석해 본다. 정말 나에 대한 전면적 비판일까, 아니면 특정 행동에 대한 피드백일까. 대부분은 후자다. 비판을 성장의 정보로 전환하는 것이다. 이때 5:1 법칙을 기억하자. 한 개의 부정적 경험을 상쇄하려면 다섯 개의 긍정적 경험이 필요하다는 것이다. 비판을 들었다면 의식적으로 다섯 개의 칭찬이나 성공 경험을 떠올려 보자. 균형을 맞추는 것이다. 워싱턴 대학교 존 고트먼John Gottman 교수와 그의 아내 줄리 슈워츠 고트먼Julie Schwartz Gottman 부부 연구에서도 행복한 부부는 긍정적 상호작용과 부정적 상호작용의 비율이 5:1이었다.

비판도 성장의 기회를 주는 선물이 될 수 있다. 하지만 모든 비판을 받아들일 필요는 없다. 건설적 비판과 파괴적 비난을 구분하자. 전자는 수용하되 후자는 과감히 걸러내자. 당신의 마음은 쓰레기통이 아니다. 선별적 수용이 필요하다. 의식적 노력이 부정성 편향을 극복할 수 있다. 타인의 칭찬에 기대지도, 비판에 무너지지도 않는 단단한 자존감. 그것이 진정한 자유다. 부정성 편향을 이해하고 극복하는 것, 그것이 건강한 자존감으로 가는 길이다.

<h2 style="text-align:center">나를 행복하게 만드는
작고 확실한 순간들</h2>

"당신을 행복하게 만드는 것은 무엇인가요?" 이 질문에 선뜻 답하지 못한다면 잠시 멈춰 생각해 볼 필요가 있다. 우리는 종종 행복을 거창한 것으로 생각한다. 해외여행, 승진, 연봉 인상, 집 구입. 하지만 정작

일상의 작은 행복은 놓치고 산다. 아이러니하게도 큰 행복은 드물지만 작은 행복은 매일 우리 곁에 있다.

요즘 '소확행'이라는 말이 유행이다. '소소하지만 확실한 행복'의 줄임말이다. 일본의 소설가 무라카미 하루키가 처음 쓴 이 표현은 갓 구운 빵을 손으로 찢어 먹는 것, 서랍 속 정리된 속옷을 보는 것 같은 일상의 작은 즐거움을 말한다. 한국에서는 2018년 트렌드 키워드로 선정되면서 본격적으로 알려졌다. 경쟁과 성취에 지친 현대인들이 일상의 소소한 행복에 눈을 돌리기 시작한 것이다. 자존감과 소확행은 밀접한 관련이 있다. 자존감이 높은 사람은 작은 것에서도 행복을 느낀다. 반대로 자존감이 낮은 사람은 행복의 역치가 너무 높아 아무리 좋은 일이 있어도 만족하지 못한다.

당신의 소확행은 무엇인가. 소확행을 찾는 것은 의외로 쉽다. 하루를 돌아보며 자신이 가장 편안했던 순간들을 떠올려 보면 된다. 이런 순간들이 모여 삶의 만족도를 만든다. 하버드 대학의 80년 연구가 밝힌 행복의 비밀도 결국 일상의 작은 연결과 만족이었다. 거창한 성취보다 일상의 소소한 기쁨이 장기적 행복을 예측하는 더 강력한 지표였다. 대니얼 카너먼의 연구에 따르면 행복은 특별한 순간보다 일상의 작은 즐거움의 빈도와 더 관련이 있다. 이때 중요한 것은 의식적으로 음미하는 것이다. 커피를 마실 때 향을 맡고, 온기를 느끼고, 맛을 천천히 즐기는 것이다. 이런 마음챙김mindfulness이 행복감을 배가시킨다. 같은 경험도 어떻게 받아들이느냐에 따라 완전히 다른 경험이 된다. 브라이언트의 세이버링savoring 연구에 따르면 긍정적 경험을 의식적으로 음미하는 사람이 그렇지 않은 사람보다 행복도가 24퍼센트 높았다.

소확행 리스트를 만들어 보자. 돈이 들지 않는 일부터 시작하면 좋다. 아침 햇살 맞기, 좋아하는 향기 맡기, 스트레칭하기, 일기 쓰기, 친구에게 안부 묻기. 이런 것들로 가득 채워 보자. 실제로 작성해보면 의외로 많다는 걸 알게 될 것이다. 우리가 놓치고 있던 행복의 보물들이 곳곳에 숨어 있다. 그리고 매일 하나씩 실천해 보자. 특별할 것 없는 일상이 특별하게 바뀌는 경험을 할 수 있다. 행복은 찾는 게 아니라 만드는 것임을 깨닫게 된다. '행복 저금통'에 매일 조금씩 저축하는 것과 같다. 캘리포니아 대학교 리버사이드 심리학과 교수 소냐 류보미르스키 Соня Любомирская의 연구에 따르면 행복의 40퍼센트는 우리가 선택할 수 있는 일상적 활동에 달려 있다.

당신을 행복하게 만드는 작고 확실한 순간. 그것을 찾고, 음미하고, 감사하자. 그것이 자존감을 회복하는 가장 확실한 방법이다. 행복한 사람이 되는 게 아니라, 행복을 느낄 줄 아는 사람이 되는 것. 그것이 진정한 자존감이다. 소확행을 통해 일상을 재발견하는 것, 그것이 자존감 회복의 지름길이다.

Chapter. 4

진단으로 그려보는 나의 자화상

내가 가진 자존감의 강점

자존감 진단을 마친 당신. 의외의 강점을 발견했을지도 모른다. 자기 자신을 객관적으로 들여다보는 일은 늘 놀라움을 준다. 우리는 약점에만 집중하느라 강점을 놓치고 산다. 하지만 진단 결과를 차분히 들여다보면 반드시 빛나는 지점들이 있다.

첫 번째 강점 영역은 '자기 인식 능력'이다. 자신의 감정을 알아차리는 속도가 빠른 사람들이 있다. 순간의 감정에 휩쓸리지 않고 대응할 수 있는 이들은 대체로 자기 인식이 높기에 자존감이 흔들릴 때도 빠르게 회복한다. 왜 흔들렸는지 정확한 이유를 알기 때문이다. A 씨는 회의 중 비판을 받으면 얼굴이 빨개지는 자신을 안다. 그래서 미리 심호흡을 하고 준비한다. 이런 자기 인식은 훈련으로 더 발달한다.

두 번째 강점은 '회복탄력성'이다. 실패를 경험해도 다시 일어서는 힘. 이것이 있는 사람과 없는 사람의 차이는 크다. B 씨는 사업 실패 후

3개월 만에 새로운 도전을 시작했다. C 씨는 같은 상황에서 2년이 지나도 움직이지 못했다. 차이는 무엇이었을까. B 씨는 실패를 '과정'으로 받아들였다. C 씨는 실패를 '자신의 무능'으로 해석했다. 회복탄력성이 높은 사람은 넘어져도 다시 일어날 힘을 가지고 있다. 이들은 실패를 재해석한다. 작은 실패부터 연습해보자. "다음번에는 더 잘하겠지."라고 웃어넘기자. 이런 작은 연습이 큰 위기에서 힘이 된다.[54]

세 번째는 '자기 수용 능력'이다. 완벽하지 않은 자신을 있는 그대로 받아들이는 힘. 이것은 쉽게 얻어지지 않는다. 수많은 실패와 성공을 겪으며 단단해진 결과다. 자기 수용이 높은 사람은 남과 비교하지 않는다. 자신만의 기준과 속도를 가지고 있다. SNS를 봐도 흔들리지 않는다. 남의 성공이 나의 실패를 의미하지 않음을 안다. D 씨는 키가 작은 것을 콤플렉스로 여겼다. 하지만 이제는 이것도 나의 일부라고 받아들인다. 오히려 작은 키 덕분에 민첩하다고 긍정적으로 해석한다. 자기 수용은 포기가 아니다. 있는 그대로의 나를 인정하고 그 위에 성장을 더하는 것이다. 바꿀 수 없는 것은 받아들이고, 바꿀 수 있는 것은 노력한다. 이 지혜가 자존감의 토대가 된다.

네 번째 강점은 '경계 설정 능력'이다. "아니오."라고 말할 수 있는 힘. 이것이 얼마나 중요한지 모르는 사람이 많다. 무리한 부탁을 거절하지 못해 지친 사람들. 자신의 시간과 에너지를 지키지 못해 번아웃된 사람들. 이들에게 가장 필요한 것이 바로 경계 설정이다. 건강한 경계를 가진 사람은 타인을 존중하면서도 자신을 지킨다. E 씨는 주말 근무 요청을 정중히 거절했다. 처음엔 죄책감이 들었다. 하지만 충분히 쉬고 나니 월요일에 더 생산적으로 일할 수 있었다. 경계는 벽이 아니다. 건강한 울타리다. 안과 밖을 구분하되 필요할 때는 문을 연다. 경계가 있어야 진정한 만남도 가능하다.

다섯 번째 강점은 '성장 마인드셋'이다. 실수를 배움의 기회로 보는 관점. 이것을 가진 사람은 매일 조금씩 나아진다. "나는 아직 못해."가 아니라 "나는 아직 못할 뿐이야."라고 생각한다. 이 작은 차이가 큰 변화를 만든다. 성장 마인드셋을 가진 사람은 도전을 두려워하지 않는다. 실패해도 배운다는 것을 알기 때문이다. F 씨는 영어 발표를 망쳤다. 하지만 "이번에 부족한 점을 알았으니 다음엔 더 잘할 수 있어."라고 생각했다. 실제로 다음 발표는 훨씬 나았다. 성장 마인드셋은 가능성을 본다. 현재가 아닌 미래를 본다. 지금의 나는 과정일 뿐이다.

여섯 번째는 '자기 돌봄 능력'이다. 자신을 위한 시간을 만들 줄 아는 사람. 운동, 취미, 휴식의 중요성을 아는 사람. 이들은 자존감이 떨어질 때 회복 방법을 안다. 좋아하는 음악을 듣거나 산책을 한다. 일기를 쓰거나 명상을 한다. 자기 돌봄은 이기적인 것이 아니다. 자신을 채워야 남에게도 줄 수 있다. G 씨는 매일 아침 30분 요가를 한다. 이 시간은 누구에게도 양보하지 않는다. 자신과의 약속이기 때문이다. 이런 일관성이 자존감을 만든다.

일곱 번째 강점은 '감사하는 마음'이다. 작은 것에도 감사할 줄 아는 능력. 이것은 자존감의 숨은 무기다. 감사는 부족함이 아닌 충만함에 집중하게 한다. 매일 감사 일기를 쓰는 H 씨. 그는 힘든 상황에서도 긍정적인 면을 찾아낸다. 비가 와도 우산을 쓸 수 있어 감사하다고 생각한다. 이런 마음가짐이 자존감을 단단하게 만든다. 감사는 관점의 전환이다. 같은 상황을 다르게 보는 힘이다.

여덟 번째는 '유머 감각'이다. 자신을 너무 심각하게 받아들이지 않는 능력. 실수했을 때 웃어넘길 수 있는 여유. 이것이 있는 사람은 스트레스를 잘 관리한다. 유머는 상황을 객관적으로 보게 만든다. 거리를 두고 바라보면 대부분의 일이 그리 심각하지 않다. I 씨는 프레젠테이션 중 넘어졌다. 당황하는 대신 "열정이 너무 넘쳤나 봅니다."라고 농담했다. 분위기가 오히려 좋아졌다. 유머는 방어막이자 연결 도구다.

아홉 번째 강점은 '공감 능력'이다. 타인의 감정을 이해하고 함께 느끼는 힘. 이것이 높은 사람은 깊은 관계를 맺는다. 진정한 연결은 자존감을 높인다. 혼자가 아님을 느끼게 하기 때문이다. 공감 능력이 높은 사람은 도움을 주고받는 데 능숙하다. J 씨는 친구의 아픔을 자신의 일처럼 느낀다. 그래서 진정한 위로를 줄 수 있다. 이런 깊은 관계가 그의 자존감을 지탱한다. 공감은 거울이다. 남을 이해하면서 자신도 이해하게 된다.

마지막으로 '진정성'이다. 가면을 쓰지 않고 있는 그대로의 모습을 보이는 용기. 이것이 있는 사람은 에너지 소모가 적다. 남에게 보이기 위한 연기를 하지 않기 때문이다. 진정성 있는 사람은 자신과 일치된 삶을 산다. 이것이 자존감의 핵심이다. K 씨는 완벽한 척하지 않는다. 모르는 것은 모른다고 말한다. 실수는 인정한다. 오히려 사람들이 더 신뢰한다. 진정성은 완벽함이 아니다. 솔직함이다.

이제 당신의 강점을 정리해 보자. 위의 열 가지 중 무엇을 가지고 있나. 최소한 세 개 이상은 있을 것이다. 이 강점들을 종이에 적어, 각각의 강점이 발휘됐던 순간을 떠올려 보자. 그리고 그때의 느낌을 기억하자. 당신에게는 이미 충분한 자원이 있다. 단지 잊고 있었을 뿐이다.

나도 모르게 빠지는 취약 지점

강점을 발견했다면 이제 취약점도 직시할 시간이다. 자존감이 무너지는 순간들. 그 패턴을 아는 것이 중요하다. 적을 알아야 대비할 수 있다. 취약점은 누구에게나 있다. 부끄러운 것이 아니다. 오히려 이것을 아는 것이 강함의 시작이다.

첫 번째 취약 영역은 '비교의 늪'이다. SNS를 보다가 갑자기 우울해지는 순간. 동기의 승진 소식에 마음이 무너지는 순간. 이런 비교는 자동적으로 일어난다. 뇌는 본능적으로 나와 남을 비교한다. 문제는 우리가 늘 왜곡된 비교를 한다는 것. 남의 하이라이트와 나의 일상을 비교한다. 남의 겉모습과 나의 속마음을 비교한다. 이런 불공정한 비교가 자존감을 갉아먹는다. 비교의 늪에서 빠져나오려면 관점을 바꿔야 한다. 남과 비교하지 말고 어제의 나와 비교하자. 그것이 유일하게 의미 있는 비교다.

두 번째는 '완벽주의의 함정'이다. 100점이 아니면 0점이라고 생각하는 사람들. 작은 실수도 용납하지 못하는 사람들. 이들은 늘 불안하다. 완벽은 애초에 불가능한 목표다. 그런데 이것을 추구하니 늘 실패를 맛본다. 완벽주의는 성장이 아닌 정체를 가져온다. 시작조차 못하게 만들기 때문이다. 하지만 완벽한 준비란 없다. 1퍼센트씩 나아지는 것. 그것이 진짜 성장이다.[55]

세 번째 취약점은 '타인 평가 의존증'이다. 칭찬을 받아야만 안심하는 사람들. 비판을 받으면 며칠씩 괴로워하는 사람들. 이들의 자존감은 롤러코스터를 탄다. 타인의 한 마디에 하늘을 날다가 땅으로 곤두박질친다. 내 가치를 남의 입에 맡기는 것. 이것처럼 위험한 일이 없다. 타인의 평가는 당사자의 기분에 따라 또는 상황에 따라 변한다. 그런 불안정한 것에 자존감을 걸면 안 된다. 내가 나를 인정하는 것이 먼저다.

네 번째는 '과거 집착 증후군'이다. 지나간 실패를 계속 곱씹는 습관. "그때 그렇게 했더라면."이라는 후회. 이런 생각은 현재를 망친다. 과거는 바꿀 수 없다. 그런데 거기에 에너지를 쏟으니 현재가 무너진다. 과거는 교훈을 주는 교과서이므로 충분히 배우고 놓아주자. 계속 붙잡고 있으면 앞으로 나아갈 수 없다. 과거를 놓아주는 연습이 필요하다.

다섯 번째 취약점은 '미래 불안 장애'다. 일어나지 않은 일을 미리 걱정하는 습관과 실패에 대한 불안감은 행동을 막는다. 도전하지 않으니 성장도 없다. 성장이 없으니 자존감도 떨어진다. 미래는 예측할 수 없다. 걱정한다고 바뀌지 않으며 자기 충족적 예언이다. 실패를 두려워하면 정말 실패한다. 긴장해서 실수하기 때문이다.

여섯 번째는 '감정 억압 증후군'이다. 부정적 감정을 느끼면 안 된다고 생각하는 사람들. 화, 슬픔, 두려움을 억누르는 사람들. 하지만 억압된 감정은 사라지지 않는다. 더 큰 형태로 폭발한다. 감정은 느끼고 표현해야 건강하다. 물론 적절한 방법으로 감정을 인정하는 것이 첫걸음이다.

일곱 번째 취약점은 '경계 없는 관계'다. 모든 부탁을 들어주는 사람. 자신의 시간과 에너지를 함부로 내주는 사람. 이들은 결국 소진된다. 남을 위해 살다가 자신을 잃는다. 하지만 건강한 경계 없이는 건강한 관계도 없다. 내 것을 지켜야 남에게도 줄 수 있다. 경계는 이기심이 아니다. 자기 보호다.

여덟 번째는 '자기 비난 중독'이다. 무슨 일이 일어나도 자신을 탓하는 사람들이 내뱉는 자기 비난은 자존감을 바닥으로 떨어뜨린다. 실수는 누구나 한다. 중요한 것은 그것에서 배우는 것이다. 자기 비난 대신 무엇이 잘못됐는지, 다음엔 어떻게 할지 분석을 하자.

아홉 번째 취약점은 '고립 선택 패턴'이다. 힘들 때 혼자 끙끙 앓는 사람들. 도움을 청하지 못하는 사람들. 이들은 자신의 약함을 보이는 것을 두려워한다. 하지만 연결은 치유의 시작이다. 혼자서는 해결할 수 없는 일들이 있다. 힘들 때일수록 사람이 필요하다. 진정한 친구는 있는 그대로의 나약한 내 모습도 받아줄 것이다.

열 번째는 '자기 돌봄 결핍'이다. 자신을 위한 시간을 갖지 않는 사람들. 늘 남을 우선시하는 사람들. 이들은 결국 텅 빈다. J씨는 가족을 위해 모든 것을 희생한다. 자신의 취미도, 친구도, 꿈도 포기했다. 그러다 어느 날 거울을 보고 깜짝 놀랐다. 자신이 누구인지 모르겠더라. 자기 돌봄은 이기적인 것이 아니다. 필수적인 것이다. 비행기에서 산소마스크를 쓸 때도 자신이 먼저 쓰라고 한다. 그래야 남도 도울 수 있다.

이런 취약점들을 인식하는 것이 첫걸음이다. 언제, 어떤 상황에서 자존감이 무너지는지 패턴을 파악하자. S씨는 자신이 피곤할 때 비교를 많이 한다는 것을 발견했다. 그래서 피곤한 날에는 SNS를 보지 않는다. 작은 전략이지만 효과는 크다. 취약점을 안다는 것은 약함이 아니다. 오히려 강함이다. 자신을 정확히 아는 사람이 변화할 수 있다.

지금 바꾸어야 할 습관들

취약점을 발견했다면 이제 바뀌어야 할 습관들을 점검할 차례다. 자존 감은 하루아침에 만들어지지 않는다. 매일의 작은 습관들이 쌓여 만들어진다. 나쁜 습관은 자존감을 갉아먹는다. 좋은 습관은 자존감을 키운다. 습관은 우리 행동의 40퍼센트를 차지한다는 연구가 있다. 그만큼 중요하다.

첫 번째로 바꿔야 할 습관은 '디지털 중독'이다. 아침에 눈뜨자마자 스마트폰을 보는 습관. 많은 사람들이 이렇게 하루를 시작한다. SNS를 확인하고 뉴스를 본다. 메시지를 확인한다. 이것은 하루를 남의 기준으로 시작하는 것이다. 남의 소식, 남의 생각, 남의 요구로 하루를 연다. 대신 자신만의 아침 루틴을 만들자. 최소 30분은 핸드폰을 보지 말자. 그 시간에 스트레칭을 하거나 명상을 하자. 감사 일기를 쓰거나 긍정 확언을 하자. "오늘도 좋은 일이 생길 거야.", "나는 충분해.", "나는 할 수 있어." 이런 말로 하루를 시작하면 다르다. 에너지가 다르고 관점이 다르다. 40대 D 씨는 아침에 핸드폰 대신 책을 읽는다. 15분만 읽어도 마음이 차분해진다고 한다.

두 번째 습관은 '부정적 자기 대화'다. 우리는 하루에 6만 개의 생각을 한다. 그중 80퍼센트가 부정적이라는 연구 결과가 있다. 더 놀라운 것은 95퍼센트가 어제와 같은 생각이라는 것. 우리는 같은 부정적 생각을 매일 반복한다. 이것을 바꿔야 한다. 부정적 자기 대화를 긍정적으로 바꾸는 연습이 필요하다.

세 번째 습관은 '만성 미루기'다. 해야 할 일을 계속 미루는 습관. 이것은 자존감을 떨어뜨린다. 미룬 일들이 쌓이면 죄책감이 생긴다. 스트레스도 늘어난다. "나는 게으른 사람이야."라는 부정적 자아상을 만든다. 미루기의 원인은 여러 가지다. 완벽주의, 실패 두려움, 동기 부족. 원인을 파악하고 대처하자. 작은 일부터 바로 처리하는 습관을 만들자. 2분 안에 끝낼 수 있는 일은 즉시 하자. 이메일 답장, 설거지, 침대 정리. 이런 작은 성취가 모멘텀을 만든다.

네 번째는 '비교 중독'이다. 남과 끊임없이 비교하는 습관. SNS는 비교를 부추긴다. 완벽해 보이는 삶들. 행복해 보이는 사진들. 하지만 그것은 편집된 버전이다. 뒷면은 보이지 않는다. 비교는 기쁨을 훔쳐간다. 자신이 가진 것의 가치를 못 보게 만든다. 비교하고 싶을 때마다 자신의 성장에 집중하자. 작년의 나와 올해의 나를 비교하자. 어제의 나와 오늘의 나를 비교하자. 그것이 유일하게 의미 있는 비교다.

다섯 번째 습관은 '무경계 생활'이다. 모든 요청에 "네."라고 답하는 습관. 이것은 번아웃으로 이어진다. 자신의 한계를 모르거나 무시하는 것이다. "아니오."라고 말하는 연습을 하자. 거절이 어렵다면 즉답하지 말고 "생각해 볼게요."라며 시간을 벌고 하루 정도 곰곰이 생각하자. 정말 하고 싶은지, 할 수 있는지. 거절할 때는 이유를 길게 설명하지 않아도 "죄송하지만 어려울 것 같습니다." 한 문장이면 충분하다.

여섯 번째는 '감정 무시하기'다. 부정적 감정을 느끼면 바로 억누르는 습관. "화내면 안 돼.", "슬퍼하면 안 돼."라고 자신을 다그친다. 하지만 감정은 신호다. 무언가를 알려주려는 메시지다. 화는 경계가 침범당했다는 신호, 슬픔은 상실을 애도하라는 신호, 불안은 준비가 필요하다는 신호이다. 감정을 느끼고 인정하자. 그다음 적절히 표현하자. 일기에 쓰거나, 믿을 만한 사람에게 말하거나, 운동으로 풀거나. 감정은 흘려보내야 한다. 막으면 썩는다.

일곱 번째 습관은 '완벽주의적 준비'다. 완벽하게 준비될 때까지 시작하지 않는 습관. 이것은 미루기를 뜻하는 영어 'procrastination'의 변형이다. 완벽한 준비란 없다. 70퍼센트만 준비되어도 시작하자. 나머지는 하면서 배운다. 진보가 완벽보다 중요하다.

여덟 번째는 '자기 돌봄 포기'다. 바쁘다는 이유로 자신을 돌보지 않는 습관. 운동할 시간이 없다, 취미 생활은 사치다, 휴식은 게으름이다. 이런 생각들. 하지만 자기 돌봄은 선택이 아니라 필수다. 운동이든, 독서든, 산책이든, 목욕이든 매일 30분씩 자신만을 위한 시간을 가지자. 이 시간은 신성하다. 누구에게도 양보하지 말자.

아홉 번째 습관은 '과거 반추'다. 지나간 실수를 계속 떠올리는 습관. 이것은 현재를 망친다. 과거를 바꿀 순 없다. 대신 배울 순 있다. 실수에서 교훈을 얻었다면 놓아주자. 반추를 멈추는 방법이 있다. "그만!"이라고 크게 외치기, 다른 생각으로 전환하기, 현재에 집중하기. 이러한 행동은 우리의 마음을 현재로 데려온다. 과거는 이미 지나갔다. 미래는 아직 오지 않았다. 우리가 가진 것은 현재뿐이다.

마지막 습관은 '고립 선택'이다. 힘들 때 혼자 있으려는 습관. 도움이 필요해도 요청하지 않는 습관. 이것은 자존감을 더 떨어뜨린다. 연결이 치유다. 도움을 요청하는 것은 약함이 아니라 용기다. 작은 것부터 시작하자.

이런 습관들을 한 번에 다 바꾸려 하지 마라. 한 번에 하나씩. 21일 동안 꾸준히 하면 새로운 습관이 된다는 연구가 있다. 가장 바꾸고 싶은 습관 하나를 선택하자. 그것부터 시작하자. 작은 변화가 큰 변화를 만든다. 습관이 바뀌면 삶이 바뀐다. 삶이 바뀌면 자존감도 바뀐다. 천천히, 꾸준히, 자신의 속도로 해 보자.

앞으로 세워갈 나만의 자존감 방향

진단을 통해 강점과 취약점을 발견했다. 바꿔야 할 습관도 알았다. 이제 나만의 자존감 회복 로드맵을 그릴 시간이다. 남의 방법이 아닌 나에게 맞는 방법을 찾는 것이 중요하다. 우리는 각자 다른 역사와 상처와 강점을 가지고 있다. 그래서 회복의 길도 달라야 한다.

먼저 자신의 성향을 정확히 파악하자. 당신은 외향적인가, 내향적인가. 이것은 우열이 아니다. 단지 에너지를 충전하는 방식의 차이다. 외향적인 사람은 사람들과 어울리며 에너지를 얻는다. 파티, 모임, 대화에서 활력을 찾는다. 이들에게는 지지 그룹이나 모임이 도움이 된다. 함께 성장하는 커뮤니티가 필요하다. 반면 내향적인 사람은 혼자만의 시간에서 충전한다. 독서, 산책, 명상에서 평안을 찾는다. 이들에게는 일기 쓰기나 명상이 더 효과적이다. 이때 남들이 좋다고 해서 무조건 따라 하지 않고 자신의 성향에 맞는 방법을 선택한다. 현재 상황과 여건도 고려해야 한다. 시간이 많은 사람과 바쁜 사람의 전략은 달라야 한다. 경제적 여유가 있는 사람과 없는 사람의 선택지도 다르다. 가족이 있는 사람과 혼자 사는 사람의 접근법도 다르다. 바쁜 직장인이라면 출퇴근 시간을 활용하자. 지하철에서 감사 일기를 쓰거나 긍정 확언을 하자. 팟캐스트로 자기계발 콘텐츠를 듣자.

목표를 구체적이고 측정 가능하게 설정하는 것이 중요하다. 자존감을 높이겠다는 막연한 목표보다 구체적인 행동 목표가 낫다. 매일 자신에게 칭찬 세 개 하기, 일주일에 두 번 거절하기, 하루 SNS 삼십 분으로 제한하기. 이런 구체적 목표는 실행하기 쉽고 평가하기도 쉽다. SMART 목표 설정법Specific: 구체적, Measurable: 측정 가능, Achievable: 달성 가능, Relevant: 관련성 있는, Time-bound: 기한이 있는을 활용하자.

자신만의 회복 도구 상자를 만들자. G 씨는 자존감 응급 키트를 만들었다. 예쁜 상자에 자존감이 떨어질 때 도움이 되는 것들을 모았다. 자신이 받은 감사 편지, 칭찬 메시지 캡처, 성공했던 순간의 사진, 좋아하는 음악 리스트, 힘이 되는 명언들, 좋아하는 향의 캔들. 힘들 때마다 이 상자를 연다. 하나씩 꺼내 보며 다시 일어선다. 당신만의 응급 키트는 무엇인가. 무엇이 당신을 위로하고 힘을 주는가. 그것들을 모아두자. 디지털 버전도 좋다.

환경을 조성하는 것도 중요하다. 자존감을 높이는 환경과 낮추는 환경이 있다. 물리적 환경부터 바꿔보자. 집과 사무실을 정리하거나 식물을 키우고 향초를 켜는 행동도 도움이 된다. 작은 변화가 기분을 바꾼다. 인적 환경도 중요하다. 부정적인 사람들과 거리를 두고 대신 긍정적인 사람들과 시간을 보내자. 나를 있는 그대로 받아주는 사람, 성장을 응원하는 사람, 함께 있으면 편안한 사람과 가까이 한다.

리추얼 Ritual/의식을 만드는 것도 효과적이다. 리추얼 Ritual 은 일상에 의미를 부여한다. 자신과의 연결을 강화한다. J 씨는 일요일 저녁마다 주간 회고 시간을 갖는다. 한 주를 돌아보고 감사한 일, 배운 점, 차주 목표를 각각 세 가지씩 적는다. 이런 리추얼 Ritual 은 흔들릴 때 중심을 잡아 주는 자존감의 닻이 된다.

진도를 체크하는 시스템을 만들자. 매주 또는 매월 자신의 변화를 기록하자. '자존감 일지'를 만들어 작은 성취를 적어 보자. 이런 기록은 성장의 증거가 된다. 힘들 때 이것을 보며 얼마나 왔는지 확인할 수 있다. K 씨는 매달 마지막 날 '월간 자존감 점검'을 한다. 1-10점 척도로 자존감 수준을 평가한다. 무엇이 도움이 됐는지, 무엇이 방해가 됐는지 분석한다. 이런 데이터가 쌓이면 패턴이 보인다.

실패를 대하는 프레임을 재설정하자. 실패는 피할 수 없다. 자존감 회복 과정에서도 후퇴하는 날이 있다. 중요한 것은 실패를 어떻게 해석하느냐다. 실패를 끝이 아닌 데이터로 보자. L 씨는 실패할 때마다 '실패 분석서'를 쓴다. 감정을 배제하고 객관적으로. 무엇을 시도했는지, 결과는 어땠는지, 배운 점은 무엇인지, 다음엔 어떻게 다르게 할지. 이런 접근법이 실패를 성장의 재료로 바꾼다.

지지 체계를 구축하는 것이 필수적이다. 자존감 회복은 마라톤이기에 혼자서는 한계가 있다. 함께 뛸 사람이 필요하다. 믿을 수 있는 친구들을 '자존감 서포터즈'로 정하고 이들과 정기적으로 만나 진도를 나누자. 온라인 커뮤니티도 좋다. 비슷한 고민을 가진 사람들과 경험을 나누자. 전문가의 도움도 고려하자. 상담사, 코치, 치료사. 객관적인 시각과 전문적 도구를 제공한다.

마지막으로 장기적 비전을 그리자. 자존감 회복은 단기 프로젝트가 아니다. 평생 과제다. 1년 후, 3년 후, 5년 후의 자신을 그려보자. 어떤 사람이 되고 싶은가. 어떤 삶을 살고 싶은가. 구체적으로 적어보자. 이 비전이 길을 잃을 때 방향을 알려 주는 나침반이 된다.

이제 당신만의 지도를 그릴 시간이다. 진단에서 발견한 것들을 토대로 자신의 성향과 상황에 맞는 전략을 세우고, 구체적인 목표와 시스템을 만들며, 환경과 지지 체계를 구축하자. 천천히, 꾸준히, 자신의 속도로 시도해 보자. 오늘부터 시작하자. 작은 한 걸음부터. 거창할 필요 없다. 거울을 보고 "안녕."이라고 인사하는 것부터. 그 작은 걸음들이 모여 길이 된다. 그 길이 당신을 새로운 곳으로 인도할 것이다. 자존감이 단단한 당신이 기다리는 곳으로 인도할 것이다.

Part 4

자존감을 회복하고 올리는 방법

Ⅰ

Chapter. 1

작은 성취로
시작하는
자존감 훈련

"할 수 있다"보다 "해냈다"의 힘

당신은 지금 이 순간에도 "할 수 있을까?"라는 질문에 갇혀 있다. 그런데 정말 중요한 건 따로 있다. 바로 해냈다는 경험이다. 자존감 회복의 첫걸음은 거창한 계획이 아니다. 실제로 해본 작은 경험들이 쌓이는 것이다.

심리학에서는 이를 '자기 효능감 self-efficacy'이라고 부른다. 캐나다 심리학자 앨버트 반두라 Albert Bandura 교수가 제시한 개념이다. 자기 효능감은 특정 과제를 성공적으로 수행할 수 있다는 개인의 신념이다. 도전에 직면했을 때 필요한 기본적인 자신감이자, 자기 자신에 대한 믿음이기도 하다. 이 믿음은 어디서 올까. 바로 "해 봤다."는 경험에서 온다. 성공의 크기는 중요하지 않다. 시도했다는 사실 자체가 의미가 있다.

많은 사람들이 자존감을 높이려고 노력한다. 그런데 대부분 실패한다. 왜일까. "할 수 있다."는 자기 암시만 반복하기 때문이다. 긍정적 사고의 함정이 바로 여기에 있다. 막연한 긍정은 오히려 독이 된다. 현실과 괴리가 생기면 자존감은 더 떨어진다. 심리학자들은 이를 '긍정성 편향의 역설'이라고 부른다. 반면 "해 봤다."는 사실은 누구도 부정할 수 없다. 당신이 직접 경험한 것이기 때문이다.

경험의 힘은 뇌과학으로도 입증된다. 우리 뇌의 전두엽은 성공 경험을 기록한다. 작은 성취를 경험할 때마다 도파민이 분비된다. 이 도파민은 다음 행동의 동력이 된다. 신경 회로가 강화되고 새로운 시냅스가 형성된다. 뇌가 물리적으로 변하는 것이다. 이것이 신경가소성의 원리다.

실패를 두려워하는 마음이 문제다. 완벽주의의 함정에 빠진 것이다. 그래서 시작조차 못한다. 하지만 작은 시도는 다르다. 실패해도 큰 타격이 없다. 오늘 계단 오르기를 실패했다고 해서 인생이 망하지 않는다. 그런데 성공하면 어떻게 될까. 작지만 확실한 성취감을 얻는다. 이 성취감이 다음 도전의 연료가 된다. 작은 성공이 큰 성공의 씨앗이 되는 것이다.

행동경제학자들의 연구 결과가 흥미롭다. 이스라엘 출신 미국의 심리학자이자 2002년 노벨경제학상을 받은 경제학자인 대니얼 카너먼 Daniel Kahneman 의 연구에 따르면, 사람들은 미래의 큰 보상보다 당장의 작은 보상에 더 강하게 반응한다. 이를 '현재 편향'이라고 한다. 자존감도 마찬가지다. 언젠가 이룰 큰 성공보다 오늘 경험한 작은 성취가 더 강력하다. 작은 경험이 큰 변화를 만드는 원리는 작은 변화가 기하급수적 성장을 만드는 복리와 같다. 이것을 '한계 이득의 집합'이라고 부른다. 영국 사이클 팀이 이 원리로 올림픽을 제패했다. 자전거 안장을 조금 더 편하게, 타이어를 조금 더 가볍게, 유니폼을 조금 더 공기역학적으로. 이런 작은 개선들이 모여 금메달리스트로 만들었다.

자존감은 한 번에 올라가지 않는다. 천천히, 꾸준히 쌓아가는 것이다. 벽돌을 하나씩 쌓듯이 말이다. "할 수 있다."는 구호는 잊어라. 대신 "해보자."라고 말하라. 그리고 실제로 실천한다. 아주 작은 것부터 시작해라. 실패해도 괜찮다. 시도했다는 사실만으로도 당신은 이미 어제와 다른 사람이 되었다. 경험은 누적된다. 작은 경험들이 모여 큰 변화를 만든다.

매일 "해냈다."를 하나씩 수집해라. 이 수집품들이 모이면 놀라운 일이 일어난다. 당신은 어느새 할 수 있는 사람이 되어 있을 것이다. 막연한 희망이 아니라 구체적인 증거와 함께. 경험이라는 단단한 토대 위에 서있게 될 것이다.[56]

하루 하나, 작지만 확실한 성취

자존감을 높이는 가장 확실한 방법이 있다. 매일 작은 성취를 경험하는 것이다. 거창할 필요 없다. 오늘 할 수 있는 가장 작은 일부터 시작하면 된다. 중요한 것은 '매일'이라는 지속성이다. 일회성 성공보다 지속적인 작은 성취가 훨씬 강력하다.

심리학자들은 '마이크로 해빗 Micro Habit'의 힘을 강조한다. 스탠퍼드 대학의 브라이언 제프리 포그 Brian Jeffrey Fogg 교수가 개발한 개념이다. 2분 이내에 끝낼 수 있는 아주 작은 습관 말이다. 팔굽혀펴기 한 개, 책 한 쪽 읽기, 물 한 잔 마시기, 깊은 호흡 세 번하기. 이런 작은 행동이 왜 중요할까. 뇌는 작은 성공도 큰 성공과 똑같이 인식하기 때문이다. 보상 회로가 활성화되고 도파민이 분비된다. 성취감을 느끼는 메커니즘은 동일하다.

작은 성취가 중요한 이유가 또 있다. 실패의 부담이 없다는 점이다. 운동을 즐겨하지 않던 사람이 100km 마라톤을 뛰겠다고 결심하면 어떻게 될까. 대부분 시작도 못한다. 준비가 부담스럽고 실패가 두렵다. 하지만 100m 걷기는 다르다. 누구나 할 수 있고, 실패해도 다시 시도하면 된다. 이렇게 성공 경험이 쌓이면 자연스럽게 목표가 커진다. 100m가 500m가 되고, 500m가 1km, 5km가 된다.

일본의 '카이젠改善' 철학도 같은 원리다. 도요타가 세계적 기업이 된 비결이다. 아주 작은 개선을 지속적으로 하는 것. 나사 하나를 줄이고, 공정 하나를 단축하고, 동선 하나를 개선한다. 이런 작은 개선들이 모여 혁신을 만든다. 개인도 마찬가지다. 매일 1퍼센트씩만 나아져도 1년 후엔 37배 성장한다. 복리의 마법이 자존감에도 적용되는 것이다.

작은 성취를 위한 구체적인 일상 루틴을 만들어 보자. 아침 루틴부터 시작한다. 첫째, 침대 정리하기. 미 해군 제독 윌리엄 해리 맥레이븐 Willam Harry McRaven 은 말했다. "침대 정리로 하루를 시작하면 첫 번째 임무를 완수한 것이다. 작은 자부심을 느끼고 다음 일을 할 용기를 얻는다." 둘째, 감사한 일 세 가지 떠올리기. 아침에 눈을 뜨자마자 감사한 일 세 가지를 생각한다. 이는 긍정적 마인드셋 형성으로 이어진다. 셋째, 오늘의 작은 목표 정하기. 달성 가능한 것으로 딱 하나만 정한다.

하지만 주의할 점도 있다. 목표를 너무 많이 세우지 말고, 하루에 하나면 충분하다. 인간의 의지력은 한정되어 있다. 너무 많은 목표는 오히려 실패를 부른다. 또한 완벽을 추구하지 않아야 한다. 완벽주의는 시작을 막는 적이다. 마지막으로 비교하지 말자. 어제의 나와만 비교하면 된다. 당신만의 속도가 있으니 남들보다 느려도 괜찮다. 멈추지만 않으면 된다.

오늘부터 시작해 보자. 물 한 잔 더 마시기, 엘리베이터 대신 계단 이용하기, 일기 한 줄 쓰기 등 가장 작은 것부터 실천하다. 중요한 건 했다는 사실이다. 이 작은 성취들이 모여 당신의 자존감을 단단하게 만들 것이다. 하루 하나씩, 천천히 그러나 확실하게 실천하라.

기록하는 순간 커지는 자존감

기록의 힘은 생각보다 강력하다. 머릿속에만 있던 성취가 글로 쓰여지면 실체가 된다. 눈으로 확인할 수 있고 다시 읽을 수 있다. 이것이 성취 저널링의 힘이다. 자존감 회복의 비밀 무기라고 할 수 있다. 기록은 단순한 메모가 아니다. 자기 인식의 도구이자 성장의 증거다.

왜 기록이 중요할까. 인간의 뇌는 부정적인 것을 더 잘 기억한다. 이를 '부정성 편향'이라고 한다. 진화 과정에서 생존을 위해 발달한 특성이다. 위험을 기억해야 살아남을 수 있었기 때문이다. 그래서 성공보다 실패가, 칭찬보다 비난이 더 오래 기억에 남는다. 하지만 기록은 이런 편향을 깨뜨린다. 내가 이룬 것들을 객관적으로 보여주기 때문이다. 잊어버린 성취들을 되살려준다.

성취 저널링은 간단하다. 매일 그날 이룬 것들을 형식 없이 적는 것이다. 우리는 매일 수많은 일을 해내고 있다. 단지 인식하지 못할 뿐이다. 성취 저널을 쓰는 구체적인 방법론을 소개한다. 먼저 시간을 정한다. 대부분 하루 중 가장 여유로운 시간인 저녁이 좋다. 자신에게 편안한 장소도 정한다.매일 같은 시간, 같은 장소가 좋다. 루틴이 되어야 지속 가능하다. 저널의 구조는 이렇게 만든다. 날짜와 요일을 적는다. 그 다음 세 가지 카테고리로 나눈다. 첫째, '오늘의 성취'. 최소 세 가지에서 최대 열 가지의 성취를 적는다. 둘째, '오늘의 감사'. 감사한 일 세 가지를 적는다. 셋째, '오늘의 배움'. 새롭게 깨달은 한 가지를 적는다. 이

구조를 매일 반복한다. 단순하지만 강력하다.

저널링의 효과는 과학적으로 입증되었다. 텍사스 대학의 제임스 화이팅 페니베이커 James Whiting Pennebaker 교수는 표현적 글쓰기의 효과를 30년간 연구했다. 매일 15분씩 글을 쓴 사람들은 정신 건강이 향상되었다. 스트레스가 줄고 자신감이 늘었다. 면역력까지 강화되었다. 병원 방문 횟수가 줄고 직장 결근율도 감소했다. 글쓰기가 마음과 몸을 모두 치유한 것이다.

주간 리뷰와 월간 리뷰도 중요하다. 일주일에 한 번, 한 달에 한 번 그동안 쓴 저널을 다시 읽는다. 패턴이 보이기 시작한다. 어떤 일을 할 때 가장 만족스러운지, 언제 에너지가 넘치는지, 무엇이 나를 행복하게 하는지. 이런 발견들이 자기 이해를 깊게 한다. 자기를 알면 자존감도 올라간다. 나의 강점과 약점, 좋아하는 것과 싫어하는 것을 명확히 알게 된다.

특별한 저널링 기법안 '감사 저널'을 소개한다. 감사 저널은 감사한 일만 적는다. 성장 저널은 배운 점만 적고, 칭찬 저널은 받은 칭찬과 자기 칭찬을 적는다. 도전 저널은 새로 시도한 것만 적는다. 여러 개를 동시에 해도 좋으니 목적에 맞게 선택해 보자. 기록은 거짓말하지 않는다. 당신의 성취를 고스란히 보여줄 것이다. 그리고 그 기록이 당신의 자존감을 단단하게 만들 것이다.

나만의 미니 챌린지 만들기

자존감을 높이는 재미있는 방법이 있다. 바로 나만의 미니 챌린지를 만드는 것이다. 거창한 도전이 아니다. 일주일, 한 달 단위의 작은 도전이다. 게임처럼 재미있고 부담은 적다. 그런데 효과는 크다. 도전과 달성의 사이클이 자존감을 높인다. 미니 챌린지의 핵심은 선택과 설계이다. 남이 시킨 게 아니라 내가 정한다. 이 주도성이 중요하다. 스스로 목표를 정하고 실행하고 완수하는 이 과정에서 자기 효능감이 올라간다. 또한 적절한 난이도 설계가 중요하다. 너무 쉬우면 지루하고, 너무 어려우면 포기하므로 살짝 도전적인 수준이 적당하다.

챌린지의 종류는 무궁무진하다. 시간 기반 챌린지가 있다: 7일 연속 일기 쓰기, 30일 금주 챌린지, 100일 운동 챌린지. 횟수 기반 챌린지도 있다: 100개 푸시업 챌린지, 1000개 영단어 외우기, 52주 독서 챌린지. 품질 기반 챌린지도 가능하다: 매일 더 나은 사진 찍기, 요리 실력 향상 챌린지, 글쓰기 실력 향상 챌린지.

챌린지 설계의 원칙을 소개한다. 첫째, SMART 원칙을 따른다. Specific 구체적, Measurable 측정 가능, Achievable 달성 가능, Relevant 관련성, Time-bound 기한 설정. 둘째, 작은 목표로 시작한다. 3일 챌린지로 시작해서 7일1, 14일, 30일로 늘려 가자. 셋째, 기록한다. 달력에 체크하거나 적절한 앱을 활용한다. 시각적 피드백이 중요하다. 넷째, 보상을 준비한다. 작은 선물이라도 좋으며, 이는 달성의 기쁨을 배가시킨다.

G 씨는 '30일 사진 챌린지'를 했다. 매일 하나씩 의미 있는 사진을 찍는 것이었다. 규칙은 간단했다. 매일 한 장씩, 새로운 시각으로, SNS에 공유. 처음엔 뭘 찍을지 막막했다. 첫날은 아침 커피를 찍었다. 둘째 날은 출근길 풍경. 셋째 날은 책상 위 선인장. 그런데 신기한 일이 일어났다. 점점 눈이 열렸다. 일상 속 아름다움이 보이기 시작했다. 빛과 그림자, 색과 형태, 순간과 영원. 30일 후 G 씨는 변했다. 세상을 보는 시선이 긍정적으로 바뀌었다. 자신감도 생겼다. 그리고 300명의 팔로워

가 생겼다. 매일 G 씨의 사진을 기다리는 사람들이었다.

단계별 챌린지 전략도 효과적이다. 레벨 1은 3일 챌린지. 아주 쉬운 것부터. 레벨 2는 7일 챌린지. 조금 난이도를 높인다. 레벨 3는 14일 챌린지. 습관이 형성되는 시기다. 레벨 4는 30일 챌린지. 본격적인 도전이다. 레벨 5는 100일 챌린지. 인생이 바뀌는 경험이다. 각 레벨을 클리어하면 다음 레벨로 올라간다.

미니 챌린지를 기록하고 축하하는 것도 중요하다. 달력에 스티커를 붙이거나 앱을 활용한다. 인스타그램에 인증샷을 올린다. 친구들과 축하 파티를 한다. 자신에게 선물을 준다. 이런 의식이 중요하다. 성취를 인정하고 축하하는 것. 이것이 자존감을 높인다. 오늘부터 당신만의 미니 챌린지를 만들어보라. 작게 시작해라. 3일이면 충분하다. 무엇이든 좋다. 중요한 건 시작하는 것이다. 그리고 도전하는 자신을 격려해라. 챌린지를 완수하면 자신에게 작은 보상을 주라. 그리고 다음 챌린지를 준비하라. 이렇게 하나씩 도전하다 보면 어느새 당신은 '해내는 사람'이 되어 있을 것이다. 도전이 일상이 되고, 성취가 습관이 되는 그날까지 해 보는 것이다.[57]

Chapter. 2

스스로를 인정하는 기술

거울 속 나에게 말 걸기

거울이 말하는 진실과 왜곡

거울 앞에 선 당신은 잘못된 부분만 찾아낸다. 주름, 다크서클, 처진 눈꺼풀, 늘어난 뱃살. 거울은 우리에게 가장 혹독한 심판관이 되어버렸다. 하지만 거울은 자존감 회복의 가장 강력한 도구가 될 수 있다. 문제는 거울이 아니라 우리가 거울을 보는 방식이다. 심리학에서는 이를 '거울 기법'이라 부른다. 자신을 객관적으로 바라보기 어려울 때, 거울에 비친 모습과 대화하는 방법이다. 이는 단순한 나르시시즘이 아니다. 자기 자신과의 진정한 관계 맺기다. 거울 테라피는 신체이미지 장애나 섭식장애 치료에도 활용된다. 그라나다 대학의 연구에 따르면, 거울 노출 요법 후 폭식증 환자들의 코르티솔 수치가 눈에 띄게 감소했다. 스트레스 호르몬인 코르티솔의 감소는 심리적 안정을 의미한다.

거울 대화의 네 가지 원칙

첫 번째 원칙은 중립적 관찰이다. 평가하지도 판단하지도 않고 그저 바라본다. 이는 사실과 해석을 구분하는 훈련이다. 중립적 관찰은 마음챙김의 핵심이기도 하다. 있는 그대로를 보는 연습이다.

두 번째는 긍정적 발견이다. 매일 거울을 보며 좋은 점을 하나씩 찾는다. 뇌는 우리가 주목하는 것을 더 많이 본다. 긍정에 초점을 맞추면 긍정이 보인다. 이는 뇌의 부정편향성을 극복하는 방법이다. 진화 과정에서 인간의 뇌는 위험을 먼저 감지하도록 발달했다. 칭찬보다 비난이 더 오래 기억나는 이유다. 긍정적 발견은 이런 본능적 편향을 의식적으로 조정하는 과정이다.

세 번째는 진심 어린 대화다. 거울 앞에서 자신에게 말을 건다. 이것은 강력한 자기암시다. 말은 생각을 바꾸고, 생각은 행동을 바꾼다. 긍정적 자기대화는 실제로 뇌의 신경회로를 재편성한다. 반복되는 긍정적 메시지는 새로운 신경 경로를 만든다.

네 번째는 일관된 실천이다. 매일 같은 시간, 같은 장소에서 거울 대화를 한다. 아침에 하면 하루를 긍정적으로 시작할 수 있고, 저녁에 하면 하루를 따뜻하게 마무리할 수 있다. 중요한 것은 꾸준함이다. 21일이면 습관이 된다고 하지만, 자존감 회복을 위한 거울 대화는 더 오래 걸린다. 최소 3개월은 지속해야 진정한 변화를 경험할 수 있다.

단계별 실천 가이드

거울 대화에는 구체적인 방법이 있다.

1단계는 준비다. 편안한 자세로 선다. 어깨를 내리고 심호흡을 세 번 한다. 긴장을 푼다.

2단계는 응시다. 거울 속 자신의 눈을 바라본다.

3단계는 인정이다. "나는 나를 있는 그대로 본다." 소리 내어 말한다.

4단계는 격려다. "나는 충분히 괜찮다. 나는 성장하고 있다." 자신에게 필요한 말을 한다.

부정적 생각이 떠오를 때도 있다. 그럴 때는 멈추지 말고 인정하고 지나가자. 이는 마음챙김의 원리다. 생각과 자신을 분리하는 연습이다.

거울 테라피의 과학적 근거

프랑스의 정신분석학자 자크 라캉Jacques Lacan의 거울 단계 이론에 따르면, 인간은 거울을 통해 자아를 형성한다. 6개월에서 18개월 사이의 아이는 거울에 비친 자신을 인식하기 시작한다. 이것이 자아 형성의 시작이다. 하지만 그것은 왜곡된 이미지일 수 있다. 거울에 비친 모습은 좌우가 바뀐 것이다. 우리가 보는 것은 실제가 아니라 해석이다. 그래서 의식적인 거울 대화가 필요하다. 왜곡을 바로잡고 진정한 자기를 만나는 과정이다.

거울 뉴런의 발견도 거울 테라피의 효과를 뒷받침한다. 우리 뇌에는 다른 사람의 행동을 관찰할 때 활성화되는 특별한 뉴런이 있다. 거울 속 자신을 볼 때도 이 뉴런이 작동한다. 거울 속 자신에게 미소 짓는 것을 보면, 뇌는 누군가 나에게 미소 짓는 것으로 인식한다. 이것이 자기 친밀감을 높이는 메커니즘이다.[58]

자기 칭찬 노트 쓰기

우리는 자신에게 가장 인색한 평가자다. 남에게는 쉽게 건네는 칭찬을 자신에게는 아낀다. 실수는 오래 기억하면서 성취는 금세 잊는다. 한국 문화의 특성상 겸손이 미덕으로 여겨지기에 더욱 그렇다. 하지만 건강한 자기 인정은 오만과 다르다. 자기 칭찬 노트는 이런 불균형을 바로잡는 도구다.

긍정심리학positive psychology의 창시자 마틴 셀리그먼Martin Seligman은 강점에 주목했다. 약점을 고치는 것보다 강점을 키우는 것이 행복에 더 효과적이라는 것이다. 전통적인 심리학이 문제와 결함에 초점을 맞췄다면, 긍정심리학은 가능성과 잠재력에 주목한다. 자기 칭찬 노트는 바로 이 원리를 활용한다. 매일 자신의 강점과 성취를 기록한다. 작은 것이라도 좋다. "오늘 일찍 일어났다. 동료를 도와주었다. 건강한 점심을 먹었다. 화를 참았다. 운동을 했다."[59]

자기 칭찬 노트 작성의 구체적 방법

준비 단계에서는 노트를 선택한다. 특별할 필요 없다. 평범한 공책이면 충분하다. 다만 자신만의 노트로 정한다. 이것은 나를 위한 특별한 공간이다. 표지에 이름을 쓰거나 스티커를 붙여 개성을 표현해도 좋다. 펜도 마음에 드는 것으로 준비한다. 쓰는 행위 자체가 즐거워야 한다.

작성 원칙은 네 가지다. 첫째, 매일 쓴다. 둘째, 같은 시간에 쓴다. 셋째, 최소 세 가지를 쓴다. 넷째, 구체적으로 쓴다. "잘했다."가 아니라 "어려운 고객을 침착하게 대응했다."로 쓴다. 구체적일수록 기억에 남고, 자신감으로 연결된다.

칭찬의 수준도 다양하게 한다.

1단계는 행동 칭찬이다. "일찍 일어났다. 약속을 지켰다."

2단계는 노력 칭찬이다. "포기하지 않고 끝까지 했다."

3단계는 성장 칭찬이다. "어제보다 나아졌다. 새로운 것을 배웠다."

4단계는 존재 칭찬이다. "나는 충분하다. 나는 가치 있다."

이때 결과보다 과정을 칭찬한다. 이는 성장 마인드셋을 기르는 방법이다. 실패해도 배움이 있다면 그것도 칭찬거리다.

창의적 기록 방법들

때로는 그림이나 스티커와 같은 시각적 요소를 활용하여 긍정적 감정을 강화하면 좋다. 예를 들어 색깔 펜을 사용해 보자. 빨간색은 열정, 파란색은 평온, 초록색은 성장, 노란색은 기쁨 등 자신만의 의미를 부여한다.

서울대학교 심리학과 명예교수인 권석만 교수는 긍정심리학 연구에서 자기 긍정의 중요성을 강조한다. 자기 긍정감은 단순한 자만이 아니다. 현실적 자기 평가에 기반한 건강한 자신감이다. 자기 칭찬 노트는 이런 건강한 자기 긍정감을 키운다. 매일의 작은 성취를 인정하고 축적함으로써, 자신에 대한 긍정적 이미지를 구축한다.[60]

자기 칭찬 노트의 효과는 과학적으로 입증되었다. 감사 일기를 쓴 그룹은 그렇지 않은 그룹보다 행복도가 25퍼센트 높았다. 자기 칭찬도 마찬가지다. 긍정적 자기 평가를 반복하면 자존감이 향상된다. 뇌의 보상 회로가 활성화되고 도파민이 분비된다. 이것이 긍정의 선순환을 만든다.

지속을 위한 전략도 필요하다. 첫째, 작은 목표부터 시작한다. 둘째, 리마인더를 설정한다. 스마트폰 알람을 활용한다. 셋째, 보상 시스템을 만든다. 넷째, 공유한다. 가족이나 친구와 칭찬 노트를 나눈다. 과거의 성취가 현재의 힘이 된다. 미래의 가능성을 믿게 한다.

실수해도 "괜찮아"라고 말하기

실수했을 때 대부분은 자신을 비난한다. 이런 자기 비난은 상처를 더 깊게 만든다. 실수는 이미 일어났다. 중요한 것은 그 다음이다. 어떻게 반응하느냐가 회복의 속도를 결정한다. 자기 비난의 메커니즘은 복잡하다. 어린 시절의 경험, 완벽주의적 성향, 낮은 자존감이 얽혀 있다. 자기 비난은 학습된 반응이다. 그렇다면 다시 학습할 수 있다. 괜찮다는 말은 단순한 위로가 아닌 자기수용의 시작이다. 무조건적 자기수용 이론에 따르면 인간은 성취와 상관없이 존재 자체로 가치가 있다. 실수했어도 당신의 가치는 변하지 않는다. 이것을 인정하는 것이 진정한 "괜찮아"의 의미다.

자기 비난을 멈추는 네 가지 단계

1단계, 알아차림이다. 비난의 목소리가 들릴 때 멈추어야 한다. 자동적 사고를 의식적으로 인식하는 것이다. 인지행동치료에서는 이를 '사고 정지법'이라 부른다. 생각의 흐름을 의식적으로 중단시킨다.

2단계, 관점 전환이다. 자기연민self-compassion의 실천으로, 타인뿐만 아니라 자신에게도 친절한 말을 건네자. 텍사스 대학교 교육심리학자인 크리스틴 네프Kristin Neff 교수의 연구에 따르면, 자기연민이 높은 사람은 실패에서 더 빨리 회복한다.

3단계, 재구성이다. 실수를 다르게 본다. 실수는 실패가 아니라 학습 기회다. 실수에서 배움을 찾는 관점이 성장 마인드셋이다.

4단계, 자기 대화다. 자기 자신에게 구체적으로 말을 걸되, 부드럽고 따뜻하게 말한다. 자신이 자신의 가장 좋은 친구가 되어준다.

자기 대화를 바꾸는 구체적 방법이 있다. "왜"를 "어떻게"로 바꾼다. "왜"는 과거에 머물게 하지만 "어떻게"는 미래로 향한다. 이것은 해결 중심 접근법이다. 문제보다 해결에 초점을 맞춘다.

신체 감각도 활용한다. 자책할 때 몸은 긴장한다. 어깨가 올라가고 호흡이 얕아진다. 턱에 힘이 들어간다. 이때 심호흡을 한다. 4초 들이쉬고, 7초 멈추고, 8초 내쉰다. 어깨를 내린다. 턱의 힘을 뺀다. 몸이 이완되면 마음도 따라온다.

자신을 토닥이는 것도 도움이 된다. 실제로 가슴에 손을 얹고 토닥인다. 이것은 단순한 제스처가 아니다. 신체 접촉은 옥시토신을 분비시킨다. 사랑의 호르몬이라 불리는 옥시토신은 스트레스를 감소시키고 안정감을 준다.

완벽주의와 자기 비난의 관계는 깊다. 사회부과적 완벽주의를 가진 사람은 자기 비난 경향이 높다. 타인의 기대에 부응해야 한다는 압박감이 실수를 용납하지 못하게 만든다. 하지만 완벽한 사람은 없다. 불완전함이 인간의 본질이다. 추미례와 이영순의 연구에 따르면, 무조건적 자기수용이 높은 사람은 심리적 안정감이 높다.[61] 이런 마음가짐이 회복탄력성을 키운다.

비교에서 벗어나 나만의 기준 세우기

SNS 속 세상에 들어가면 비교가 시작된다. 더 잘난 사람, 더 행복해 보이는 삶. 비교는 끝이 없다. 위를 보면 한없이 작아지고, 아래를 보면 잠시 위안을 얻지만 그것도 오래가지 않는다. 비교의 늪에서 벗어나는 방법은 하나다. 나만의 기준을 세우는 것이다.

사회비교이론에 따르면 인간은 본능적으로 타인과 비교한다. 미국의 심리학자 레온 페스팅거 **Leon Festinger** 가 제안한 이 이론은 자신의 위치를 파악하기 위한 생존 전략이라고 설명한다. 원시 시대에는 집단 내 서열이 생존과 직결되었다. 하지만 현대사회에서 비교는 독이 되었다. 비교 대상이 너무 많고, 비교 기준이 왜곡되어 있다. SNS에서 보는 것은 타인의 하이라이트 릴이다. 일상과 비교하면 당연히 초라해 보인다.

나만의 기준을 세우는 프로세스

나만의 기준을 세우는 것은 자기주도성의 회복이다. 남이 정한 성공이 아니라 내가 정한 성공을 추구한다. 남이 원하는 삶이 아니라 내가 원하는 삶을 산다. 이것이 진정한 자유다. 하지만 쉽지 않다. 우리는 너무 오래 남의 기준에 익숙해져 있다.

1단계, 가치관 명확화. 무엇이 중요한가. 돈인가, 명예인가, 관계인가, 성장인가, 자유인가, 안정인가. 정답은 없다. 자신에게 맞는 답을 찾아보자. 그 답은 곧 나침반이 되어 모든 결정의 기준이 된다.

2단계, 구체적 목표 설정. 이때 SMART 기준을 활용한다. 구체적이고 **Specific**, 측정 가능하고 **Measurable**, 달성 가능하고 **Achievable**, 관련성 있고 **Relevant**, 기한이 있는 **Time-bound** 목표다.

3단계, 진척도 측정. 남과 비교하지 않고 어제의 나와 비교한다.

4단계, 환경 설계. 비교를 부추기는 환경을 바꾼다. 예를 들어 SNS 사용 시간을 제한하거나, 비교를 부추기는 사람과 거리를 둔다.

자기 기준을 세우면 비교가 무의미해진다. 마라톤 선수가 수영 선수와 속도를 비교하는가. 각자의 트랙이 다르다. 중요한 것은 어제의 나보다 나은 오늘의 나다. 이것이 유일하게 의미 있는 비교다. 작년의 나와 비교해 보라. 분명히 성장했을 것이다.

사회부과적 완벽주의 연구에 따르면, 타인의 기대에 매달릴수록 불안과 우울이 증가한다. 반면 자기지향적 목표를 가진 사람은 만족도가 높다. 자율성이 행복의 핵심 요소이기 때문이다. 자기결정이론도 이를 뒷받침한다. 자율성, 유능감, 관계성이 충족될 때 인간은 행복하다. 비교에서 연대로 나아가는 것도 중요하다. 남의 성공을 시기하지 않고 축하한다. 남의 성장에서 영감을 받는다. 경쟁이 아니라 함께 성장한다. 이것이 풍요의 마음이다.

'비교는 기쁨의 도둑'이라는 말이 있다. 비교하는 순간 사라지는 행복이 아닌 감사를 연습하라. 감사는 풍요의 마음을 만든다. 비교는 결핍의 마음을 만든다. 매일 감사 일기를 쓴다. 작은 것에도 감사한다. 이것이 행복의 비결이다.

당신은 비교될 수 없는 유일한 존재다. 지문처럼, DNA처럼 당신은 세상에 단 하나뿐이다. 비교는 이 독특함을 무시하는 행위다. 나만의 기준으로 나만의 길을 간다. 그것이 자존감의 핵심이다. 당신의 길은 당신만이 걸을 수 있다.

Chapter. 3

관계 안에서 자존감을 회복하는 법

건강한 거절

거절이 어려운 사람들에게는 공통점이 있다. 상대방의 기분을 상하게 할까봐, 관계가 깨질까봐, 나쁜 사람으로 보일까봐 불안해한다. 자신의 가치를 타인의 인정에서 찾기 때문에 거절하지 못하는 것이다. 남에게 좋은 사람으로 보이는 것이 자신의 존재 가치라고 믿는다. 그래서 거절은 곧 자기 가치의 상실처럼 느껴진다.

A 씨는 회사에서 'Yes맨'으로 통한다. 동료가 부탁하면 거절하지 못한다. 심지어 퇴근 시간에 추가 업무를 떠안기도 하고 주말 약속도 취소한다. 그러다 결국 번아웃이 왔다. 거절하지 못하는 것이 관계를 지키는 방법이 아니라 오히려 관계를 망치는 길이었다는 것을 상담 받으며 깨달았다.

거절은 자기 보호의 시작이다. 내 시간과 에너지를 지키는 행위다. 무엇보다 나를 존중하는 첫걸음이다. 건강한 경계를 세우는 것이 진정한 관계의 시작이다. 경계가 없으면 나도 모르게 소진된다. 상대방도 나를 존중하지 않게 된다. 경계가 명확한 사람이 오히려 신뢰받는다. 그 사람의 '예'는 진짜 '예'가 되고, '아니오'는 진짜 '아니오'가 된다.[62]

거절 연습은 작은 것부터 시작하면 된다. 나의 일정과 체력을 확인하여 무리하지 않는 선에서 결정한다. 거절할 때는 명확하되 정중하게 표현한다. "미안하지만 지금은 어려워."라고 간단하게 말해도 좋다. 길게 설명하거나 변명하지 않아도, 상대방이 이해하지 못해도 괜찮다. 당신의 거절은 그 자체로 충분한 이유가 된다.

거절 후에 오는 죄책감도 자연스러운 감정이다. 하지만 죄책감에 휘둘려서는 안 된다. 거절은 잘못이 아니다. 자신을 지키는 정당한 권리다. 죄책감은 어린 시절부터 학습된 감정이다. "착한 아이는 남을 도와야 해."라는 메시지를 반복해서 들었다. 그래서 거절하면 나쁜 사람이 된 것 같다.

거절하는 힘은 자존감의 핵심이다. 남의 기대에 맞추느라 자신을 잃지 말자. 당신의 시간과 에너지는 소중하다. 그것을 지킬 권리가 있다. 거절은 이기적인 것이 아니라 건강한 자기 사랑이다. 자신을 사랑하는 사람만이 타인도 진정으로 사랑할 수 있다.

상황별 거절법도 익혀두면 좋다. 직장 상사의 부당한 요구에는 "제가 맡은 업무를 먼저 마치고 확인해 보겠습니다."라고 답한다. 친구의 무리한 부탁에는 "네 상황은 이해하지만 나도 여유가 없어."라고 말한다. 가족의 지나친 간섭에는 "걱정해 줘서 고맙지만 내가 알아서 할게."라고 선을 긋는다. 거절은 관계를 끊는 것이 아니다. 오히려 건강한 관계를 만드는 시작이다. 일방적인 희생 위에 세워진 관계는 언젠가 무너진다. 서로를 존중하는 관계만이 오래 지속된다. 거절 능력은 삶의 질을 결정한다. 거절할 수 있는 사람은 자신의 인생을 주도한다. 타인의 기대가 아닌 자신의 가치에 따라 산다. 그것이 진정한 자존감이다. 거절하는 법을 배우자. 그것이 당신을 자유롭게 할 것이다.

인정받기보다 공감하기

많은 사람들이 관계에서 인정을 갈구한다. 칭찬받고 싶어 한다. 자신의 가치를 확인받고 싶어 한다. 그런데 인정욕구에 매달릴수록 자존감은 더 떨어진다. 타인의 평가에 일희일비하게 된다. 진정한 연결은 멀어진다. 인정욕구는 마치 블랙홀 같다. 아무리 채워도 끝이 없다. 더 많은 인정을 원한다. 그 과정에서 진짜 자신을 잃어간다.

C 씨는 SNS 중독이었다. 게시물을 올릴 때마다 좋아요 숫자를 확인했다. 댓글 하나하나에 민감하게 반응했으며, 사람들의 반응이 없으면 우울했다. 그러다 어느 날 자신이 진짜 관계가 아니라 숫자에 중독되어 있다는 것을 깨달았다. 인정받으려 애쓸수록 더 외로워진다는 것을 인지하자마자 SNS를 잠시 끊고 진짜 사람들과 만나기 시작했다.

인정욕구의 함정은 끝이 없다는 것이다. 아무리 칭찬을 받아도 부족하다. 더 많은 인정을 원한다. 그 과정에서 자신을 잃어간다. 남들이 원하는 모습으로 변해간다. 페르소나가 진짜 자아를 잡아먹는다. 결국 남는 것은 공허함뿐이다. 인정욕구가 강한 사람들의 특징이 있다. 늘 남과 비교한다. 자신의 성취를 과시한다. 비판에 과민하게 반응한다. 칭찬에 중독되어 있다. 인정을 받아도 만족하지 못한다. 왜냐하면 진짜 문제는 외부가 아닌 내부에 있기 때문이다. 자기 자신을 인정하지 못하는 것이 근본 원인이다.

인정은 평가지만 공감은 이해다. 인정은 위아래를 만들지만 공감은 나란히 선다. 인정은 조건적이지만 공감은 무조건적이다. 공감은 "당신이 그렇게 느끼는구나."라는 수용이다. 판단하지 않고 있는 그대로 받아들이는 것이다. 공감은 상대방의 감정을 거울처럼 비춘다. "지금 많이 속상하구나." "정말 기뻤겠다."라고 감정을 반영한다.[63]

공감 능력은 먼저 자신에게서 시작된다. 내 감정을 인정하고 수용하는 것이 첫 단계다. 자기감정을 알아차리되, 그 감정을 판단하지 않고 그대로 둔다. 이것이 자기 공감이다. 자기 공감이 없으면 타인 공감도 불가능하다. 자기 공감이 되어야 타인 공감도 가능하다. 내 감정을 모르는 사람이 어떻게 남의 감정을 알겠는가. 내 마음을 돌보지 못하는 사람이 어떻게 남의 마음을 돌볼 수 있겠는가. 자기 공감은 모든 공감의 출발점이다. 매일 5분씩 자기감정을 들여다보자. 지금 무엇을 느끼는지, 왜 그런 감정이 드는지 탐색해 보자.

공감 대화의 핵심은 판단을 멈추는 것이다. 옳고 그름을 따지기 전에 먼저 마음을 알아준다. 그것이 진정한 연결의 시작이다. 사람들은 조언보다 이해를 원한다. 해결책보다 위로를 바란다. 공감의 기술을 익혀보자. 첫째, 상대방의 말을 끝까지 듣는다. 둘째, 감정 단어를 사용한다. 셋째, 상대방의 말을 요약해서 되돌려 준다. 넷째, 판단이나 평가를 하지 않는다. 다섯째, 섣부른 조언을 하지 않는다.

공감은 주고받는 것이다. 건강한 관계는 서로 공감하고 서로 지지하는 관계다. 내가 힘들 때 기댈 수 있고, 상대가 힘들 때 받쳐줄 수 있는 관계. 그런 상호적 관계가 자존감을 키운다. 공감의 순환이 일어나는 관계가 건강한 관계다. 인정받으려 애쓰지 말고 공감을 나누자. 평가받으려 하지 말고 이해하려 하자. 그것이 진정한 관계의 시작이다. 공감

속에서 우리는 있는 그대로의 모습으로 연결된다. 그 연결이 진짜 자존감을 만든다. 공감 받는 경험이 쌓이면 자기 수용도 늘어난다. 공감은 사랑의 다른 이름이다. 상대를 있는 그대로 받아들이는 것. 그것이 진정한 사랑이다. 인정은 조건적 사랑이지만 공감은 무조건적 사랑이다. 우리 모두는 무조건적 사랑을 갈망한다. 그런 사랑을 주고받을 때 자존감도 회복된다.

나를 존중하는 대화 습관

　말은 생각을 담는 그릇이다. 우리가 사용하는 언어가 우리의 자존감을 만든다. 자신을 비하하는 말을 자주 쓰면 정말로 그런 사람이 된다. 반대로 자신을 존중하는 말을 쓰면 자존감도 높아진다. 언어는 현실을 창조하는 힘이 있다. 말이 씨가 된다는 속담이 괜히 있는 것이 아니다.

　그럴수록 자기 대화부터 바꿔야 한다. 아침에 일어나서 거울을 보며 하는 말. 실수했을 때 속으로 하는 말. 잠들기 전 스스로에게 하는 말. 이 모든 자기 대화가 자존감을 만든다. 이때 내면의 비판자를 잠재우는 것이 중요하다. 우리 안에는 늘 자신을 비판하는 목소리가 있다. 그 목소리는 대부분 어린 시절 들었던 말들이다. 부모나 선생님, 또래들로부터 들었던 부정적 메시지다. 이제는 그 목소리를 멈출 때다.

　타인과의 대화에서도 자신을 지켜야 한다. 무례한 말에 웃어넘기지 말자. 불편한 농담에 동조하지 말자. "그런 말은 듣기 불편해."라고 분명히 표현하자. 당신의 경계를 알려주는 것이다.

　주장과 부탁을 구분하는 것도 중요하다. "해야 해."는 강요지만 "해줄 수 있어?"는 부탁이다. "당신 때문에"는 비난이지만 "내가 느끼기에"

는 자기 표현이다. 이런 차이가 대화의 질을 바꾸고 관계의 온도를 바꾼다. 나를 주어로 말하는 연습을 하자. 주체적인 언어가 주체적인 삶을 만든다. 책임지는 말이 책임지는 인생을 만든다. 피해자 언어를 버리고 주인공 언어를 사용하자.

칭찬을 받을 때도 제대로 받아야 한다. 거부하지 말고 "감사합니다. 기분 좋네요."라고 수용하자. 칭찬을 거부하는 것도 자기 거부다. 좋은 것을 받을 자격이 있다고 인정하자. 비교하는 말을 줄이자. 비교는 도둑이다. 당신의 기쁨을 훔쳐간다. 대화 중 침묵도 중요하다. 모든 말에 반응하지 않아도 된다. 불편한 질문에 답하지 않아도 된다. 침묵할 권리도 당신의 권리다. 때로는 침묵이 가장 강력한 대답이다.

긍정적 자기 대화를 위한 구체적 방법들이 있다. 첫째, 매일 아침 긍정 확언을 한다. 둘째, 부정적 생각이 들 때 바로 멈추고 긍정적 생각으로 바꾼다. 셋째, 자기 격려 노트를 만들어 잘한 일과 극복한 일을 적는다. 넷째, 거울을 보며 자신에게 친절한 말을 한다. 나를 존중하는 대화는 연습이 필요하지만 그 노력은 충분히 가치 있다. 당신의 말이 당신의 세상을 만든다. 자신을 존중하는 말로 자존감 넘치는 삶을 만들어가자. 당신의 말이 당신의 현실이 된다.

나를 지지하는 사람 곁에 머물기

우리는 관계 속에서 자란다. 혼자서는 한계가 있다. 특히 자존감 회복에는 지지적인 관계가 필수다. 당신을 믿어주는 사람, 있는 그대로 받아주는 사람, 힘들 때 곁에 있어주는 사람. 그런 사람들과 함께할 때 자존감은 회복된다. 인간은 사회적 동물이다. 관계 속에서 상처받고 관계 속에서 치유된다.

G 씨는 오랫동안 독성 관계에 있었다. 만날 때마다 기운이 빠지는 사람들과 어울렸다. 비판하고 평가하고 비교하는 사람들이었다. 그들과 있으면 자신이 작아졌다. 어느 날 용기를 내어 관계를 정리했다. 그리고 새로운 사람들을 만났다. 격려하고 응원하는 사람들이었다. 삶이 달라지기 시작했다. 자신감이 생겼다. 도전할 용기가 났다.

지지적인 관계를 구분하는 방법이 있다. 그 사람을 만나고 나면 기분이 어떤가. 에너지가 충전되는가, 소진되는가. 나답게 있을 수 있는가, 가면을 써야 하는가. 성장하고 싶어지는가, 움츠러드는가. 이런 질문들이 관계의 질을 알려준다.

에너지 뱀파이어를 조심해야 한다. 늘 부정적인 사람, 남의 탓만 하는 사람, 끊임없이 불평하는 사람. 이런 사람들은 당신의 에너지를 빨아먹는다. 도와주려 해도 변하지 않는다. 오히려 당신까지 끌어내린다. 적당한 거리를 두는 것이 현명하다.

모든 사람과 깊은 관계를 맺을 필요는 없다. 에너지는 한정되어 있다. 선택과 집중이 필요하다. 당신을 성장시키는 관계에 투자하자. 당신을 소진시키는 관계는 거리를 두자. 이것은 이기적인 것이 아니라 자기 보호다. 비행기에서도 자신의 산소마스크를 먼저 쓰라고 한다.

지지 그룹은 다양한 형태로 만들 수 있다. 독서 모임, 운동 모임, 취미 모임. 중요한 것은 활동이 아니라 사람이다. 서로를 존중하는 사람들. 성장을 응원하는 사람들. 그런 사람들과 정기적으로 만나는 것이 중요하다. 일주일에 한 번이라도 좋다. 꾸준함이 변화를 만든다. 온라인 커뮤니티도 도움이 된다. 비슷한 경험을 가진 사람들과 연결될 수 있다. 익명성이 주는 안정감도 있다. 하지만 오프라인 만남도 필요하다. 균형을 맞추는 것이 중요하다.

가족 관계도 점검해 보자. 가족이라고 무조건 가까이 있어야 하는 것은 아니다. 혈연보다 중요한 것은 정서적 유대다. 당신을 지지하는 사람이 진짜 가족이다. 선택 가족이라는 개념도 있다. 혈연은 아니지만 가족처럼 지내는 사람들이다. 당신이 되고 싶은 모습을 가진 사람. 건강한 자존감을 가진 사람. 그런 사람 곁에서 배우고 성장하자. 꼭 유명한 사람일 필요는 없다. 일상에서 만나는 존경할 만한 사람도 멘토가 될 수 있다. 그들의 사고방식과 행동을 관찰하고 배우자.

새로운 관계를 만들 때는 천천히 다가가자. 한 번에 모든 것을 보여 주지 말고 조금씩 신뢰를 쌓아가자. 상대방도 시간이 필요하기에 건강한 관계를 위해서는 알아가는 시간을 충분히 갖는 것이 중요하다.

지지 네트워크를 다층적으로 구축하자. 여러 층의 관계를 만들자. 한 관계에만 의존하면 위험하며 다양한 관계가 안전망이 된다. 지지적인 관계는 자존감 회복의 토양이다. 혼자서는 어려운 길도 함께라면 갈 수 있다. 그것이 인간다운 삶이다. 당신 곁에 당신을 지지하는 사람들이 있다는 것. 그것만으로도 당신은 충분히 가치 있는 존재다.

관계의 질이 삶의 질을 결정한다. 하버드 대학의 75년 이상 종단 연구가 이를 증명한다. 행복한 삶의 비결은 좋은 관계다. 돈도 명예도 아닌 관계가 행복을 만든다. 지지적인 관계에 투자하자. 그것이 최고의 자존감 투자다.[64]

Chapter. 4

지속 가능한
자존감 루틴 만들기

매일 5분, 자존감 루틴

당신은 아침에 일어나면 스마트폰부터 확인한다. 그 순간부터 당신의 하루는 남의 소식에 좌우된다. 하지만 단 5분만 나를 위한 시간을 만들면 어떨까. 자존감은 거창한 계획이 아니라 작은 루틴에서 시작된다. 매일 반복하는 작은 행동이 큰 변화를 만든다. 루틴의 힘은 생각보다 강력하다. 뇌는 반복되는 행동을 자동화한다. 처음엔 의식적으로 노력해야 하는 일도 습관이 되면 자연스럽게 일어난다. 정신과 전문의 윤홍균은 자존감은 성격이 아니라 근육과 같다고 말한다. 근육처럼 꾸준히 단련하면 강해진다는 의미다.[65] 매일 조금씩 자존감 근육을 키우는 것이 중요하다.

사소한 루틴을 한꺼번에 시작하려 하지 마라. 하나씩 천천히 더해간다. 처음에는 아침 확언만 해도 좋다. 일주일 정도 지속하면 다른 루틴을 추가한다. 중요한 건 꾸준함이다. 하루 빼먹었다고 포기하지 마라.

다시 시작하면 된다. 완벽하지 않아도 괜찮다. 이때 시간은 정해두는 게 좋다. 아침 7시, 점심시간, 자기 전 5분 등 구체적인 시간을 정한다.

루틴을 기록하는 것도 도움이 된다. 달력에 체크하거나 앱을 활용한다. 연속 기록이 쌓이면 뿌듯함을 느낀다. 끊기지 않으려는 동기가 생긴다. 시각적으로 확인하면 성취감도 커진다. 나도 꾸준히 할 수 있구나 하는 자신감이 생긴다.

루틴이 자리 잡으면 변화가 일어난다. 하루를 주체적으로 시작하는 느낌이 든다. 작은 성취가 쌓여 자신감이 된다. 부정적인 생각이 줄어든다. 스트레스 상황에서도 덜 흔들린다. 자존감이 조금씩 단단해진다. 물론 효과가 바로 나타나지는 않는다. 최소 21일은 지속해야 변화를 느낀다. 21일의 법칙이라고 한다. 새로운 습관이 자리 잡는 데 필요한 최소 시간이다.[66] 조급해 하지 말고 천천히, 하지만 꾸준히 가는 것이 중요하다.

자존감 루틴은 나를 돌보는 시간이다. 하루 5분, 온전히 나에게 집중한다. 이 시간만큼은 남의 시선이나 평가에서 자유롭다. 오직 나 자신과 대화하고 스스로를 응원하는 시간이 쌓이면 내면의 힘이 커진다. 흔들리지 않는 중심이 생긴다. 지금 당장 시작해보라. 단 5분이면 된다. 그리고 이런 마음의 루틴과 함께 몸을 돌보는 것도 잊지 마라. 건강한 몸이 건강한 마음을 만든다.

몸을 돌보면 마음도 단단해진다

몸과 마음은 연결되어 있기에 신체 활동은 단순히 체력만 기르는 활동이 아니다. 정신건강에도 큰 영향을 미친다. 특히 자존감 향상에 운동만큼 좋은 것도 없다. 운동이 정신건강에 미치는 효과는 과학적으로 입증되었다. 규칙적인 운동은 우울증을 감소시킨다. 스트레스 호르몬인 코티솔 수치를 낮춘다. 반면 행복 호르몬인 엔돌핀과 세로토닌 분비를 촉진한다. 서울대학교 의과대학 국민건강지식센터에 따르면 규칙적인 신체활동은 사고력과 학습능력, 판단능력을 향상시킨다.[67] 운동은 천연 항우울제인 셈이다.

운동이 자존감에 미치는 영향도 크다. 목표한 운동을 완수하면 성취감을 느끼고, 스트레스 관리 능력이 향상된다. 무엇보다 운동은 내가 통제할 수 있는 영역이므로 자기 효능감이 높아진다.

운동 외에도 몸을 돌보는 방법은 많다. 충분한 수면이 중요하다. 수면 부족은 감정 조절을 어렵게 만든다. 자존감도 떨어뜨린다. 하루 적절한 수면 시간을 목표로 한다. 규칙적인 수면 패턴을 만들어 잠들기 전에 스마트폰을 멀리한다.

영양도 중요하다. 균형 잡힌 식사는 뇌 기능을 향상시킨다. 특히 오메가3, 비타민 D, 마그네슘은 우울증 예방에 도움이 된다. 과도한 카페인과 알코올 섭취는 불안을 증가시킨다. 깊은 호흡은 부교감신경을 활성화시켜 심리적 안정을 준다. 불안할 때마다 코로 천천히 들이마시고 입으로 천천히 내쉰다. 명상이나 요가도 도움이 된다. 마음챙김 명상은 현재에 집중하게 한다. 요가는 몸과 마음을 동시에 단련한다. 유연성과 균형감각이 향상되어 내면의 평화도 찾을 수 있다. 햇빛은 세로토닌 분비를 촉진하는데, 세로토닌은 기분을 좋게 만드는 호르몬이다. 하루 20~30분 햇볕을 쬐면. 우울증 예방에 효과적이다. 마사지나 목욕도 좋다. 몸의 긴장을 풀어준다. 스트레스가 해소된다. 따뜻한 물에 몸을 담그면 근육이 이완된다. 아로마 오일을 사용하면 더 좋다. 라벤더는 진정 효과가 있으며 페퍼민트는 활력을 준다.

스포츠 심리학자들은 운동선수의 정신력 강화를 위해 신체 훈련을 강조한다. 몸이 강해지면 마음도 강해진다는 것이다. 한국코칭능력개발원의 연구에 따르면 운동선수의 심리기법과 심리기술은 정신력에 정적인 영향을 미친다.[68] 일반인도 마찬가지다. 몸을 돌보는 것은 자기 사랑의 표현이다. 내 몸을 소중히 여기는 마음이 자존감의 기초가 된다. 건강한 몸에 건강한 정신이 깃든다는 말이 있다. 당신의 몸은 평생 함께할 동반자다. 잘 돌봐주자. 그러면 마음도 함께 강해질 것이다. 하지만 몸만큼 중요한 것이 또 있다. 바로 디지털 기기와의 관계 설정이다. 현대인의 자존감을 갉아먹는 주범이기 때문이다.

디지털 디톡스로 마음 환기하기

우리는 디지털 기기에 둘러싸여 산다. 디지털 기기들은 편리하지만 동시에 우리를 지치게 만든다. 특히 자존감에 미치는 영향이 큰 SNS는 비교의 늪이다. 남들의 행복한 순간만 보인다. 멋진 여행, 맛있는 음식, 완벽한 일상. 현실은 그렇지 않은데도 우리는 비교한다. 과도한 SNS 사용은 우울증과 불안을 증가시킨다.

스마트폰 과의존은 더 심각하다. 한국지능정보사회진흥원에 따르면 스마트폰 과의존이란 과도한 스마트폰 이용으로 조절력이 감소해 문제적 결과를 경험하는 상태다.[69] 집중력이 떨어지고 대인관계가 소홀해지며, 수면의 질도 나빠진다. 결과적으로 삶의 질이 떨어진다. 이것이 바로 디지털 디톡스가 필요한 이유다. 디지털 디톡스는 일정 시간 디지털 기기 사용을 중단하는 것이다. 몸과 마음을 쉬게 하여 현실 세계에 집중하게 한다. 자신과 대화하는 시간을 확보할 수 있는데, 이는 자존감 회복에 큰 도움이 된다. 디지털 디톡스는 어떻게 시작해야 하는가. 먼저 스마트폰 사용 시간을 확인한다. 대부분의 스마트폰에는 사용 시간 확인 기능이 있다. 그 다음으로 구체적인 목표를 세운다. 처음부터 완전히 끊으려 하지 말고 현실적으로 가능한 목표를 세운다. 조금씩 줄여간다. 급격한 변화는 오히려 스트레스가 된다. 그리고 디지털 프리 존을 만든다. 특히 침실, 식사하는 장소, 화장실은 스마트폰 금지 구역으로 정한다. 특정 시간도 정한다. 예를 들어 식사 시간이나 취침 한 시간 전부터는 스마트폰을 멀리한다. 이때 불필요한 알림은 모두 끈다. 알림을 끄면 스마트폰을 확인하는 횟수가 줄어든다. 이때 대체 활동을 찾는다. 스마트폰 대신 할 수 있는 일을 찾는다. 책 읽기, 운동, 취미 활동 등으로 빈 시간을 채운다.

다음을호 앱을 정리한다. 시간을 빼앗는 앱은 삭제하고 특히 SNS 앱은 과감히 지운다. 접근성을 떨어뜨리는 것이 목적이다. 홈 화면도 정리한다. 삭제가 어렵다면 유혹적인 앱은 눈에 보이는 곳에서 숨긴다.

디지털 디톡스의 효과는 즉각적이다. 집중력이 향상되고 수면의 질이 개선된다. 또한 대인관계가 좋아지고 현실 감각이 회복된다. 그래서 자존감이 회복되는 것이다.

물론 완전한 차단은 현실적이지 않다. 우리는 디지털 시대에 산다. 일과 생활에 필수적이다. 하지만 의식적인 절제는 가능하다. 균형을 찾는 것이 중요하다. 기술의 주인이 되어야 한다. 노예가 되어서는 안 된다.

경영학자 변현수는 디지털 디톡스의 목적이 "전자 기기의 사용을 무조건 배제하는 것이 아니라 현명한 사용을 통해 디지털 세상에 대한 올바른 인식을 가지고 더 나은 삶을 사는 것"이라고 강조한다.[70] 균형 잡힌 디지털 사용이 핵심이다.

디지털 디톡스는 자기 통제력을 기르는 훈련이다. 유혹을 이기는 힘을 키운다. 이는 자존감의 핵심이다. 내가 내 삶을 통제한다는 느낌. 작은 성공이 큰 자신감으로 이어진다. 오늘부터 시작해 보라. 한 시간만이라도 스마트폰을 내려놓아라. 그 시간 동안 무엇을 할지 미리 정하라. 산책, 독서, 요리, 무엇이든 좋다. 디지털에서 벗어나 아날로그를 즐겨보라. 진짜 삶이 거기 있다. 그리고 이 모든 루틴과 노력이 향하는 곳은 결국 미래의 나다. 어떤 사람이 되고 싶은지 비전을 그려야 한다.

미래 자존감을 위한 비전 선언하기

당신은 어떤 사람이 되고 싶은가. 1년 후, 5년 후, 10년 후의 나는 어떤 모습일까. 막연한 상상이 아니라 구체적인 비전이 필요하다. 자존감이 높은 미래의 나를 그려보는 것. 이것이 비전 선언의 시작이다. 비전은 방향을 제시하는 나침반과 같다. 흔들릴 때 중심을 잡아준다. 자존감도 마찬가지다. 미래의 건강한 나를 상상하면 현재의 행동이 바뀐다. 목표가 있으면 오늘의 선택이 달라진다. 작은 실천이 모여 큰 변화를 만든다. 비전 선언문을 작성해 보자. 첫째, 현재의 나를 점검한다. 자존감 수준은 어떤가. 무엇이 부족한가. 무엇을 바꾸고 싶은가. 솔직하게 적어본다. 판단하지 말고 있는 그대로 인정한다. 이것이 출발점이다.

둘째, 이상적인 나를 그린다. 자존감이 충만한 나는 어떤 모습일까. 어떻게 생각하고 행동할까. 어떤 관계를 맺을까. 구체적으로 상상한다. 눈을 감고 그 모습을 떠올린다. 느낌까지 생생하게 그린다.

셋째, 핵심 가치를 정한다. 내가 중요하게 여기는 것은 무엇인가. 정직, 용기, 사랑, 성장 등 5개 정도 선택한다. 이 가치들이 나의 결정 기준이 된다. 자존감의 토대가 된다. 남의 기준이 아닌 내 기준으로 산다.

넷째, 구체적인 목표를 세운다. 측정 가능하고 기한을 설정할 수 있어야 한다.

다섯째, 비전 선언문을 작성한다. 이때 현재형으로 쓴다. 예를 들어 "나는 나 자신을 사랑하고 존중하는 사람이다. 매일 감사하며 긍정적으로 생각한다. 건강한 경계를 설정하고 나의 가치를 안다. 실패를 두려워하지 않고 도전한다. 나는 충분히 가치 있는 존재다."

작성한 비전 선언문을 보이는 곳에 붙여 매일 읽는다. 비전보드를 만들어 시각화하면 동기부여를 받을 수 있다.

비전 선언의 효과는 강력하다. 첫째, 명확한 방향성이 생긴다. 무엇을 위해 노력하는지 안다. 의미 있는 삶을 산다. 둘째, 동기부여가 된다. 힘들 때 비전을 떠올리면 다시 일어설 수 있다. 셋째, 자기 효능감이 높아진다. 내가 내 삶을 설계한다는 느낌을 가지고 주체적으로 살아간다.

오스트리아 빈대학교 신경학자이자 심리학자인 빅터 에밀 프랭클Viktor Emil Frankl은 "미래에 대한 비전이 있는 사람은 어떤 고난도 견딜 수 있다."고 했다.[71] 비전은 희망이다. 희망은 현재를 견디게 한다. 자존감이 낮을 때도 비전이 있으면 다시 일어설 수 있다. 당신의 비전은 무엇인가. 지금 바로 종이를 꺼내 적어 보라. 완벽하지 않아도 된다. 시작이 중요하다. 미래의 당신은 어떤 모습인가. 자존감 넘치는 당신을 상상해 보라. 그리고 선언하라. "나는 그런 사람이 될 것이다." 이 선언이 당신을 변화시킬 것이다. 믿고 나아가라. 당신은 충분히 그럴 자격이 있다.

자존감을 회복하고 올리는 방법 Ⅱ

Part 5

Chapter. 1

내면을 단단하게 만드는 힘

불안·두려움과 친해지기

A 씨는 회사 프레젠테이션을 앞두면 항상 가슴이 답답해졌다. 손바닥에는 땀이 나고, 목소리는 떨렸다. 불안을 없애려고 애쓸수록 오히려 더 불안해졌다. 그러던 어느 날, 심리상담을 받으며 충격적인 말을 들었다. "불안과 싸우지 말고 친구가 되어 보세요."

우리는 불안과 두려움을 적으로 여긴다. 없애야 할 대상으로 본다. 하지만 이런 접근은 역효과를 낳는다. 수용전념치료ACT 연구에 따르면, 불안을 회피할수록 오히려 증상이 악화된다. 대학생 대상 연구에서도 불안을 수용한 집단이 회피한 집단보다 증상이 크게 감소했다.[72] 불안과 두려움은 우리를 지키려는 마음의 신호다. 원시시대부터 인간의 생존을 도왔다. 위험을 감지하고 대비하게 했다. 문제는 현대사회에서 이 신호가 과도하게 작동한다는 점이다. SNS 알림 하나에도, 상사의 표정 변화에도 경보가 울린다.

전문가들은 **심리적 수용**을 해법으로 제시한다. 이는 불편한 감정을 있는 그대로 인정하는 것이다. 판단하지 않고 관찰한다. 실제로 불안과 친해지는 방법은 간단하다. 먼저 신체 감각을 객관적인 시각으로 관찰한다. 다음으로 호흡을 신경쓴다. 불안할 때 호흡은 얕고 빨라진다. 의식적으로 깊고 느린 호흡을 한다. 4초 들이쉬고, 7초 머물고, 8초 내쉰다. 이 4-7-8 호흡법은 부교감신경을 활성화해 진정 효과를 준다. 마음챙김 명상도 효과적이다. 8주 마음챙김 프로그램이 편도체 활성을 감소시킨다는 연구결과가 있다. 편도체는 두려움 반응의 중추다. 명상이 뇌 구조 자체를 바꾼 것이다.

일상에서 실천할 수 있는 "불안 친구 만들기" 루틴을 소개한다.

아침 체크인(2분)	점심 브레이크(3분)	저녁 정리(5분)
▫ 오늘의 불안 수준을 1-10으로 평가 ▫ 인사하기 (예) "안녕, 오늘의 불안아." ▫ 불안이 전하려는 메시지 짐작해 보기	▫ 신체 스캔: 머리부터 발끝까지 긴장 확인 ▫ 긴장된 부위에 "수고했어." 말하기 ▫ 3회 깊은 호흡으로 이완	▫ 오늘 불안했던 순간 떠올리기 ▫ "그때 나를 지키려 했구나." 인정하기 ▫ 내일을 위한 감사 메시지 남기기

이 루틴의 핵심은 규칙적 실천이다. 뇌는 반복을 통해 새로운 패턴을 학습한다. 21일이면 습관이 형성된다고 한다. 한 달이면 불안과의 관계가 달라진다.

C 씨는 극심한 사회불안을 겪었다. 사람들 앞에만 서면 얼굴이 빨개졌다. 시선이 무서워 고개를 들 수 없었다. 하지만 '불안 일기'를 쓰며 변했다. 매일 불안과 대화를 기록했다. 3개월 후, C 씨는 동호회에 가입했다. 여전히 긴장됐지만 견딜 만했다. 불안이 사라진 게 아니라 함께

살 수 있게 됐다. 이제 그는 "불안은 내 일부예요. 없애려 하지 않고 데리고 다녀요."라고 말했다.

불안과 친해지는 것은 약함이 아니다. 진정한 강함이다. 회피는 일시적 안도감을 줄 뿐이다. 수용은 근본적 변화를 가져온다. 불안을 적으로 만들면 매일이 전쟁이다. 친구로 만들면 함께 걸을 수 있다. 감정은 날씨와 같다는 말이 있다. 비가와도, 바람이 불어도 하늘은 그대로다. 당신도 마찬가지다. 불안이 와도 당신의 본질은 변하지 않는다. 다만 잠시 날씨가 흐릴 뿐이다. 그리고 모든 날씨는 지나간다.

나만의 가치 선언문 만들기

수용전념치료는 가치 명료화를 핵심으로 본다.[73] 가치는 목표와 다르다. 목표는 달성하면 끝나지만 가치는 계속된다. 좋은 부모 되기는 가치고, 아이 대학 보내기는 목표다. 가치가 명확하면 실패해도 방향을 잃지 않는다. 가치를 찾는 첫 단계는 질문이다. 무엇이 나를 살아있게 하는가? 어떤 순간에 가장 나다운가? 이런 질문들이 가치의 실마리를 준다. 답은 머리가 아닌 가슴에서 나온다.

E 씨는 '가치 카드 분류' 작업을 했다. 60개의 가치 카드를 세 그룹으로 나눴다. 매우 중요, 보통, 별로 중요하지 않음. 그리고 '매우 중요' 카드를 다시 10개로 줄였다. 마지막에는 5개만 남겼다. 바로 창의성, 연결, 성장, 기여, 자유이다. 이 5개가 E 씨의 핵심 가치였다. 놀랍게도 '성공'이나 '부'는 없었다. 그동안 쫓았던 것들이 진짜 가치가 아니었다.

가치 선언문은 이런 핵심 가치를 문장으로 만든 것이다. 짧고 명확해야 한다. 외울 수 있을 만큼 간결해야 한다. 매일 읽고 되새길 수 있어야 한다. E 씨의 선언문은 이랬다: "나는 창의적으로 살며, 사람들과 깊이 연결되고, 끊임없이 성장하며, 세상에 기여하고, 자유롭게 선택한다."

선언문을 만들면 결정이 쉬워진다. 새 직장 제안이 왔을 때, 가치와 맞는지 확인한다. 높은 연봉이지만 창의성을 죽인다면? 거절한다. 낮은 연봉이지만 성장과 기여가 가능하다면? 수락한다. 가치가 기준이 된다.

가치에 따라 사는 것은 쉽지 않다. 때론 손해를 본다. 비난도 받는다. 하지만 자존감은 올라간다. 자신을 존중하게 된다. 남의 인정보다 내 만족이 중요해진다. 이것이 진정한 자유다.

나만의 가치 선언문 만들기 워크시트

1단계 가치 탐색 (20분)

다음 영역에서 중요한 것 3개씩 적기
- 관계: (예) 사랑, 우정, 신뢰
- 일: (예) 창의성, 성취, 협력
- 성장: (예) 배움, 도전, 변화
- 여가: (예) 즐거움, 휴식, 모험

2단계 우선순위 정하기 (10분)

12개 중 가장 중요한 5개 선택

3단계 문장 만들기 (15분)

"나는 _______하게 살며……" 형식으로 작성

4단계 다듬기 (10분)

- 구체적인가?
- 나다운가?
- 실천 가능한가?

G 씨는 가치 선언문을 만든 후 일기를 썼다. 매일 저녁, 오늘 하루가 가치와 얼마나 일치했는지 평가했다. 1-10점으로 점수를 매겼다. 낮은 날엔 이유를 분석했다. 높은 날엔 자신을 칭찬했다. 6개월 후, G 씨의 평균 점수는 4점에서 7점으로 올랐다. 완벽하진 않았지만 방향은 맞았다. 더 중요한 건 내면의 변화였다. 불안이 줄고 확신이 늘었다. 남과 비교하지 않게 됐다. 자기만의 길을 걷게 됐다.

가치 선언문은 변할 수 있다. 삶이 변하면 가치도 진화한다. 20대의 가치와 40대의 가치는 다르다. 중요한 건 지금 이 순간, 내게 가장 소중한 것을 아는 것이다. 그리고 그것을 향해 걷는 것이다. 당신은 무엇을 위해 사는가? 이 질문에 답할 수 있다면, 당신은 이미 자존감의 토대를 세운 것이다. 가치는 자존감의 뿌리다. 뿌리가 깊으면 바람이 불어도 넘어지지 않는다. 당신의 가치는 무엇인가?

과거 상처를 자존감 자산으로 바꾸기

우리는 모두 상처를 안고 산다. 실패의 기억, 거절의 아픔, 배신의 상흔. 이런 상처들이 자존감을 갉아먹는다. 과거가 미래를 결정한다고 믿게 한다. 하지만 심리학은 다른 가능성을 제시한다. 외상 후 성장Post-Traumatic Growth 이론이다.[74] 트라우마를 겪은 사람 중 상당수가 오히려 성장한다는 것이다. 상처가 성장의 촉매가 된다. 고통이 지혜로 변한다.

I 씨는 사업 실패로 모든 것을 잃었다. 빚더미에 앉았고 가족도 떠났다. 자살을 생각할 만큼 절망했다. 하지만 상담받으며 실패가 자신을 가르쳤다는 사실과 그 과정 속에서 겸손, 감사, 회복력을 배웠다는 것을 깨달았다.

상처를 자산으로 바꾸는 첫 단계는 수용이다. 일어난 일을 인정한다. 바꿀 수 없는 과거를 받아들인다. 이것은 체념이 아니다. 현실을 직시하는 용기다. "그래, 이런 일이 있었어"라고 인정할 때 치유가 시작된다. 다음은 의미 찾기다. 이 경험이 내게 무엇을 가르쳤나? 어떤 힘을 길러 줬나? "누군가를 도울 수 있는 지혜가 됐나? 모든 상처엔 선물이 숨어 있다. 그것을 찾는 게 치유의 과정이다. 재구성도 중요한 과정이다. 같은 사건도 어떻게 해석하느냐에 따라 다르다. 용서도 필수 과정이다. 타인을 용서하고 자신을 용서한다. 용서는 상대를 위한 게 아니다. 나를 위한 것이다. 미움과 원망의 짐을 내려놓는 것이다. 과거의 감옥에서 나를 해방시키는 것이다.

상처 변환 워크북	
1. 상처 인정하기 어떤 일이 있었나요? 그때 어떤 감정을 느꼈나요? 지금도 어떤 영향을 받고 있나요?	**2. 의미 발견하기** 이 경험이 가르쳐준 것은? 어떤 강점을 개발했나요? 누군가를 도울 수 있는 통찰은?
3. 새로운 이야기 쓰기 피해자 버전: 나는 ……했다. 생존자 버전: 나는 …했지만 살아남았다. 성장자 버전: 나는 …덕분에 성장했다.	**4. 감사 찾기** 이 경험에 감사할 수 있는 점 세 가지 만나게 된 사람들 발견한 나의 새로운 모습

상처를 자산으로 만드는 것은 시간이 걸린다. 억지로 서두르면 안 된다. 충분히 애도하고 충분히 분노해야 한다. 그 과정을 거쳐야 진정한 수용이 온다. 그때 비로소 상처가 지혜가 된다. 상처는 빛이 들어오는

곳이라는 말이 있다. 깨진 곳으로 빛이 스며든다. 상처 난 곳이 가장 강해진다. 골절됐던 뼈가 더 단단해지듯. 당신의 상처도 약점이 아닌 강점으로, 짐이 아닌 자산으로 될 수 있다. 당신의 상처는 무엇인가? 그것이 가르쳐준 것은 무엇인가? 거기서 어떤 힘을 얻었는가? 답을 찾는 순간, 상처는 더 이상 상처가 아니다. 당신을 더 강하게 만든 스승이다.

흔들려도 다시 일어나는 힘, 회복탄력성

회복탄력성 Resilience 은 역경에서 다시 일어나는 힘이다. 고무공처럼 튀어 오르는 능력이다. 타고나는 것 같지만 사실 훈련으로 기를 수 있다. 근육처럼 단련할 수 있다.[75]

사회적 지지망도 회복탄력성의 핵심이다. 혼자서는 한계가 있다. 믿을 수 있는 사람들이 필요하다. 가족, 친구, 멘토, 상담사. 이들이 안전망이 된다. 넘어져도 받쳐주는 쿠션이 된다. 의미 부여는 고통을 견디게 한다.

회복탄력성 강화 훈련	
주 1회: 작은 도전 - 새로운 것 시도하기 - 실패 위험 감수하기 - 불편함 견디기 연습	**매일: 감사 일기** - 오늘의 좋았던 점 3가지 - 배운 점 1가지 - 성장한 부분 1가지
위기 시: STOP 기법 - **S** Stop(멈추기) - **T** Take a breath(심호흡) - **O** Observe(상황 관찰) - **P** Proceed(신중히 진행)	**월 1회: 회복력 점검** - 이번 달 겪은 어려움 - 어떻게 대처했는지 - 무엇을 배웠는지 - 다음엔 어떻게 할지

회복탄력성은 완벽함이 아니다. 넘어지지 않는 게 아니라 다시 일어나는 것이다. 상처받지 않는 게 아니라 치유하는 것이다. 약해지지 않는 게 아니라 다시 강해지는 것이다. 신경가소성 연구는 희망을 준다. 뇌는 평생 변한다. 새로운 신경 연결이 계속 만들어진다. 트라우마로 손상된 부분도 회복된다. 새로운 경험이 새로운 뇌를 만든다. 당신은 언제든 다시 시작할 수 있다. 인생은 권투라는 말이 있다. 중요한 건 얼마나 세게 치느냐가 아니다. 얼마나 많이 맞고도 일어서느냐다. 당신은 이미 여기까지 왔다. 수많은 넘어짐을 견뎌냈다. 그것만으로도 당신은 충분히 강하다. 내일 또 넘어질지 모른다. 하지만 괜찮다. 당신은 다시 일어날 수 있다. 그것을 이미 증명했다. 회복탄력성은 당신 안에 있다. 언제든 꺼내 쓸 수 있는 힘이다.

Chapter. 2

자기 주도적 성장 전략

목표를 세우고 조율하는 법

목표 설정은 자기 주도적 성장의 출발점이다. 당신이 가고자 하는 방향을 명확히 할 때 비로소 움직일 수 있다. 하지만 많은 사람들이 목표를 세우는 데서 실패한다. 너무 막연하거나 너무 거대하거나 혹은 남들이 원하는 목표를 자신의 것으로 착각하기 때문이다. 진정한 자기 주도 성장은 자신만의 목표를 발견하고 체계적으로 접근하는 데서 시작된다.

먼저 자신만의 목표를 찾아야 한다. 부모님이 원하는 목표가 아니다. 직장 상사가 기대하는 목표도 아니다. 오직 당신이 진짜 원하는 것이어야 한다. 이를 위해서는 조용한 시간을 확보해야 한다. 자신과 대화하는 시간을 만들어라. "나는 정말 무엇을 원하는가?" "내가 진정으로 가치 있다고 생각하는 것은 무엇인가?" "10년 후 어떤 모습이 되고 싶은가?" 이런 질문들에 솔직하게 답해보라. 내면의 목소리를 들어야 진정한 목표가 보인다.

SMART Specific-Measurable-Achievable-Relevant-Time-bound 기법을 활용하면 막연한 희망을 구체적 목표로 전환할 수 있다. 이는 구체적Specific, 측정 가능Measurable, 달성 가능Achievable, 관련성 있는Relevant, 기한이 정해진Time-bound의 머리글자를 쓴 것이다. 구체적이고 측정 가능한 목표만이 달성될 수 있다. 또한 목표를 세분화하는 것도 중요하다. 세분화된 작은 목표들이 달성될 때마다 당신은 성취감을 느끼고 동기부여가 된다. 이런 작은 승리들이 쌓여 큰 목표 달성으로 이어진다. 목표는 반드시 기록해야 한다. 머릿속에만 있는 목표는 금세 잊히므로 종이나 스마트폰에 반드시 문서화하라. 하버드대학 연구에 따르면 목표를 기록한 사람은 그렇지 않은 사람보다 10배 이상 성공 확률이 높다고 한다. 뿐만 아니라 목표를 쓸 때는 현재형으로 쓰는 것이 좋다. 그리고 매일 그것을 보라. 아침에 일어나자마자, 잠들기 전에 목표를 확인하는 것만으로도 잠재의식이 작동한다.

목표 설정 시 우선순위를 정하는 것도 필수다. 모든 것을 다 이룰 수는 없기에 중요도를 기준으로 매트릭스를 만들어 보자. 중요하면서 긴급한 것부터 처리하되, 중요하지만 긴급하지 않은 것에도 조금씩 시간을 할애한다. 이것이 장기적 성장의 비결이다. 워런 버핏의 목표 설정법도 참고할 만하다. 하고 싶은 일 스물다섯 개를 적고 그중 가장 중요한 다섯 개를 선택한 뒤 나머지 스무 개는 '절대 하지 말아야 할 목록'에 둔다. 선택과 집중이 성공의 열쇠다.

유연성을 유지하는 것도 중요하다. 목표는 조정 가능해야 하며 상황에 따라 바뀔 수 있다. 매달 한 번씩 목표를 점검하라. 진척도를 평가하고 필요하면 수정하라. 난도를 현실적으로 조정하라. 목표는 도전적이되 달성 가능해야 한다. 불가능한 목표는 의욕을 꺾을 뿐이다. 목표 달성을 위한 시스템과 환경을 구축하자. 목표만 있고 과정이 없으면 소용없다. 중간 점검과 피드백이 성공을 좌우한다. 점검 결과를 바탕으로 전략을 수정하고 새로운 방법을 시도하라. 실패도 학습의 기회로 삼아라. 실패에서 배운 교훈이 다음 성공의 밑거름이 된다.

또한 보상 체계를 만들어 동기를 유지하자. 작은 목표를 달성할 때마다 자신에게 보상을 주고 큰 목표를 달성하면 더 큰 보상을 준비한다. 하지만 보상이 목표 달성을 방해해서는 안 된다. 하지만 목표에 집착하지는 마라. 과정 자체를 즐기는 것이 더 중요하다. 목표를 향해 가는 매일이 성장의 시간이다. 그 과정에서 당신은 더 나은 사람이 되어간다. 목표는 도착점이 아니라 여정의 이정표일 뿐이다. 중요한 것은 어제보다 나은 오늘의 나, 오늘보다 나은 내일의 나를 만들어가는 것이다.[76]

작은 성취를 장기 성장으로 잇는 법

작은 성과를 무시하는 것은 큰 실수다. 오늘 읽은 책 한 페이지가 내일의 지혜가 된다. 오늘 한 팔굽혀펴기 한 개가 내일의 건강이 된다. 거대한 변화는 작은 행동의 축적이다. 미국 최고 자기계발 전문가인 제임스 클리어 **James Clear**는 매일 1퍼센트씩만 나아져도 1년이면 37배 성장한다고 했다. 이것이 복리의 마법이다. 작은 성과를 인정하고 축적하는 것이 장기 성장의 핵심이다.

성과를 기록하는 습관부터 시작하라. 작은 성취도 모두 기록하라. 기록하면 내가 이룬 성과가 보인다. 보이면 인정하게 된다. 인정하면 자신감이 생긴다.

점진적 확장의 원칙을 철저히 따르라. 작은 목표를 꾸준히 달성하는 것이 큰 목표를 한 번에 도전하는 것보다 효과적이다. 천천히 가는 것이 결국 빨리 가는 것이다.

연결고리를 만들어 성과를 확장하라. 오늘의 작은 성과가 내일의 더 큰 성과로 이어지도록 설계하라. 하나의 성과가 다음 성과의 발판이 되도록 연결하라. 이런 연결고리가 성장의 사슬을 만든다.

습관 쌓기를 활용하라. 이미 있는 습관에 새로운 습관을 연결하는 것이다. 커피를 마신 후에는 반드시 물 한 잔을 마신다. 엘리베이터를 기다리는 동안 스쿼트를 한다. 기존 습관이 새 습관의 방아쇠가 되도록 설계하라. 이렇게 하면 새로운 습관 형성이 훨씬 쉬워진다.

성과의 복리 효과를 이해하라. 처음에는 변화가 미미해 보인다. 하지만 시간이 지나면서 기하급수적으로 성장한다. 대나무는 5년 동안 땅속에서 뿌리를 내리다가 어느 순간 6주 만에 30m 자란다. 당신의 노력도 마찬가지다. 지금은 보이지 않아도 뿌리가 자라고 있다. 임계점을 넘는 순간 폭발적 성장이 일어난다.

실패를 재정의 하고 활용하라. 실패는 끝이 아니라 피드백이다. 무엇이 작동하지 않는지 알려주는 귀중한 정보다. 토마스 에디슨은 전구를 발명하기까지 1만 번 실패했다고 한다. 하지만 그는 실패한 것이 아니라 작동하지 않는 1만 가지 방법을 발견한 것이라고 했다. 실패할 때마다 이 실패에서 무엇을 배웠는지 자문하여 실패 일지를 작성하고 패턴을 분석해 보자. 실패가 쌓이면 성공의 방법이 보인다.

모멘텀을 만들고 유지하라. 작은 성과가 쌓이면 추진력이 생긴다. 이 추진력을 잃지 않는 것이 중요하다. 꾸준함이 완벽함을 이긴다. 멈추지 않는 것이 가장 중요한 전략이다.

성과를 시각화하여 동기를 강화하라. 미국의 배우이자 희극인인 제리 사인펠드^{Jerry Seinfeld}는 매일 글을 쓴 날 달력에 빨간 X를 그었다고 한다. X가 연결되어 체인을 만들면 그것을 끊고 싶지 않아진다. 시각적 피드백은 우리 뇌에 강력하게 작용한다.

비교의 함정에서 벗어나라. 당신의 경쟁자는 어제의 당신이다. 남들이 얼마나 빨리 가는지는 중요하지 않다. 각자의 출발점이 다르고 환경이 다르다. 당신의 속도로 가면 된다. 비교는 성장을 방해할 뿐이다.

성과를 공유하고 축하하라. 작은 성과라도 주변 사람들과 나누어라. 성과를 축하하는 의식을 만들거나 목표 달성 시 자신만의 축하 방법을 정하자. 그러한 축하는 다음 도전을 위한 에너지가 된다.

장기적 관점으로 인내하라. 성장은 직선이 아니라 곡선이다. 정체기도 있고 후퇴도 있지만 중요한 것은 전체적인 방향이다. 워런 버핏은 부자가 되는 것은 쉽지만, 천천히 부자가 되는 것을 원하는 사람이 없을 뿐이라는 말을 했다. 인내심을 가져라. 시간이 당신의 편이다.

작은 성과를 장기 성장으로 연결하는 것은 예술이자 과학이다. 체계적으로 접근하되 유연하게 대응하라. 매일 조금씩 나아가되 큰 그림을 잊지 마라. 작은 물방울이 바위를 뚫듯이 작은 노력이 큰 변화를 만든다.[77]

자기 피드백 루틴 만들기

자기 피드백은 성장의 핵심 엔진이다. 남의 평가를 기다리지 않고 스스로 자신을 평가하고 개선점을 찾는 것이 진정한 자기 주도 학습이다. 하지만 대부분의 사람들은 체계적인 자기 피드백 시스템을 갖고 있지 않다. 막연히 반성하거나 후회만 할 뿐이다. 효과적인 자기 피드백 루틴을 만들면 성장 속도가 배가 된다.

일일 성찰 루틴부터 시작하라. 간단한 질문들이 당신의 성장을 가속화한다. 처음에는 답하기 어려울 수 있다. 하지만 매일 하다 보면 자연스러워진다. 이것을 '더하기-빼기-다음' 기법이라고 한다. 잘한 것은 더하고, 부족한 것은 빼고, 다음 계획을 세우는 것이다.

일기 쓰기를 강력한 도구로 활용하라. 하루 한 페이지면 충분하다. 오늘 있었던 일, 느낀 감정, 배운 점을 기록하라. 글로 쓰면 생각이 명확해진다. 감정을 글로 표현하면 감정 조절 능력이 향상된다. 펜실베이니아 대학 연구에 따르면 일기를 쓰는 사람은 그렇지 않은 사람보다 스트레스가 23퍼센트 적다고 한다.

주간 리뷰를 체계화하라. 매주 일요일 저녁 30분을 투자하라. 한 주를 큰 그림으로 보는 시간이다. 주간 목표 달성률을 점검하라. 일 처리 방법론의 대가 데이비드 앨런은 주간 리뷰를 생산성의 마스터키라고 불렀다.

감정 추적 시스템을 구축하라. 감정은 행동의 동력이자 방해물이다. 하루 동안 느낀 감정을 1~10 척도로 기록하라. 감정을 유발하는 계기를 파악하여 패턴을 발견하면 대응 전략을 세울 수 있다. 월요일 아침이 항상 우울하다면 일요일 저녁 루틴을 바꾸고, 특정 사람과 만나면 에너지가 빠진다면 거리를 두는 것을 고려해 본다.

학습 로그를 만들어 지식을 축적하라. 오늘 배운 것을 한 줄로 정리하는 것이다. 하루를 주제별로 정리하면 당신만의 지혜 사전이 된다.

실수 목록을 전략적으로 관리하라. 실수 일지를 만들어 기록하고 패턴을 분석한다. 같은 실수를 반복하지 않는 것이 성장이다. 레이 달리오 Ray Dalio 는 '고통＋성찰＝진보'라는 공식을 제시했다.

360도 피드백을 구하라. 혼자서는 보지 못하는 사각지대가 있으므로 신뢰할 수 있는 3~5명에게 정기적으로 피드백을 요청해 보자. 내 강점은 무엇인가? 개선이 필요한 부분은 무엇인가? 이처럼 구체적인 질문을 하면 구체적인 답을 얻는다.

피드백을 즉시 행동으로 전환하라. 피드백만 받고 끝나면 의미가 없다. 24시간 내에 구체적인 실행 계획을 세워 구체적인 행동 지침을 만든다.

자기 피드백의 품질을 높이는 도구들을 활용해 보자. SWOT Strengths-Weaknesses-Opportunities-Threats 분석으로 자신의 강점-약점-기회-위협을 체계적으로 파악한다. 사후 검토 회의 프로젝트가 끝난 후 무엇이 잘됐고 무엇이 아쉬웠는지 돌아보는 시간로 경험을 체계적으로 분석한다. 이런 도구들이 막연한 생각을 구조화하고 깊은 통찰을 얻게 해 준다. 자기 피드백은 정직해야 하므로 자신을 속이지 말자. 잘한 것은 인정하고 못한 것은 받아들여라. 변명하거나 합리화하지 말아야 한다. 정직한 자기 평가가 진정한 성장의 시작이다. 동시에 자신에게 친절하라. 비판적이되 파괴적이지는 마라. 자신에게 엄격하되 자신을 미워하지는 마라. 균형이 중요하다.[78]

배움과 성장을 즐기는 태도

성장 자체를 목적으로 삼아라. 결과에만 집착하면 과정이 고통스럽다. 하지만 성장 자체를 즐기면 매일이 즐겁다. 스탠퍼드 대학 심리학자 캐롤 수잔 드웩 Carol Susan Dweck 의 연구에 따르면, 능력은 타고나는 것이 아니라 노력으로 키울 수 있다고 믿는 '성장형 사고방식'을 가진 사람들이 더 많이 성취한다. 어제보다 조금 더 나은 내가 되는 것, 그것이 진정한 행복이다. 목적지가 아니라 여정을 사랑하라.

당연한 것을 당연하게 받아들이지 말자. 모든 것에는 이유가 있다. 리처드 파인만은 "나는 특별한 재능이 없다. 단지 열정적으로 호기심이 많을 뿐이다."라고 했다. 호기심은 학습의 엔진이다. 그 답을 찾아가는 과정이 배움이다. 호기심이 있는 한 당신은 계속 성장한다.

삶을 거대한 실험실로 만들어라. 새로운 방법을 시도하는 것을 두려워하지 말자. 삶 속에서 계속 실험과 도전을 반복하다 보면 자신만의 최적 방법을 찾게 된다. 전문성과 다양성을 동시에 추구하라. 한 분야만 파고들지 마라. 깊이와 넓이를 동시에 추구하라. 전문 분야를 깊게 파되 다른 분야에도 폭넓은 관심을 가져라. 모든 지식은 연결되어 있다. 다양한 관심사가 창의적 사고를 만든다.

멘토와 멘티를 동시에 가져라. 좋은 멘토는 방향을 제시하지만 걸어가는 것은 당신이기에, 멘토의 조언을 참고하되 자신만의 길을 만들어야 한다. 동시에 누군가의 멘토가 되어라. 멘토링은 일방적이 아니라 상호적이다. 궁극적으로 당신이 당신의 최고 멘토가 되어야 한다.

작은 승리를 의도적으로 설계하라. 매일 작은 도전을 설정하고 그것을 이겨내라. 하버드 경영대학원 교수의 연구에 따르면, 사람들은 의미 있는 일에서 조금씩이라도 진전을 느낄 때 가장 동기부여된다. 매일 작은 진전을 만들어라.[79]

학습 공동체의 힘을 활용하라. 혼자 하면 빨리 가지만 함께 하면 멀리 간다. 독서 모임, 스터디 그룹, 온라인 커뮤니티에 참여하라. 같은 목표를 가진 사람들과 정기적으로 만나 서로의 성장을 돕는 소그룹을 만들어라. 책임감과 경쟁이 적절히 섞이면 시너지가 생긴다. 하버드 연구에 따르면 목표를 공유한 그룹은 혼자 하는 사람보다 성공률이 95퍼센트 높다.

감사를 성장의 연료로 삼아라. 배울 수 있음에 감사하라. 성장할 기회가 있음에 감사하라. 실패할 자유가 있음에 감사하라. 매일 아침 감사한 일 3가지를 적어라. 감사하는 마음이 있으면 어떤 상황에서도 배울 점을 찾을 수 있다. 긍정심리학 연구에 따르면 감사 일기를 쓰는 사람은 행복도가 25퍼센트 높다.

평생 학습자의 정체성을 확립하라. 나이가 들어도, 성공해도, 실패해도 계속 배워라. 80세에 새로운 언어를 배우고, 90세에 그림을 시작한 사람들이 있다. 배움을 멈추는 순간 성장도 멈춘다. 죽는 날까지 성장하는 삶, 그것이 가장 아름다운 삶이다.[80]

Chapter. 3

일상 속 자존감 확장법

돈과 시간 관리에서 오는 자기 존중

돈과 시간은 당신의 에너지가 구체화된 형태다. 당신이 일해서 번 돈, 하루 24시간이라는 제한된 시간. 이 두 가지를 어떻게 쓰느냐가 곧 당신이 자신을 얼마나 존중하는지를 보여준다. 많은 사람들이 필요 이상으로 돈을 쓸 때마다 죄책감을 느낀다. 특히 자신을 위해 쓸 때 더 그렇다. 가족이나 친구를 위해서는 아낌없이 쓰면서도 정작 자신을 위해서는 망설인다. 이것부터가 자기 존중의 부재다.

돈은 도구일 뿐이다. 중요한 건 그 돈을 통해 무엇을 얻고자 하는가이다. 자신의 성장을 위한 투자인가? 스트레스 해소를 위한 지출인가? 아니면 단순히 남들 눈치를 보며 쓰는 소비인가? 각각의 지출이 가진 의미를 분명히 하자.

예산을 세우는 것도 자기 존중의 한 방법이다. 한 달 수입의 일정 부분을 '나를 위한 예산'으로 따로 책정해 보자. 이 돈은 오직 당신의 행복과 성장을 위해서만 쓴다. 책을 사든, 맛있는 음식을 먹든, 취미 활동을 하든 상관없다. 중요한 사실은 죄책감 없이 당신을 위해 쓴다는 것이다. 시간 관리도 마찬가지다. 당신의 하루 일과를 돌아보자. 얼마나 많은 시간을 타인의 요구에 할애하고 있는가? 그 속에서 온전히 당신만을 위한 시간은 얼마나 되는가? 매일 최소 30분은 당신만의 시간을 확보하자. 이 시간에는 그 누구의 방해도 받지 않는다. 이 시간은 온전히 당신의 것이다.

돈과 시간을 관리하는 건 단순히 절약하고 효율적으로 쓰는 것이 아니다. 당신이 얼마나 소중한 존재인지를 행동으로 증명하는 것이다. 당신의 돈과 시간을 당신답게 쓸 때, 자존감은 자연스럽게 올라간다. 충동구매를 줄이고 계획적인 소비를 하자. 정말 필요한 것과 단순히 원하는 것을 구분할 수 있어야 한다.

계획을 세우되 유연하게 대처하자. 예산을 초과했다고 자책하지 말고, 다음 달에 조정하면 된다. 계획한 시간에 못했다고 포기하지 말고, 다른 시간을 찾으면 된다. 완벽하지 않아도 괜찮다. 중요한 건 계속 시도하는 것이다.[81]

미래의 당신을 위한 투자도 잊지 말자. 저축은 미래의 당신에게 주는 선물이다. 새로운 기술을 배우는 시간은 미래의 당신을 위한 투자다. 지금 당장의 즐거움도 중요하지만, 미래의 당신도 똑같이 소중하다. 돈과 시간 관리는 결국 선택의 문제다. 무엇을 우선순위에 둘 것인가? 당신의 행복과 성장을 최우선에 두자. 남들이 뭐라 하든, 당신의 돈과 시간은 당신의 것이다. 당신답게 쓸 권리가 있고, 그것이 곧 자기 존중이다.

취향과 라이프스타일 지키는 힘

일상 속 사소한 행동들이 모여 당신만의 라이프스타일을 만든다. 그런데 정작 많은 사람들이 자신의 취향을 모르거나 취향을 알면서도 숨긴다. 부정적인 평가의 말들을 듣기 싫어서 자신의 취향을 감추는 것이다. 또는 남들이 좋다는 것을 따라 하고, 유행을 쫓아가다 어느새 자신이 무엇을 좋아하는지조차 잊어버린다. 취향은 당신의 정체성이다. 당신이 어떤 사람인지를 보여주는 가장 솔직한 표현이다. 클래식을 좋아하든, 트로트를 좋아하든, 그것이 당신의 취향이라면 당당하게 드러내자. 남들이 뭐라 하든 상관없다. 당신의 취향은 당신만의 것이다.

취미 생활도 당당하게 즐기자. 프라모델 조립을 좋아한다면 그것을 숨기지 말자. 뜨개질을 좋아한다면 자랑스럽게 작품을 보여 주자.

라이프스타일은 하루아침에 만들어지지 않는다. 매일매일의 선택이 쌓여서 만들어진다. 아침형 인간이 되고 싶다면 일찍 일어나는 연습을 하자. 미니멀 라이프를 원한다면 불필요한 물건들을 정리하자. 이때 SNS의 영향력에서 벗어나야 한다. 인플루언서들의 화려한 일상을 보며 부러워하지 말자. 그들의 삶은 그들의 것이고, 당신의 삶은 당신의 것이다. 비교하지 말고 당신만의 행복을 찾자.

때로는 혼자만의 취향을 지키기 어려울 때가 있다. 가족이나 친구들의 반대에 부딪힐 수도 있다. 그럴 때일수록 더 단단해져야 한다. 당신의 취향을 존중하지 않는 관계라면 거리를 두는 것도 방법이다. 계절마다 당신만의 루틴을 만들어 보자. 봄에는 꽃구경, 여름에는 바다, 가을에는 단풍, 겨울에는 온천. 이런 식으로 당신만의 계절 루틴을 만들면 일 년이 더 풍성해진다.

취향과 라이프스타일을 지킨다는 것은 결국 나답게 사는 것이다. 남들 눈치 보지 말고, 유행에 휩쓸리지 말고, 당신이 좋아하는 취향을 선택하고 즐기자. 그것이 진정한 자기 존중이고, 자존감을 높이는 가장 확실한 방법이다.

혼자만의 시간을 즐기는 연습

혼자서 시간 보내는 것을 두려워하는 사람들이 많다. 왜일까? 혼자 있으면 외롭고 쓸쓸할 것 같아서다. 하지만 혼자만의 시간은 자존감을 키우는 가장 좋은 토양이다. 혼자 있을 때 비로소 당신은 진짜 당신을 만날 수 있다. 타인의 시선도, 기대도, 평가도 없는 온전한 당신. 그 시간에 당신은 무엇을 생각하고, 무엇을 느끼는가? 이것을 아는 것이 자기 이해의 시작이다. 혼자만의 시간은 충전의 시간이다. 사람들과 함께 있으면 에너지를 쓴다. 상대방의 말을 들어야 하고, 반응해야 하고, 때로는 연기도 해야 한다. 하지만 혼자 있을 때는 그런 것들이 필요 없다. 오직 당신 자신으로 존재할 수 있다.

작은 것부터 시작해 보면 좋다. 혼자 영화 보는 것은 어떠한다. 당신이 원하는 영화를 원하는 시간에 볼 수 있다. 팝콘을 먹든 안 먹든, 중간에 화장실을 가든 안 가든, 모든 게 당신 마음대로다. 영화가 끝나고 나서도 서두를 필요 없다. 천천히 엔딩크레딧을 보며 여운을 즐길 수 있다. 혼자 산책을 해 보자. 이어폰을 끼고 좋아하는 음악을 들으며 걷는 것도 좋고, 그냥 주변 소리를 들으며 걷는 것도 좋다. 걸음걸이도, 속도도, 방향도 모두 당신이 정한다. 누군가의 속도에 맞출 필요가 없다.

명상이나 요가도 추천한다. 처음에는 잡념이 떠오르고, 몸이 불편하고, 시간이 안 갈 것이다. 하지만 꾸준히 하다 보면 점점 편해진다. 혼자만의 고요한 시간 속에서 내면의 평화를 찾을 수 있다. 책 읽기도 빼놓을 수 없다. 책을 읽는 동안 당신은 작가와 단둘이 대화를 나눈다. 누군가의 방해도 받지 않고, 당신만의 속도로 읽을 수 있다. 이해가 안 되면 다시 읽고, 마음에 드는 구절은 필사할 수도 있다.

혼자 여행을 떠나는 것도 도전해 볼 만하다. 처음엔 당일치기로, 익숙해지면 1박 2일로, 더 익숙해지면 해외로, 그렇게 혼자 여행하면 모든 결정을 스스로 해야 한다. 어디를 갈지, 무엇을 먹을지, 언제 쉴지. 이 과정에서 당신은 더 강해진다.

혼자만의 공간을 만드는 것도 중요하다. 집 안에 당신만의 공간을 만들어 보자. 작은 책상이든, 아늑한 소파든, 창가 자리든 그곳에서는 오직 당신만의 시간을 보낸다. 가족도, 친구도 함부로 침범할 수 없는 당신만의 성역이다.

혼자만의 시간을 방해하는 요소들을 파악해 보는 것도 중요하다. 이때 죄책감이 가장 큰 적이다. "혼자 놀면 이기적인가?", "가족과 시간을 보내야 하는 거 아닌가?" 이런 생각들이 당신을 괴롭힌다. 하지만 기억하자. 당신이 충전되어야 타인에게도 좋은 에너지를 줄 수 있다.

혼자만의 시간의 질을 높이는 방법을 알아보자. 목적 없이 시간을 보내는 것과 의도적으로 혼자 시간을 갖는 것은 다르다. 오늘은 무엇을 위한 혼자 시간인지 정해보자. 휴식인가?, 성찰인가?, 재충전인가? 목적이 분명하면 그 시간이 더 의미 있어진다. 혼자 있을 때 떠오르는 감정들과 친해지자. 불안, 외로움, 두려움. 이런 감정들이 올라올 수 있다. 억누르지 말고 관찰해 보자. 감정은 느끼고 지나가게 두면 된다.

서포트 시스템 구축

자존감은 혼자만의 노력으로도 키울 수 있지만, 좋은 서포트 시스템이 있다면 더 빨리, 더 단단하게 성장할 수 있다. 멘토, 동료, 코치, 커뮤니티. 이 네 가지 축이 당신의 성장을 든든하게 받쳐줄 것이다. 먼저 멘토를 찾아보자. 멘토는 꼭 나이가 많거나 사회적으로 성공한 사람일 필요는 없다. 당신이 닮고 싶은 부분을 가진 사람이면 충분하다. A 씨는 일과 삶의 균형을 잘 맞추는 선배를, B 씨는 항상 긍정적인 친구를 멘토로 삼았다. 중요한 건 그들에게서 배울 점을 찾는 것이다.

멘토를 만나는 방법은 다양하다. 직접 만날 수도 있고, 책이나 유튜브를 통해 간접적으로 만날 수도 있다.형식에 구애받지 말고 당신에게 영감을 주는 사람을 찾자.

동료의 힘도 무시할 수 없다. 같은 길을 걷는 사람들과 함께하면 덜 외롭다. 자존감을 키우려는 사람들, 새로운 도전을 하는 사람들, 성장을 꿈꾸는 사람들. 이런 사람들과 함께하면 서로에게 힘이 된다. 스터디 그룹을 만들어보는 것도 좋다. 책 읽기 모임, 운동모임, 취미 모임 등. 정기적으로 만나 서로의 성장을 확인하고 격려한다. E 씨는 글쓰기 모임에서 만난 사람들과 매주 글을 공유하며 실력을 키웠다. 혼자였다면 포기했을 일도 함께하니 계속할 수 있었다. 전문 코치의 도움을 받는 것도 방법이다. 라이프 코치, 커리어 코치, 건강 코치 등. 돈이 들긴 하지만 체계적이고 전문적인 도움을 받을 수 있다. F 씨는 커리어 코치와 함께 자신의 강점을 발견하고 새로운 진로를 찾았다. 투자한 만큼의 가치가 있었다고 한다. 온라인 커뮤니티도 활용해 보자. 같은 관심사를 가진 사람들이 모인 카페나 단톡방 등 직접 만나지 않아도 서로 정보를 공유하고 응원할 수 있다.

서포트 시스템을 만들 때 주의할 점도 있다. 무조건 긍정적인 피드백만 주는 사람은 피하자. 때로는 쓴소리도 필요하다. 하지만 무조건 비판만 하는 사람도 피해야 한다. 균형 잡힌 피드백을 줄 수 있는 사람을 찾자. 이때 Give and Take의 원칙을 지키자. 받기만 하는 관계는 오래 가지 못한다. 당신도 누군가의 멘토가 될 수 있고, 동료가 될 수 있다. 서로 주고받는 관계가 건강한 관계다.

정기적인 점검 시간을 가지는 것이 좋다. 한 달에 한 번, 분기에 한 번, 당신의 서포트 시스템이 잘 작동하고 있는지 확인해보자. 도움이 되지 않는 관계는 정리하고, 새로운 관계를 만들어간다. 가족도 중요한 서포트 시스템이 될 수 있다. 하지만 가족이라고 무조건 도움이 되는 건 아니다. 때로는 가족이 가장 큰 스트레스가 되기도 한다. 건강한 거리를 유지하며 서로를 존중하는 관계를 만들어가자.

때로는 전문가의 도움이 필요할 때도 있다. 심리 상담사, 정신과 의사 등. 마음의 감기도 전문가의 치료가 필요하다. 부끄러워하지 말고 필요하다면 도움을 요청하자. 그것도 자기 돌봄의 한 방법이다.

서포트 시스템은 당신의 안전망이다. 넘어져도 다시 일어설 수 있게 도와주는 사람들. 길을 잃어도 방향을 알려주는 사람들. 지쳐도 힘을 주는 사람들. 이런 사람들이 있다면 당신은 더 과감하게 도전할 수 있다.

이때 가장 중요한 서포터는 당신 자신이다. 스스로를 믿고, 격려하고, 응원하자. 타인의 지지도 중요하지만, 자기 자신의 지지가 가장 강력하다. 당신이 당신의 가장 든든한 서포터가 되자. 매일 아침 거울을 보며 자신에게 응원의 메시지를 전하자. 서포트 시스템이 없을 때 우리는 어떤 문제에 직면하는가? 고립감에 빠지기 쉽다. 모든 문제를 혼자 해결해야 한다는 부담감이 커진다. 객관적인 피드백을 받을 수 없어 같은 실수를 반복한다. 성장의 속도가 더뎌진다. 그래서 의도적으로 서포트 시스템을 구축해야 한다.

온라인과 오프라인 네트워킹의 균형을 맞추자. 온라인은 접근성이 좋고 다양한 사람을 만날 수 있다. 오프라인은 깊이 있는 관계를 만들 수 있다. J 씨는 온라인 독서 모임으로 시작해서 오프라인 만남으로 발전시켰다. 두 가지 장점을 모두 활용하자.

관계를 유지하고 발전시키는 것도 기술이다. 정기적인 연락, 서로의 성장을 축하하기, 어려울 때 먼저 손 내밀기. 이런 작은 노력들이 관계를 단단하게 만든다. K 씨는 멘토에게 분기마다 근황을 전하며 관계를 이어가고 있다. 일방적인 관계가 아닌 상호작용하는 관계를 만들자.

서포트 시스템의 다양성도 중요하다. 비슷한 사람들만 모이면 시야가 좁아진다. 나이, 직업, 관심사가 다른 사람들과도 연결되자. L 씨는 20대부터 60대까지 다양한 연령대의 멘토를 두고 있다. 각자에게서 다른 지혜를 배운다고 한다.

서포트 시스템을 설계한다는 건 결국 당신의 성장 환경을 만드는 것이다. 좋은 토양에서 자란 나무가 튼튼하듯, 좋은 관계 속에서 자란 자존감도 튼튼하다. 당신만의 서포트 시스템을 설계하고, 그 안에서 성장하자. 혼자서는 갈 수 없는 곳도, 함께라면 갈 수 있다.[82]

Chapter. 4

지속 가능한 자존감 루틴

매일 5분, 자존감 루틴 만들기

　습관 형성에 대한 과학적 연구는 흥미로운 결과를 보여준다. 1960년대 미국의 성형외과 의사 맥스웰 몰츠Maxwell Maltz는 환자들이 새로운 상황에 적응하는데 최소 21일이 걸린다는 것을 발견했다. 이것이 유명한 21일 법칙의 시작이다. 하지만 2009년 영국 런던대학 필리파 랠리Phillippe Lally 교수 연구팀은 더 정확한 연구를 진행했다. 96명의 참가자를 대상으로 새로운 행동이 습관화되는 시간을 측정한 결과, 평균 66일이 걸렸다. 흥미롭게도 개인차가 컸는데, 최소 18일에서 최대 254일까지 다양했다. 이는 습관의 복잡성과 개인의 특성에 따라 달라진다는 것을 의미한다.

　습관 형성의 비밀은 뇌의 가소성에 있다. 우리가 특정 행동을 반복할 때, 뇌는 그 행동과 관련된 신경 경로를 만들고 강화한다. 이 과정을 시냅스 형성이라고 부른다. 반복이 많아질수록 신경 연결이 강해지고, 결국 그 행동은 의식적 노력 없이도 자동으로 수행된다. 이것이 바로 습관이 되는 원리다.[83] 자존감 루틴의 핵심은 일관성이다. 매일 같은 시간, 같은 장소에서 실행하는 것이 좋다. 뇌는 반복을 통해 새로운 신경 회로를 만든다. 처음엔 어색하더라도 21일만 지나면 자연스러워진다. 66일이 지나면 완전한 습관이 된다.[84]

아침 루틴은 이렇게 구성할 수 있다 : 거울을 보며 미소 짓기. 오늘 할 수 있는 작은 일 세 가지 정하기. 어제의 나보다 나아진 점 한 가지 찾기.

저녁 루틴도 중요하다. 잠들기 전 오늘 하루를 정리하는 시간을 가져라. 자존감의 토대를 만든다. 루틴을 만들 때 주의할 점이 있다.

작은 노트를 준비해 매일 한 줄씩 써 보자. '자존감 일기'라고 이름 붙여도 좋다. "오늘 나는 ______를 해냈다." 이 문장을 채우는 것이다. 한 달 후 이 노트를 펼쳐보면 놀라게 될 것이다. 당신이 얼마나 많은 것을 해냈는지 알 수 있기 때문이다.

습관은 환경의 산물이다. 자존감 루틴을 위한 공간을 만들어라. 거실한 구석, 침실 창가, 어디든 좋다. 그곳을 나만의 자존감 공간으로 정하라. 그곳에 앉으면 자동으로 루틴이 시작되도록 만들어라. 동료와 함께 하면 더 좋다. 가족이나 친구와 **자존감 버디**를 만들어라. 서로의 루틴을 체크하고 격려하라. 혼자서는 포기하기 쉽지만 함께라면 지속할 수 있다. 경쟁이 아닌 동행이다. 서로를 지지하는 관계가 자존감을 더 단단하게 만든다. 매일 5분, 이 작은 시간이 당신의 인생을 바꿀 수 있다. 자존감은 거창한 변화가 아니라 작은 습관에서 시작된다.

몸을 돌보면 마음도 강해진다

운동이 정신건강에 미치는 영향은 과학적으로 입증되었다. 운동을 하면 우리 뇌에서 놀라운 화학 반응이 일어난다. 먼저 엔돌핀이 분비된다. '내인성 모르핀'이라는 뜻의 엔돌핀은 실제 모르핀보다 수백 배 강력한 천연 진통제다. 운동 후 느끼는 상쾌함, 이른바 '러너스 하이 Runner's High'가 바로 이 때문이다.[85] '행복 호르몬'으로 불리는 세로토닌도 증가하는데, 이 호르몬은 마음의 안정과 행복감을 준다. 세로토닌이 부족하면 우울증, 불안장애, 불면증이 생길 수 있다. 미국 듀크대학 연구에 따르면, 16주간 운동한 우울증 환자의 재발률은 8퍼센트에 불과했지만, 항우울제만 복용한 환자는 38퍼센트가 재발했다.[86]

도파민 역시 운동으로 증가한다. 도파민은 의욕과 동기부여를 담당한다. 목표를 달성했을 때의 성취감, 그것이 도파민의 작용이다. 운동은 또한 BDNF 뇌유래신경영양인자를 증가시켜 새로운 뇌세포 생성을 촉진한다. 이는 기억력과 학습능력을 향상시킨다.

운동은 자존감의 물리적 증거다. "나는 나를 돌볼 수 있는 사람이다."라는 메시지를 스스로에게 보내는 것이다. 매일 운동하는 사람들의 공통점이 무엇인지 아는가? 자기 효능감이 높다는 것이다. 자신을 통제할 수 있다는 믿음이 강하다.

식습관도 중요하다. 균형 잡힌 식사를 하고 충분한 물을 섭취하며 정 크푸드는 줄인다. 또한 수면의 질을 높여라. 잠은 몸과 마음을 회복시키는 시간이다. 충분한 잠을 자는 것도 자존감의 일부다. 피곤한 상태에서는 부정적인 생각이 더 많아지기 때문이다. 스트레칭을 일상화하자. 뻣뻣한 몸은 경직된 마음을 만든다. 유연한 몸은 유연한 사고를 만든다.

스트레스를 받을 때마다 깊게 숨을 쉬어 보자. 4초 들이마시고, 4초 멈추고, 4초 내쉬어라. 이 간단한 호흡법이 불안을 줄이고 집중력을 높인다. 몸이 안정되면 마음도 안정된다. 규칙적인 건강검진을 받아 몸의 상태를 아는 것도 중요하다. 작은 문제를 미리 발견하면 큰 문제를 예방할 수 있다. 건강한 몸에 대한 확신이 자존감을 높인다.

몸을 돌보는 것은 자신을 존중하는 가장 기본적인 방법이다. 당신의 몸은 평생 함께할 유일한 집이다. 그 집을 소중히 여기고 가꾸어라. 건강한 몸이 건강한 마음을 만들고, 건강한 마음이 높은 자존감을 만든다.

디지털 디톡스로 마음 환기하기

디지털 기기가 뇌에 미치는 영향은 생각보다 심각하다. 스마트폰과 SNS는 도파민 중독을 일으킨다. '좋아요'를 받을 때마다, 새로운 알림이 올 때마다 도파민이 분비된다. 문제는 이런 즉각적인 보상에 익숙해지면, 장기적이고 의미 있는 목표를 추구하는 능력이 떨어진다는 것이다. 끊임없는 정보 노출은 뇌의 피로를 가속화한다. 집중력이 분산되고, 깊은 사고가 어려워진다.

미국 캘리포니아대학 연구에 따르면, 멀티태스킹은 생산성을 40퍼센트나 감소시킨다. 더 심각한 것은 SNS가 만드는 비교 문화다. 사회비교

이론에 따르면, 인간은 본능적으로 자신을 타인과 비교한다.[87] 그런데 SNS에서는 주로 상향 비교가 일어난다. 남들의 최고 순간과 나의 일상을 비교하게 되는 것이다. 이는 상대적 박탈감과 불안을 증폭시킨다. 페이스북 사용 시간이 늘수록 우울감이 증가한다는 연구 결과도 있다. 디지털 디톡스가 필요한 이유다.

디지털 디톡스가 필요한 이유는 명확하다. 끊임없는 정보의 홍수가 뇌를 지치게 하고, 집중력이 떨어지면서 불안감이 증가한다. 또한 자신과 마주할 시간이 사라지고, 스크린 너머의 세상에만 집중하다 정작 자신의 내면은 돌보지 못한다.

우리는 "무전원 시간"을 정해야 한다. 저녁 9시부터 다음날 아침 7시까지 스마트폰을 끄자. 처음엔 불안하겠지만 며칠만 지나면 놓치는 것보다 얻는 것이 더 많다는 것을 깨닫게 된다. 주말에 디지털 안식일을 가지는 것도 좋은 방법이다. 토요일 아침부터 일요일 저녁까지 24시간 디지털 기기를 멀리하는 것이다. 책을 읽거나, 산책을 하거나, 친구를 만나 실제 세계에서의 경험이 가상 세계보다 훨씬 풍부하다는 것을 느껴본다.

디지털 디톡스는 자신과의 연결을 회복하는 과정이다. 외부의 소음을 줄이면 내면의 목소리가 들린다. 디지털 세계에서 잠시 벗어나 아날로그 자신을 만나라. 그곳에 당신의 자존감이 있다.

나의 미래 자존감 비전 선언하기

10년 후 당신은 어떤 모습일까? 이 질문에 답하기 어렵다면 당신은 표류하고 있는 것이다. 목적지 없는 항해는 결국 난파로 끝난다. 미래의 자화상을 그려야 한다. 그것이 오늘의 나침반이 된다.

목표 설정의 심리학은 명확한 원리를 제시한다. 미국 메릴랜드 대학교의 교수로 재직했던 에드윈 로크**Edwin A. Locke**의 목표설정이론**Goal-Setting Theory**에 따르면, 구체적이고 도전적인 목표가 모호한 목표보다 높은 성과를 낳는다. 그러나 여기에는 조건이 있다. 목표가 달성 가능해야 하고, 피드백이 있어야 하며, 목표에 대한 헌신이 있어야 한다.[88]

자기결정이론은 내재적 동기의 중요성을 강조한다. 외부 보상이나 압력이 아닌, 자율성, 유능감, 관계성에서 나오는 동기가 진정한 변화를 만든다. 당신이 진정으로 원하는 것이 무엇인지 아는 것, 그것이 첫걸음이다. 미래 자아 연속성 이론도 흥미롭다. 현재의 나와 미래의 나를 연결된 존재로 인식할수록, 현재의 선택이 달라진다. 10년 후 자신의 모습을 구체적으로 상상하면, 오늘의 행동이 바뀐다. 저축을 늘리고, 건강한 습관을 만들고, 관계에 투자하게 된다.

비전을 세우는 것은 뇌의 망상활성계**RAS**를 프로그래밍하는 것과 같다. RAS는 중요한 정보를 걸러내는 필터 역할을 한다. 명확한 비전이 있으면, 관련된 기회와 자원을 더 잘 발견하게 된다. 자존감 비전을 세우는 것은 미래의 나와 약속하는 것이다. 비전이 있으면 매일이 의미 있는 한 걸음이 된다.

먼저 당신의 핵심 가치를 찾아라. 돈? 명예? 권력? 아니다. 더 깊은 곳을 보자. 진정성, 성장, 기여, 사랑, 자유. 이런 가치들이 진짜다. 당신이 죽을 때 후회하지 않을 가치가 무엇인지 생각하라. 그것이 당신의 북극성이다.

가치와 일치하는 목표를 세우되, 실패를 전제로 계획을 세워라. 완벽한 계획은 없다. 중요한 건 실패해도 무너지지 않는 설계다.

탐색기	**30일 계획** 새로운 습관을 시도하고 자신을 관찰하라. 매일 자존감 일기를 쓰라. 작은 성취를 기록하라. 감정을 추적하라. 무엇이 맞는지 파악하라.
강화기	**60일 계획** 30일 동안 발견한 것들을 심화시켜라. 효과적인 루틴은 강화하라. 맞지 않는 것은 수정하라. 변화가 눈에 보이기 시작한다. 주변 사람들도 당신의 변화를 알아차린다.
정착기	**90일 계획** 새로운 자존감이 일상에 뿌리내리는 시간이다. 의식적 노력 없이도 자연스럽게 자신을 존중하게 된다. 습관이 성격이 되고, 성격이 운명이 되는 과정이다.

이때 핵심 지표를 정하자. 측정할 수 없으면 관리할 수 없기에, 자존감 점수를 1부터 10까지 측정한다. 긍정적 자기 대화 횟수를 세고, 거절한 횟수, 도전한 횟수, 감사한 횟수를 기록하자. 숫자가 변화를 보여준다. 비전 보드를 만들어 미래의 당신을 시각화하자. 그리고 이를 공개 선언하라.

당신의 미래는 오늘의 선택들이 만든다. 자존감 비전을 선언하고, 매일 그것을 향해 한 걸음씩 나아가라. 10년 후 당신은 오늘의 당신에게 감사할 것이다. 지금 시작하라. 미래는 기다리지 않는다.

Part 6

함께 키우는 자존감

Chapter. 1

조직에서 자존감이 중요한 이유

왜 개인의 자존감이 팀 성과를 만드는가

당신이 속한 팀을 떠올려 보자. 가장 높은 성과를 낸 때는 언제였는가? 아마도 구성원 모두가 자신감에 차 있던 시기였을 것이다. 개인의 자존감과 팀 성과 사이에는 놀라운 연결고리가 존재한다.

자존감이 높은 사람은 실패를 두려워하지 않는다. 새로운 아이디어를 제안할 때도 거리낌이 없다. 틀려도 괜찮다는 마음이 있기 때문이다. 이런 태도는 팀 전체에 긍정적인 파장을 일으킨다. 한 사람이 과감한 제안을 하면, 다른 사람도 용기를 얻는다. 또 다른 사람은 더 창의적인 대안을 내놓는다. 이것이 바로 자존감의 연쇄 효과다.

반면 자존감이 낮은 구성원이 많은 팀은 어떨까. 회의 시간은 침묵으로 가득 찬다. 누군가 의견을 내도 "그게 될까요?"라는 회의적 반응이 먼저다. 실패에 대한 두려움이 팀 전체를 지배한다. 혁신은 사라지고 관성만 남는다.

한 IT 스타트업의 사례가 이를 잘 보여준다. 창업 초기, 팀원들은 서로의 실력을 의심했다. 자기 자신도 믿지 못했다. 프로젝트는 계속 지연됐다. 그러던 어느 날, 대표가 결단을 내렸다. 매주 금요일 '실패 자랑 대회'를 열기로 한 것이다. 가장 크게 실패한 사람에게 상을 주는 이색적인 행사였다. 처음엔 어색했다. 하지만 시간이 지나자 분위기가 바뀌었다. 실패가 부끄러운 일이 아니라는 인식이 퍼졌다. 도전이 늘어났다. 실험적인 아이디어가 쏟아졌다. 6개월 후, 이 팀은 업계가 주목하는 서비스를 출시했다. 개인의 자존감 회복이 팀 성과로 직결된 것이다.

자존감은 업무 몰입에도 영향을 미친다. 자신을 믿는 사람은 일에 더 깊이 빠져든다. 어려운 과제도 기꺼이 맡는다. 반대로 자존감이 낮으면 최소한만 한다. 이런 차이가 모여 팀 전체의 생산성을 좌우한다. 소통 방식도 달라진다. 자존감이 높은 팀원들은 솔직하게 소통한다. 의견 차이를 건설적으로 해결한다. 갈등을 피하지 않되, 상대를 존중한다. 이런 소통이 팀의 문제 해결 능력을 높인다.

리더십 발현에도 차이가 난다. 자존감이 높은 사람은 자연스럽게 리더십을 발휘한다. 공식 직급과 상관없이 영향력을 행사한다. 동료들을 격려하고 방향을 제시한다. 이런 분산형 리더십이 팀을 더욱 강하게 만든다. 학습 속도도 빨라진다. 자존감이 높으면 피드백을 잘 받아들인다. 비판을 인격 공격으로 받아들이지 않기에 빠르게 성장하고, 그 성장이 팀 역량 향상으로 이어진다.

위험 감수 능력도 높아진다. 자존감이 튼튼하면 실패해도 무너지지 않는다는 확신이 있다. 그래서 과감한 도전을 할 수 있다. 혁신적인 프로젝트에 뛰어든다. 이런 도전 정신이 팀을 새로운 차원으로 끌어올린다. 그렇기에 협업의 질도 달라진다. 자존감이 높은 사람은 다른 사람의 성공을 시기하지 않는다. 오히려 진심으로 축하하며 자신의 지식을 기꺼이 공유한다. 이런 협업 문화가 팀 시너지를 만든다. 스트레스 관리 능력도 뛰어나다. 자존감이 높으면 압박 상황에서도 침착함을 유지한다. 이런 안정감이 팀 전체에 전파된다. 위기 상황에서도 흔들리지 않는 팀이 된다.

결국 개인의 자존감은 팀 성과의 토대다. 한 사람의 자존감이 올라가면, 그 에너지가 팀 전체로 퍼진다. 긍정의 선순환이 시작된다. 성과가 나고, 그 성과가 다시 자존감을 높인다. 이것이 고성과 팀의 비밀이다. 당신의 자존감이 팀을 바꿀 수 있다. 지금부터 시작해 보자.[89]

자존감이 무너진 조직의 공통점

월요일 아침, 사무실 분위기가 무겁다. 직원들은 시선을 피하고 회의실에는 침묵만 길어진다. 이런 조직들은 놀랍도록 비슷한 문제를 겪는다.

첫 번째 문제는 만성적인 의사결정 지연이다. 자존감이 낮은 조직에서는 아무도 먼저 나서려 하지 않는다. 그저 상부 지시를 기다리기만 한다. 책임을 회피하려는 문화가 만연하다.

두 번째는 소통의 단절이다. 자존감이 낮은 직원들은 자기 의견을 말하지 않는다. 중요한 정보도 공유하지 않고 단지 실수를 숨기려 한다. 결과적으로 조직은 귀머거리가 되고 눈먼 상태가 된다.

혁신의 부재도 심각한 문제다. 새로운 시도를 하려면 용기가 필요하다. 하지만 자존감이 바닥인 조직에서는 그런 용기를 기대하기 어렵다. 하던 대로 하려는 관성이 지배한다. 경쟁사는 앞서가는데, 우리는 제자리걸음만 한다. 시장에서 도태되는 건 시간문제다. 인재 유출도 가속화된다. 유능한 직원일수록 먼저 떠난다. 자존감이 무너진 조직에서는 자신의 가치를 인정받지 못하기 때문이다. 성장 가능성도 보이지 않는다. 결국 능력 있는 사람들이 빠져나가고, 조직은 더욱 침체된다. 악순환의 고리가 형성된다. 한 제조업체의 사례를 보자. 10년간 업계 선두를 달리던 회사였다. 그런데 신임 임원진이 부임하면서 분위기가 바뀌었다. 실수에 대한 질책이 일상화됐다. 직원들의 자존감은 곤두박질쳤다. 1년 만에 핵심 인력의 30퍼센트가 퇴사했다. 신제품 개발은 중단됐다. 결국 3년 후, 이 회사는 경쟁사에 인수됐다.

갈등 회피 문화도 문제다. 자존감이 낮으면 건설적인 논쟁을 할 수 없다. 비판을 인격 공격으로 받아들인다. 그래서 모두가 침묵한다. 표면적으로는 평화로워 보이지만, 속으로는 불만이 곪아간다. 언젠가는 폭발한다. 그때는 이미 늦다. 고객 서비스 품질도 떨어진다. 자존감이 낮은 직원은 고객을 대할 때도 위축된다. 자신감 있게 응대하지 못한다. 고객의 불만에 과도하게 반응하거나 무기력하게 대응한다. 고객 만족도는 계속 하락한다. 매출에도 직접적인 타격이 온다. 팀워크도 무너진다. 자존감이 낮으면 동료를 경쟁자로만 본다. 협력보다는 견제가 우선이다. 정보를 독점하려 한다. 서로 발목을 잡는다. 팀이 아니라 개인들의 집합체가 된다. 실패에 대한 과도한 두려움도 조직을 마비시킨다. 한 번의 실패가 낙인처럼 따라다닌다. 그래서 아무도 위험을 감수하려 하지 않는다. 안전한 선택만 한다. 하지만 비즈니스에서 무위험은 곧 무성장을 의미한다. 조직은 서서히 죽어간다. 극심한 탈진도 빈번하게 발생한다. 자존감이 낮으면 작은 일에도 크게 스트레스 받는다. 에너지 소모가 심하다. 회복력도 떨어진다. 결국 심신이 지쳐 쓰러진다. 병가와 휴직이 늘어난다. 남은 사람들의 부담은 더욱 커진다. 또 다른 탈진을 부른다. 성과 평가 시스템도 제대로 작동하지 않는다. 자존감이 낮은 관리자는 부하 직원에게 솔직한 피드백을 주지 못한다. 직원들은 무엇을 개선해야 할지 모른다. 성장이 멈춘다. 평가는 형식적인 절차로 전락한다. 조직 문화가 부정적으로 변한다. 냉소주의가 만연한다. 뒷담화가 횡행한다. 신뢰는 사라지고 의심만 남는다. 출근이 고통스럽다. 이직을 꿈꾸지만 자존감이 낮아 실행하지도 못한다. 제 해결 능력도 현저히 떨어진다. 자존감이 낮으면 문제를 직시하기 어렵다. 객관적 분석과 합리적 해결책 도출이 불가능하다. 문제는 계속 악화된다. 리더십의 부재도 심각하다. 자존감이 낮은 리더는 결단력이 없다. 부하 직원들의 눈치를 본다. 인기에 연연한다. 어려운 결정을 미룬다. 비전을 제시하지 못한다. 조직은 표류한다. 방향을 잃은 배처럼 이리저리 흔들린다.

결국 자존감이 무너진 조직은 생존 자체가 위협받는다. 경쟁력을 잃고, 시장에서 도태된다. 직원들은 불행하고, 주주들은 실망한다. 고객들은 떠나간다. 이 모든 문제의 근원에 자존감이라는 보이지 않는 요인이 있다. 조직의 자존감을 회복하는 것, 그것이 진정한 해결책이다.[90]

공동체 자존감이라는 새로운 개념

개인 자존감은 들어봤지만, 공동체 자존감이라는 말은 생소할 것이다. 하지만 이 개념이야말로 21세기 조직이 주목해야 할 핵심 키워드다. 공동체 자존감은 조직 구성원들이 집단으로서 느끼는 자기 가치감과 효능감을 의미한다.

축구팀을 생각해 보자. 열한 명의 선수가 각자 뛰어난 실력을 갖췄다고 해서 반드시 승리하는 건 아니다. 우리는 할 수 있다는 집단적 믿음이 있어야 한다. 이것이 바로 공동체 자존감이다. 개인의 합을 넘어서는 시너지가 여기서 나온다. 공동체 자존감은 단순히 개인 자존감의 총합이 아니다. 독특한 역동성을 가진다. A의 자존감이 5점, B가 5점이라고 해서 팀의 공동체 자존감이 10점인 것은 아니다. 상호작용을 통해 15점이 될 수도, 3점이 될 수도 있다. 이 차이가 조직의 운명을 결정한다.

공동체 자존감의 첫 번째 특징은 '우리' 의식이다. 소속감을 넘어, 우리는 특별하다는 자부심을 갖는다. 개인의 성공을 팀의 성공으로, 팀의 성공을 개인의 자랑으로 여긴다. 경계가 사라지고 일체감이 생긴다. 두 번째는 집단 효능감이다. 우리가 함께라면 못할 게 없다는 믿음이다. 혼자서는 불가능해 보이는 일도 함께라면 가능하다고 믿는다. 이런 믿음이 실제로 불가능을 가능으로 만든다. 1960년대 NASA가 달 착륙에 성공한 것도 이런 집단 효능감 덕분이었다. 세 번째는 공유된 정체성이다. 우리는 누구인가에 대한 명확한 답을 갖고 있다.이 정체성이 행동의 기준이 되고 자부심의 원천이 된다.

한 스타트업의 사례가 인상적이다. 직원 스무 명의 작은 회사였다. 하지만 그들은 세상을 바꾸는 사람들이라는 강한 공동체 자존감을 가졌다. 매주 월요일, 그들이 만든 변화를 공유하는 시간을 가졌다. 작은 성과도 함께 축하했다. 마침내 이 회사는 기업 가치 1조 원을 넘는 대형 스타트업이 됐다.

공동체 자존감은 위기 상황에서 진가를 발휘한다. 공동체 자존감은 전염성이 강하며 한 사람의 긍정 에너지가 팀 전체로 퍼진다. 반대로 부정적 에너지도 빠르게 확산된다. 그래서 리더의 역할이 중요하다. 조직의 일상 의식도 공동체 자존감을 강화한다. 함께 달성한 목표를 축하하는 파티, 실패를 함께 위로하는 시간, 서로를 격려하는 메시지 교환 등이 그것이다. 공동체 자존감이 높은 조직은 외부 공격에 강하다. 경쟁사의 비방이나 시장의 비판에도 흔들리지 않는다.

다양성도 포용할 수 있다. 공동체 자존감이 높으면 차이를 위협으로 느끼지 않는다. 오히려 '다양한 우리가 모여서 더 강하다'고 생각한다. 서로 다른 배경과 관점이 조직의 자산이 된다. 창의성과 혁신이 꽃핀다. 학습 조직으로의 진화도 가능하다. 공동체 자존감이 높으면 실패를 두려워하지 않는다. 실패해도 다시 일어설 수 있다는 믿음이 있기 때문이다. 실험과 도전이 일상이 된다. 지속적인 학습과 성장이 이뤄진다. 공동체 자존감은 측정도 가능하다. 팀 효능감 척도, 조직 정체성 설문, 소속감 지수 등을 활용할 수 있다. 정기적으로 측정하고 관리하면 조직 건강도를 유지할 수 있다. 많은 선진 기업들이 이미 이런 지표를 도입했다.

하지만 공동체 자존감을 인위적으로 만들 수는 없다. 진정성이 없는 구호나 강요된 팀빌딩은 오히려 역효과를 낸다. 자연스럽게 형성되도록 환경을 조성해야 한다. 신뢰와 존중이 바탕이 되어야 한다. 공동체 자존감의 어두운 면도 있다. 지나치면 집단 사고에 빠질 수 있다. 외부 의견을 무시하는 폐쇄성도 나타나기도 한다. 그렇기에 적절한 균형이 필요하다. 건강한 자기 비판과 열린 태도를 유지해야 한다.

결국 공동체 자존감은 21세기 조직의 핵심 경쟁력이다. 개인의 역량만으로는 한계가 있다. 집단 지성과 집단 자존감이 필요하다. 함께 성장한다는 믿음이 기적을 만든다. 당신의 조직은 어떤가? 공동체 자존감을 키울 준비가 되어 있는가?

혼자만 잘하는 시대에서 함께 잘하는 시대로

나만 잘하면 되는 시대는 끝났다. 4차 산업혁명, 초연결 사회, 복잡계 경제. 이 모든 변화가 말해주는 건 하나다. 이제는 '함께 잘하는' 능력이 진짜 경쟁력이라는 것. 자존감도 마찬가지다. 개인 자존감을 넘어 공동체 자존감으로 진화해야 한다.

과거 산업화 시대를 돌아보자. 컨베이어 벨트 앞에서 각자 맡은 일만 잘하면 됐다. 옆 사람이 뭘 하는지 몰라도 상관없었다. 개인의 숙련도가 생산성을 결정했다. 하지만 지금은 다르다. 현대의 일은 복잡하고 상호 연결되어 있다. 프로그래머 혼자서는 서비스를 만들 수 없다. 디자이너, 기획자, 마케터가 함께해야 한다. 의사 혼자서는 환자를 치료할 수 없다. 간호사, 약사, 의료 기술자들과 협력해야 한다. 혼자만 잘해서는 아무것도 이룰 수 없는 시대다.

글로벌 기업들은 이미 이 변화를 감지했다. 구글은 심리적 안전감을 최고의 팀 성과 지표로 꼽았다. 마이크로소프트는 성장 마인드셋을 조직 문화의 핵심으로 삼았다. 모두 함께 성장하는 것에 초점을 맞추며 개인 천재보다 팀 시너지를 중시했다.

한국 기업들도 변하고 있다. 과거에는 '스타 직원'을 우대했다. 최고 영업사원, 최고 개발자를 영웅시했지만 이제는 협업형 인재를 찾는다. 채용 면접에서도 협업 경험을 중요하게 보기 때문에 교육 현장도 바뀌고 있다. 과거에는 개인 성적만 강조했다. 1등부터 꼴등까지 줄을 세워 경쟁만 가르쳤지만 이제는 프로젝트 학습, 팀 과제, 협동 학습이 대세다. 함께 문제를 해결하는 능력을 기른다. 미래 인재의 핵심 역량이기 때문이다.

스포츠계의 변화도 주목할 만하다. 과거에는 마이클 조던, 디에고 마라도나 같은 영웅 한 명이 팀을 이끌었다. 하지만 현대 스포츠는 다르다. 팀 전술, 조직력, 화합이 승부를 결정한다. 개인기보다 팀워크가 중요하다. 창업 생태계도 마찬가지다. 과거에는 천재 창업자 한 명이 회사를 이끌었다. 스티브 잡스, 빌 게이츠 신화가 있었다. 하지만 이제는 '팀 창업'이 대세다. 다양한 전문성을 가진 공동 창업자들이 모인다. 혼자서는 불가능한 일을 함께 이뤄낸다.

함께 잘하는 시대의 자존감은 어떤 모습일까. 첫째, 상호 의존을 인정한다. 둘째, 다름을 축복으로 여긴다. 다양성 속에서 자존감을 찾는다. 획일화된 기준에서 벗어난다. 셋째, 성장을 공유한다. 빼앗고 빼앗기는 게임이 아니라 함께 커가는 게임이다. 함께 커가는 즐거움을 안다. 넷째, 실패도 함께 짊어진다. 책임을 전가하지 않는다. 함께 원인을 분석하고 함께 해결책을 찾는다. 실패가 배움의 기회가 되고, 팀의 결속력을 높인다. 다섯째, 성공도 함께 나눈다. 스포트라이트를 독차지하지 않는다. 공을 나누고 함께 축하한다. 이런 문화에서 모두의 자존감이 올라간다.

한 제약회사의 변화가 인상적이다. 과거에는 개인 성과급 제도를 운영했다. 최고 성과자에게 막대한 성과급을 줬다. 결과는? 정보 독점, 협력 거부, 팀워크 붕괴였다. 회사는 제도를 바꿨다. 팀 성과급으로 전환했다. 팀이 함께 목표를 달성하면 모두가 보상받는다. 변화는 극적이었다. 지식 공유가 활발해졌고 서로를 도우며 성장했다. 그 결과 전체 매출이 30퍼센트 증가했다.

'함께 잘하는'L'L' 시대는 새로운 리더십도 요구한다. 명령하고 통제하는 리더가 아니라, 섬기고 지원하는 리더가 필요하다. 팀원들의 자존감을 높이는 리더, 심리적 안전감을 제공하는 리더, 다양성을 포용하는 리더가 진짜 리더다. 결국 미래는 함께 잘하는 사람들의 것이다. 혼자만의 자존감에 갇혀있으면 도태된다. 공동체 자존감을 키워야 한다. 이것이 21세기를 살아가는 지혜다. 당신은 준비되었는가?

Chapter. 2

팀 자존감 강화 워크숍

서로의 강점을 찾아주는 칭찬 릴레이

자존감을 높이는 가장 효과적인 방법은 무엇일까. 그것은 서로의 강점을 발견하고 인정해주는 것에서 시작한다. 우리는 대부분 자신의 약점은 잘 알지만 강점은 제대로 모르는 경우가 많다. 매일 함께 일하는 동료들이 발견해준 나의 강점은 새로운 자기 발견의 기회가 된다. 칭찬 릴레이는 단순한 칭찬 게임이 아니다. 구체적인 행동과 결과를 중심으로 강점을 찾아내는 체계적인 프로세스다. 먼저 팀원들이 둥글게 앉는다. 한 사람씩 돌아가며 '주인공 자리'에 앉게 되고, 나머지 팀원들은 그 사람의 강점을 하나씩 이야기한다. 이때 중요한 것은 추상적인 칭찬이 아닌 구체적인 사례를 들어 설명하는 것이다.

이때 칭찬을 받는 사람은 어떤 자세를 취해야 할까. 먼저 겸손하게 부정하거나 변명하지 않는다. "아니에요, 별것 아닙니다."라는 반응 대신 "감사합니다. 그렇게 봐주시니 힘이 나네요."라고 수용한다. 이것 자체가 자존감 회복의 첫걸음이다. 칭찬 릴레이가 진행되면서 팀의 분위기가 달라진다. 처음에는 어색해하던 사람들도 점차 진심을 담아 동료의 강점을 찾아낸다. 평소에는 말하지 못했던 감사와 인정의 마음들이 자연스럽게 흘러나온다. 강점을 찾는 과정에서 팀원들은 서로를 새로운 시각으로 보게 된다. 업무에만 집중하느라 놓쳤던 동료의 인간적인 면모를 발견한다.

이 과정에서 중요한 것은 진정성이다. 억지로 칭찬을 만들어내려 하지 말고, 진심으로 느꼈던 순간을 떠올려 본다. 작은 것이라도 괜찮다. 회의 때 좋은 아이디어를 낸 것, 힘든 상황에서도 미소를 잃지 않은 것, 신입사원을 친절하게 도와준 것 등 일상의 작은 순간들이 모두 강점이 될 수 있다. 칭찬 릴레이를 정기적으로 실시하면 팀의 문화가 바뀐다. 서로의 실수와 부족함을 지적하기보다 강점과 기여를 인정하는 분위기가 형성된다. 이는 곧 심리적 안전감으로 이어진다. 실패를 두려워하지 않고 새로운 시도를 할 수 있는 환경이 만들어진다.

한 IT 기업에서는 매월 마지막 금요일을 '강점 발견의 날'로 정했다. 오후 한 시간을 할애해 칭찬 릴레이를 진행한다. 처음에는 시간 낭비라는 불만도 있었지만, 6개월 후 직원 만족도 조사에서 놀라운 결과가 나타났다. 팀워크 점수가 30퍼센트 상승했고, 이직률은 절반으로 줄어들었다. 무엇보다 회사에 오는 것이 즐겁다는 응답이 크게 늘었다.

칭찬 릴레이의 효과를 높이려면 비교하지 않고 현재형으로 구체적인 강점을 말하는 것이 중요하다.

칭찬받은 내용은 기록으로 남겨 보자. 각자 강점 노트를 만들어 동료들이 발견해 준 자신의 강점을 적는다. 그리고 자존감이 떨어지는 순간 이 노트를 펼쳐본다. 나를 믿어주는 동료들이 있다는 사실만으로도 다

시 일어설 힘을 얻을 것이다.[91]

실패를 나눌 때 생기는 심리적 안전감

실패는 누구나 경험하지만 아무도 이야기하고 싶어 하지 않는 주제다. 하지만 실패담을 공유하는 것이야말로 팀의 심리적 안전감을 높이는 가장 강력한 방법이다. 완벽해 보이는 동료나 상사도 실패를 경험했다는 사실을 알게 되면, 자신의 실수를 덜 부끄러워하게 된다.

실패담 공유 워크숍은 '실패를 통한 전진 Fail Forward'이라는 개념에서 출발한다. 실패를 통해 앞으로 나아간다는 의미다. 이 워크숍의 핵심은 실패 자체가 아니라 실패에서 배운 교훈에 초점을 맞추는 것이다. 워크숍은 리더부터 시작한다. 팀장이 먼저 자신의 실패담을 솔직하게 공유한다. 이때 중요한 것은 포장하지 않는 것이다. 실패의 원인이 자신의 판단 착오나 준비 부족이었다면 그대로 인정한다. 한 스타트업 CEO는 투자 유치에 실패한 경험을 이렇게 공유했다. "시장 조사를 제대로 하지 않고 내 직감만 믿었어요. 결과는 참담했죠. 하지만 그 실패 덕분에 데이터의 중요성을 깨달았고, 지금은 모든 결정을 데이터 기반으로 하고 있습니다."

실패담을 들을 때의 자세도 중요하다. 절대 비판하거나 조언하지 않는다. 사후 평가 대신 공감과 격려의 메시지를 전한다. 실패담 공유가 깊어질수록 팀원들은 서로의 인간적인 면모를 발견한다. 실패담 공유의 진정한 가치는 취약성을 드러내는 데 있다. 하버드 경영대학원의 에이미 에드먼슨 Amy C. Edmondson 교수는 "리더가 먼저 자신의 취약성을 보일 때 팀원들은 심리적으로 안전하다고 느낀다."고 강조한다.[92] 완벽하지 않아도 괜찮다는 메시지가 팀 전체에 전달되는 것이다.

한 금융회사에서는 ‘실패 박물관’이라는 독특한 프로그램을 운영한다. 매 분기 가장 의미 있는 실패를 선정해 상을 준다. 단, 같은 실수를 반복한 경우는 제외다. 새로운 시도를 하다가 실패한 경우만 대상이 된다. 이 프로그램 도입 후 혁신적인 아이디어가 3배 이상 늘었다고 한다. 실패담을 공유할 때는 스토리텔링 기법을 활용하면 좋다. 상황-갈등-결과-교훈의 구조로 이야기를 풀어간다. 당시의 감정과 진솔한 고백이 오히려 공감을 불러일으킨다.

실패의 규모는 중요하지 않다. 거창한 실패가 아니어도 된다. 이메일을 잘못 보낸 것, 회의 시간을 착각한 것, 고객 이름을 헷갈린 것 등 일상적인 실수도 충분히 의미가 있다. 중요한 것은 그 경험에서 무엇을 배웠는가이다. 실패담 공유 후에는 실패에서 배운 교훈을 정리하는 시간을 갖는다. 각자 포스트잇에 자신이 실패에서 배운 것을 적어 벽에 붙인다. 이것들을 주제별로 분류하면 팀 전체의 학습 자산이 된다. 한 팀은 이렇게 모은 교훈들을 ‘우리 팀의 지혜’라는 책자로 만들어 신입사원 교육 자료로 활용하고 있다.

실패를 축하하는 문화를 만드는 것도 중요하다. 실리콘밸리의 한 기업은 ‘실패 파티Failure Party’를 연다. 실패한 프로젝트 팀을 위한 파티다. 실패를 위로하는 것이 아니라 도전했다는 사실을 축하하는 것이다. 이런 문화 속에서 직원들은 실패를 두려워하지 않고 더 과감한 도전을 한다. 실패담 공유는 신뢰의 선순환을 만든다. 누군가 용기 내어 실패를 공유하면, 다른 사람도 마음을 연다. 이런 과정이 반복되면서 팀은 점점 더 솔직하고 투명해진다. 실수를 숨기려 에너지를 낭비하는 대신, 문제 해결에 집중할 수 있게 된다. 어떤 팀장은 이렇게 말한다. “예전에는 실수를 숨기느라 더 큰 문제를 만들었어요. 지금은 실수하면 바로 팀에 공유합니다. 그러면 다들 도와주려고 해요. 문제가 커지기 전에 해결할 수 있죠. 무엇보다 혼자 고민하지 않아도 된다는 게 정말 큰 힘이 됩니다."

감사 나눔으로 채우는 긍정 에너지

감사는 자존감의 영양제다. 감사하는 마음은 자신과 타인, 그리고 상황을 긍정적으로 바라보게 만든다. 팀 차원에서 감사를 나누는 것은 개인의 자존감뿐 아니라 팀 전체의 에너지를 높이는 강력한 도구가 된다.

감사 나눔 워크숍은 간단하지만 효과적이다. 매주 금요일 오후, 15분간 감사하는 시간을 갖는다. 팀원들이 돌아가며 이번 주에 감사했던 일을 한 가지씩 나눈다. 규칙은 단순하다. 업무 관련이든 개인적인 일이든 작은 일이어도 괜찮다. 진심으로 감사한 마음이 들었던 순간을 공유하면 된다. 처음에는 감사할 일이 없다고 말하는 사람들이 많겠지만 의식적으로 감사할 일을 찾다 보면 놀라운 변화가 일어난다. 평소에는 당연하게 여겼던 일들이 감사의 대상이 된다.

감사 나눔은 팀원 간의 관계도 개선한다. 동료에 대한 감사를 표현하면서 서로의 존재 가치를 확인한다. 감사 일기를 함께 쓰는 것도 좋은 방법이다. 팀 공용 노트북이나 노트를 마련해 각자 감사한 일을 적는다. 다른 사람이 적은 감사 내용을 읽으며 대리 만족을 느끼기도 하고, 새로운 감사의 관점을 배우기도 한다. 어떤 팀은 이 감사 일기를 연말에 제본해서 팀원들에게 선물로 준다.[93]

감사하는 대상은 구체적일수록 좋다. "모든 것에 감사합니다."보다 "오늘 아침 J 씨가 주신 초콜릿 덕분에 기분 좋게 하루를 시작할 수 있어서 감사해요."가 더 큰 울림을 준다. 구체적인 감사는 상대방에게도 자신의 작은 행동이 의미 있었다는 확인을 준다. 감사 나눔을 게임처럼 즐길 수도 있다. '감사 빙고'를 만들어 감사할 일이 생길 때마다 칸을 채운다. '감사 체인'을 만들어 한 사람이 다른 사람에게 감사를 표현하면, 그 사람이 또 다른 사람에게 감사를 이어가는 방식도 있다. 이런 활동들은 감사를 습관화하는 데 도움이 된다.

한 병원에서는 '감사 게시판'을 운영한다. 직원들이 익명으로 동료에 대한 감사 메시지를 붙일 수 있다. 3층 간호사님, 늘 밝은 미소로 인사해주셔서 감사해요. 청소 아주머니, 깨끗한 환경 만들어주셔서 감사합니다. 이러한 메시지들이 게시판을 채우고, 이 게시판을 본 직원들은 자신의 일이 누군가에게 의미 있다는 것을 느낀다.

감사를 표현하는 방식도 다양화할 수 있다. 말로만 하는 것이 아니라 감사 카드를 쓰거나, 작은 선물을 주거나, 감사의 마음을 담은 그림을 그리는 것도 좋다. 한 팀은 '감사 쿠폰'을 만들어 커피 한 잔, 점심 한 끼, 업무 대신해주기 등을 선물로 준다. 감사 나눔의 효과는 과학적으로도 입증되었다. 감사하는 마음은 세로토닌과 도파민 분비를 촉진해 행복감을 높인다. 또한 스트레스 호르몬인 코티솔 수치를 낮춰 심리적 안정감을 준다. 규칙적인 감사 습관은 우울증 예방에도 효과적이다. 감사는 전염된다. 한 사람이 진심으로 감사를 표현하면, 받는 사람도 감사하는 마음이 생긴다. 이런 선순환이 계속되면 팀 전체가 긍정적인 에너지로 충만해진다. 어려운 상황에서도 감사할 거리를 찾는 힘, 그것이 바로 팀의 회복탄력성이다.

자존감 미션 게임 –놀이로 배우는 팀 훈련

자존감 강화를 게임으로 만들면 어떨까. 딱딱한 교육이나 워크숍보다 재미있는 게임을 통해 자연스럽게 자존감을 높이는 방법이 있다. '자존감 미션 게임'은 팀원들이 함께 즐기면서 서로의 가치를 발견하고 인정하는 활동이다. 게임의 기본 구조는 간단하다. 매주 하나씩 '자존감 미션'이 주어진다. 미션을 완수하면 포인트를 얻고, 한 달간 가장 많은 포인트를 얻은 사람이나 팀이 우승한다. 상품은 거창하지 않아도 된다. 커피 쿠폰, 반차, 원하는 자리 선택권 등 소소한 것으로 충분하다.

자존감 미션 게임 다섯 가지

• 미션 1: 일일 응원단장
하루 동안 다른 팀원들을 응원하는 역할을 한다. 프레젠테이션 전 "잘할 수 있어!"라고 격려하고, 힘들어하는 동료에게 "괜찮아, 우리가 도와줄게."라고 위로한다. 응원받은 사람은 응원단장에게 감사 스티커를 준다. 스티커가 곧 포인트다.

• 미션 2: 강점 탐정
일주일 동안 팀원들의 숨겨진 강점을 찾아내는 게임이다. 발견한 강점을 팀 게시판에 붙인다. 발견된 강점이 많을수록, 그리고 자신이 발견한 강점이 많을수록 포인트를 얻는다.

• 미션 3: 실패 자랑 대회
일주일 동안 경험한 실패를 가장 재미있게 스토리텔링하는 사람이 승자다. 실패를 부끄러워하는 대신 유머러스하게 풀어낸다. "고객사 이름을 헷갈려서 엉뚱한 회사에 제안서를 보냈어요. 근데 그 회사에서 오히려 우리 서비스에 관심을 보이더라고요!"같은 반전 스토리도 나온다.

• **미션 4: 감사 릴레이**
한 사람이 다른 사람에게 감사를 표현하면, 그 사람이 24시간 안에 또 다른 사람에게 감사를 전달해야 한다. 체인이 끊기지 않고 이어질수록 팀 전체가 포인트를 얻는다. 이 게임을 통해 감사가 일상이 되는 경험을 한다.

• **미션 5: 나눔의 천사**
자신의 지식, 기술, 시간을 팀원들과 나누는 미션이다. 엑셀 기술을 가르쳐주거나, 맛있는 간식을 나누거나, 업무를 대신해주는 것 모두 나눔이다. 나눔을 준 사람과 받은 사람 모두 포인트를 얻는다.

게임을 진행하면서 중요한 것은 자발적 참여다. 강제로 참여하게 하면 오히려 역효과가 난다. 미션은 팀의 상황에 맞게 조정할 수 있다. 신제품 출시를 앞둔 팀이라면 아이디어 뱅크 미션을, 신입사원이 많은 팀이라면 멘토링 미션을 추가할 수 있다. 중요한 것은 경쟁보다 협력, 비판보다 격려, 개인보다 팀을 강조하는 것이다.

게임의 부작용을 막는 장치도 필요하다. 포인트에만 집착해 형식적으로 미션을 수행하는 것을 막기 위해 진정성 보너스를 준다. 진심이 느껴지는 행동에 추가 포인트를 주는 것이다. 또한 승부에 집착하지 않도록 '모두가 승자' 원칙을 적용한다. 일정 포인트 이상을 획득한 사람은 모두 보상을 받는다. 자존감 미션 게임은 단순한 놀이가 아니다. 게임을 통해 자존감을 높이는 행동들을 연습하고 습관화한다. 처음에는 미션이라서 했던 행동들이 어느새 일상이 된다. 칭찬, 감사, 나눔, 응원이 팀의 문화로 자리 잡는다. 그것이 바로 이 게임의 진정한 목적이다.

chapter. 3

기업 문화 속
자존감 솔루션

과정을 중시하는 평가 시스템

　과정 중심 평가는 숫자로된 결과만 평가하는 것이 아닌 직원이 어떻게 일했는지, 얼마나 노력했는지를 평가한다. 실패해도 배운 것을 인정한다. 이런 평가가 자존감을 지킨다. 과정을 평가한다는 것은 쉬운 일이 아니다. 무엇을 어떻게 봐야 할까. 첫째, 시도 자체를 인정한다. 새로운 방법을 시도했나. 창의적 아이디어를 냈나. 실패를 두려워하지 않고 도전했나. 이런 것들이 평가 기준이 된다. 둘째, 협업 과정을 본다. 동료와 어떻게 소통했나. 팀에 어떤 기여를 했나. 갈등을 어떻게 해결했나. 혼자 잘하는 것보다 함께 잘하는 것을 높이 평가한다. 셋째, 학습과 성장을 측정한다. 프로젝트를 통해 무엇을 배웠나. 어떤 역량이 늘었나. 실수에서 어떤 교훈을 얻었나. 이런 질문에 답하는 것이 진짜 평가다.

　구글은 OKR **Objectives and Key Results, 목표와 핵심 성과** 시스템을 사용한다. 목표 달성률이 70퍼센트만 되어도 성공으로 본다. 100퍼센트 달성은 오히려 목표가 너무 쉬웠다는 신호다. 도전적 목표를 세우고 과정에서 배우는 것을 중시한다.

마이크로소프트도 변했다. 스택 랭킹**Stack Ranking**이라는 강제 배분 평가를 폐지했다. 대신 성장 마인드셋**Growth Mindset**을 평가한다. 얼마나 배우려 했는지, 어떻게 성장했는지를 본다. 직원들의 자존감과 동기부여가 크게 올랐다.

국내 기업들도 변화 중이다. 카카오는 절대평가를 도입했다. 동료와 비교하지 않는다. 자기 목표 대비 성장을 평가한다. 네이버는 동료 피드백을 중시한다. 함께 일한 사람들이 과정을 평가한다.

과정 평가의 핵심은 피드백이다. 연말 한 번이 아니라 수시로 피드백한다. 잘한 것은 즉시 인정한다. 개선할 점은 구체적으로 코칭한다. 이런 일상적 피드백이 자존감을 키운다. 실패를 바라보는 관점도 바꿔야 한다. 실패는 무능이 아니라 학습의 기회다. 아마존의 제프 베이조스는 실패하지 않는다면 충분히 실험하지 않는 것이라고 했다. 실패를 처벌하면 도전이 사라진다. 실패를 인정하면 혁신이 생긴다.

360도 다면평가**360-Degree Feedback**도 좋은 방법이다. 상사만 평가하지 않는다. 동료, 부하, 고객도 평가에 참여한다. 다양한 시각에서 과정을 본다. 한 사람의 주관이 아니라 여러 사람의 관찰을 종합한다.[94] 또한 평가 기준을 투명하게 공개한다. 무엇이 중요한지 모두가 안다. 깜깜이 평가가 아니다. 명확한 기준이 있으면 불안이 줄어든다. 자기 성과를 스스로 점검할 수 있다. 강점 기반 평가도 효과적이다. 약점만 지적하지 않는다. 강점을 먼저 찾는다. 잘하는 것을 더 잘하게 돕는다. 약점은 보완하되 강점을 키우는 데 집중한다. 이게 자존감을 높이는 평가다.

평가 주기도 유연하게 한다. 프로젝트별로 평가할 수도 있다. 분기별로 할 수도 있다. 중요한 건 적시성이다. 일이 끝나자마자 평가하고 피드백 한다. 기억이 생생할 때 평가해야 정확하다. 자기평가도 포함시킨다. 스스로 돌아보는 시간을 준다. 무엇을 잘했고 무엇을 못했는지 성찰한다. 자기평가와 타인평가를 비교한다. 차이가 있다면 대화로 조정한다. 평가 결과를 성장 계획으로 연결한다. 평가로 끝나지 않는다. 다음 스텝을 함께 설계한다. 어떤 교육이 필요한지, 어떤 경험이 도움될지 논의한다. 평가가 성장의 출발점이 된다. 보상도 과정을 반영한다. 결과만으로 보너스를 주지 않는다. 노력과 성장도 보상한다. 팀 기여도도 인정한다. 이런 보상이 올바른 행동을 강화한다. 평가자 교육이 필수다. 과정을 보는 눈을 길러야 한다. 편견 없이 관찰하는 법을 배운다. 건설적 피드백 주는 법을 익힌다. 평가자의 역량이 평가의 질을 좌우한다.

데이터를 활용한 평가도 늘고 있다. 업무 패턴을 분석한다. 협업 네트워크를 시각화한다. 이메일, 메신저 데이터로 소통 방식을 본다. 객관적 데이터가 주관적 평가를 보완한다.

과정 중심 평가는 문화다. 하루아침에 바뀌지 않는다. 리더가 먼저 실천해야 한다. 작은 것부터 시작한다. 일상에서 과정을 인정하는 말 한마디가 시작이다. 당신의 회사 평가 시스템은 어떤가. 직원들을 숫자로만 보고 있지는 않나. 과정을 인정하는 평가로 바꿔보자. 그것이 자존감 높은 조직을 만드는 첫걸음이다.

리더가 먼저 보여주는 존중

리더의 말 한 마디가 조직 분위기를 좌우한다. 리더의 표정 하나가 직원의 하루를 결정한다. 그만큼 리더의 영향력은 크다. 존중하는 리더 밑에서 직원들의 자존감이 자란다. 무시하는 리더 밑에서는 자존감이 무너진다.

서번트 리더십 Servant Leadership 이 주목받는 이유는 바로 섬기는 리더십이다. 리더가 먼저 직원을 섬긴다. 명령하지 않고 지원한다. 지시하지 않고 함께한다. 이런 리더십이 조직문화를 바꾸고 성과를 높인다. 무엇보다 구성원의 자존감을 키운다.[95] 존중은 작은 것에서 시작한다. 인사를 먼저 한다. 이름을 불러준다. 눈을 마주치며 대화한다. 말을 끝까지 듣는다. 이런 기본이 존중의 시작이다. 의견을 묻는 것도 존중이다. 결정하기 전에 의견을 구한다. 반대 의견도 경청한다. 다양한 관점을 인정한다.

실수를 대하는 태도가 중요하다. 실수했을 때 무엇을 배웠는지 물으며, 질책보다 학습 기회를 함께 살펴본다. 이런 태도가 심리적 안전감을 만든다. 스타벅스의 하워드 슐츠가 좋은 예다. 파트너라고 부른다. 직원이 아니라 동반자다. 주식을 나눠 준다. 의료보험을 제공한다. 대학 등록금을 지원한다. 이런 존중이 스타벅스를 만들었다.

국내에서는 아모레퍼시픽이 유명하다. 뷰티 파트너라고 부른다. 판매원이 아니다. 고객을 아름답게 만드는 전문가다. 호칭 하나가 자존감을 바꾼다. 일의 의미가 달라진다. 칭찬도 존중의 표현이다. 공개적으로 그리고 구체적으로 칭찬한다. 진심이 담긴 칭찬이 자존감을 높인다. 권한 위임도 존중이다. 믿고 맡긴다. 세세하게 간섭하지 않는다. 실패해도 책임을 묻지 않는다. 대신 함께 책임진다. 이런 신뢰가 직원을 성장시킨다. 피드백 방식도 중요하다. 공개적으로 망신주지 않는다. 1:1로 조용히 피드백한다. 인격이 아니라 행동을 지적한다. 개선 방법을 함께 찾는다. 이게 존중하는 피드백이다. 회의에서도 존중이 드러난다. 모두에게 발언 기회를 준다. junior의 의견도 귀담아듣는다. 반대 의견을 억압

하지 않는다. 다수결로 밀어붙이지 않는다. 합의를 이끌어낸다. 시간을 존중하는 것도 중요하다. 불필요한 야근을 시키지 않는다. 퇴근 후 연락을 자제한다. 휴가를 눈치 없이 쓰게 한다. 개인 시간을 인정한다. 워라밸 **Work-Life Balance** 을 실천한다. 성장 기회를 주는 것도 존중이다. 교육 기회를 제공한다. 새로운 도전을 지원한다. 실패해도 다시 기회를 준다. 잠재력을 믿고 투자한다. 이런 지원이 자존감을 키운다. 공정성도 존중의 기본이다. 편애하지 않는다. 규칙을 일관되게 적용한다. 투명하게 정보를 공유한다. 의사결정 과정을 공개한다. 공정한 리더를 직원들이 존경한다. 감정을 인정하는 것도 존중이다. 힘들어하는 직원을 눈여겨본다. 개인적 어려움을 이해한다. 감정적 지원을 아끼지 않는다. 사람을 도구가 아닌 인간으로 본다. 솔선수범이 최고의 존중이다. 먼저 실천한다. 어려운 일을 먼저 한다. 희생이 필요하면 먼저 한다. 말보다 행동으로 보여준다. 이런 리더를 직원들이 따른다.

인정과 존중은 조직문화의 기본이다.[96] 리더가 먼저 시작해야 한다. 위에서부터 아래로 퍼진다. 존중받은 직원이 존중할 줄 안다. 존중하는 문화가 자존감 높은 조직을 만든다. 당신이 리더라면 스스로 물어보자. 오늘 누군가를 존중했나. 누군가의 자존감을 높였나. 작은 존중이 큰 변화를 만든다. 리더의 존중이 조직을 바꾼다.

심리적 안전감을 지키는 회의법

회의실이 전쟁터인 회사가 많다. 상사 눈치 보느라 할 말을 못한다. 실수하면 무능력자 된다. 반대 의견 냈다가 찍힌다. 이런 회의는 자존감을 파괴한다. 심리적으로 안전한 회의가 필요하다. 하버드대 경양대

학원의 종신교수인 에이미 에드먼드슨**Amy Edmondson** 교수가 심리적 안전
감을 연구했다. 업무와 관련해 어떤 의견을 제기해도 처벌받지 않을 거
라는 믿음이 심리적 안전감이다. 이런 안전감이 있어야 창의적 아이디
어가 나온다. 구글이 증명했다. 최고 성과 팀의 비결을 연구했다. 첫 번
째가 심리적 안전감이었다. 안전한 팀이 혁신한다. 실패를 두려워하지
않는다. 서로를 신뢰한다. 이런 팀이 성과를 낸다.

안전한 회의는 어떻게 만들까. 모든 구성원에게 발언 기회를 공평하
게 주고 비판보다 질문을 통해 이해하려 노력하는 것에서 시작된다. 익
명 의견 수렴과 실패 경험 공유도 효과적이다.

체크인**Check-in** 으로 회의를 시작한다. 기분이 어떤지 묻는다. 개인적
이야기를 나눈다. 사람으로 만난다. 업무 기계가 아니다. 이런 시작이
마음을 연다. 브레인스토밍**Brainstorming** 규칙을 지킨다. 비판 금지다. 양
을 추구한다. 엉뚱한 아이디어도 환영한다. 다른 사람 아이디어에 덧붙
인다. 이런 규칙이 창의성을 끌어낸다. 회의 진행자를 돌아가며 맡긴
다. 리더만 진행하지 않는다. 모두가 주인이 된다. 진행 경험을 쌓는다.
다양한 스타일을 경험한다. 이런 순환이 참여도를 높인다. '예스**yes**, 앤
드**and**' 기법을 쓴다. 먼저 긍정한다. 그리고 덧붙인다. 좋은 아이디어네
요. 그리고 이것도 추가하면 어떨까요?

침묵을 존중한다. 생각할 시간을 준다. 즉답을 요구하지 않는다. 조
용히 생각하는 사람도 있다. 침묵이 불편하지 않은 회의를 만든다. 회
의 후 팔로업을 한다. 결정사항을 명확히 한다. 실행을 점검한다. 피드
백을 받는다. 개선점을 찾는다. 이런 팔로업이 회의를 의미 있게 만든
다. 스탠드업 미팅**Stand-up Meeting** 도 좋다. 서서 한다. 짧게 한다. 핵심만
말한다. 매일 15분. 진행 상황을 공유한다. 어려운 점을 나눈다. 도움을

요청한다. 이런 미팅이 소통을 활발하게 한다. 회고 미팅을 정기적으로 한다. 프로젝트가 끝나면 돌아본다. 잘한 것을 먼저 찾는다. 개선할 점을 논의한다. 비난하지 않는다. 학습에 집중한다. 이런 회고가 성장을 만든다. 온라인 회의도 안전하게 한다. 카메라 켜기를 강요하지 않는다. 채팅으로도 참여할 수 있다. 녹화는 동의를 구한다. 기술 문제를 이해한다. 이런 배려가 참여를 높인다. 회의록을 투명하게 공유한다. 누가 뭐라고 했는지 기록한다. 결정 과정을 보여준다. 반대 의견도 기록한다. 이런 투명성이 신뢰를 만든다. 타임키퍼Timekeeper를 둔다. 시간을 지킨다. 한 사람이 독점하지 못하게 한다. 의제를 벗어나지 않게 한다. 효율적으로 진행한다. 이런 규칙이 모두를 보호한다. 핵심 가치를 회의에 적용한다. 존중, 신뢰, 협력. 이런 가치를 실천한다. 가치에 어긋나는 행동을 지적한다. 가치 기반 회의를 한다. 작은 그룹으로 나눠 논의한다. 전체 회의가 부담스러운 사람도 있다. 2-3명씩 논의한다. 그 후 전체 공유한다. 이런 방식이 참여를 늘린다. 회의 평가를 한다. 회의가 어땠는지 묻는다. 개선점을 제안받는다. 다음에 반영한다. 회의도 진화한다. 이런 개선이 회의 문화를 바꾼다. 갈등을 건강하게 다룬다. 의견 차이는 자연스럽다. 감정적으로 대응하지 않는다. 사실에 집중한다. win-win을 찾는다. 이런 갈등 관리가 성숙한 조직을 만든다.

심리적 안전감은 하루아침에 만들어지지 않는다. 꾸준한 노력이 필요하다. 작은 것부터 바꾼다. 안전한 회의가 안전한 조직을 만든다. 그 속에서 자존감이 자란다.

자존감을 키우는 사내 프로그램

일만 하는 회사는 재미없다. 숫자만 쫓는 조직은 삭막하다. 가끔은 축제가 필요하다. 함께 웃고 즐기는 시간. 이런 이벤트가 자존감을 키운다. 서로를 알아가고 인정하는 기회가 된다. 사내 이벤트가 단순한 복지나 여가 활동이라고 생각하면 오산이다. 조직심리학에서는 사내 이벤트를 '조직 의례 Organizational Rituals'라고 부른다. 의례는 구성원들의 정체성을 형성하고 소속감을 강화하는 핵심 메커니즘이다. 조직연구의 전문가인 테렌스 딜 Terrence Deal 과 경영컨설턴트 이자 작기인 앨런 케네디 Allan Kennedy 는 기업문화 연구에서 의례가 가진 상징적 힘을 강조했다. 의례는 조직의 가치를 구현하고 구성원 간 유대를 강화한다.[97]

자존감 관점에서 사내 이벤트는 더욱 중요하다. 애이브러햄 매슬로우 Abraham Harold Maslow 의 욕구 이론을 보면 소속 욕구와 존중 욕구가 자아실현으로 가는 핵심 단계다. 사내 이벤트는 이 두 욕구를 동시에 충족시킨다. 함께 참여하면서 소속감을 느낀다. 인정받고 칭찬받으면서 존중 욕구가 채워진다. 이런 경험이 축적되면 자존감이 높아진다.[98]

사회적 정체성 이론 Social Identity Theory 도 사내 이벤트의 중요성을 뒷받침한다. 사람은 자신이 속한 집단을 통해 정체성을 형성한다. 긍정적인 집단 경험은 개인의 자존감을 높인다. 우리 회사가 특별하다고 느낄 때, 그 구성원인 나도 특별해진다. 사내 이벤트는 이런 집단 자긍심을 만드는 장치다.[99]

긍정심리학의 관점도 주목할 만하다. 미국의 심리학자 마틴 셀리그만 Martin Seligman 은 행복의 조건으로 긍정 정서, 몰입, 관계, 의미, 성취를 제시했다. 잘 설계된 사내 이벤트는 이 다섯 요소를 모두 제공한다. 즐거움 **긍정 정서**, 활동 참여 **몰입**, 동료와 교류 **관계**, 가치 공유 **의미**, 목표 달성 **성취** 이 동시에 일어난다.[100] 자존감을 키우는 사내 이벤트는 크게 다섯 가지 영역으로 나눌 수 있다.

인정과 감사의 문화 만들기

칭찬 릴레이 효성그룹이 2014년부터 시작. 동료의 장점을 찾아 음성으로 전달. 릴레이로 이어가며 진심 전달

감사 나눔 평소 고마웠던 일을 공개적으로 표현. 감사 포스트잇, 감사 나무 만들기로 시각화

생일 파티 매달 생일자 축하. 케이크와 축하 메시지로 특별함 느끼게 하기

성과 공유회 팀별 성과 발표와 성공 사례 나눔. 서로 배우고 축하하는 시간

성장과 학습 지원

멘토링 프로그램 선후배 1:1 매칭. 경험 나눔과 진솔한 대화로 성장 돕기

지식 공유 세미나 직원이 강사가 되어 전문 지식과 경험 공유

재능 마켓 업무 외 재능 **요리, 그림, 음악, 운동** 나눔. 서로 가르치고 배우기

혁신 데이 일상 업무 중단하고 새로운 아이디어 집중. 프로토타입 제작과 발표

관계와 소통 강화

팀 빌딩 워크숍 협력 미션 수행으로 팀워크 강화. 성공의 기쁨 공유

점심·룰렛 무작위 점심 파트너 매칭. 다른 부서 사람과 새로운 만남

CEO와의 대화 격식 없는 만남. 편하게 질문하고 비전 공유 **취미 동호회** 등산, 독서, 요리, 사진 등 공통 관심사로 모임. 퇴근 후와 주말 활동

도전과 혁신 문화

실패 박람회 실패 경험과 배운 점 공유. 가장 창의적 실패상 시상

아이디어 공모전 직급 무관 전 직원 참여. 창의성 중심 평가

건강 챌린지 걷기 대회, 계단 오르기, 금연, 다이어트 등 함께 도전

일과 삶의 균형

문화의 날 월 1회 조기 퇴근. 영화, 전시회, 공연 관람 등 문화 공유

가족 초청 행사 직원 가족 회사 초대. 일터 소개와 가족의 이해 증진

자선 활동 봉사활동, 기부, 재능기부로 사회 기여. 일의 의미 되새기기

웰컴 키트 신입사원 환영 선물과 메시지. 첫날부터 특별함 느끼게 하기

사내 이벤트는 단순한 놀이가 아니다. 관계를 만드는 시간이다. 서로를 이해하는 기회다. 존중과 신뢰를 쌓는 과정이다.

MIT 슬론 경영대학원 석좌교수인자 조직행동학자 에드거 샤인**Edgar Schein**은 문화를 세 층위로 구분했다. 가시적 인공물, 표방된 가치, 기본 전제다. 사내 이벤트는 가시적 인공물이면서 동시에 조직의 가치를 구현하는 행동이다. 정기적인 이벤트는 '우리는 구성원을 소중히 여긴다'는 메시지를 전달한다. 이런 일관된 메시지가 구성원의 자존감을 높인다.[101] 사회적 지원 이론**Social Support Theory**에 따르면 정서적 지원, 도구적 지원, 정보적 지원, 평가적 지원이 개인의 심리적 안녕감을 높인다. 사내 이벤트는 이 네 가지 지원을 모두 제공한다. 함께 즐기며 정서적 지원을, 서로 돕는 활동으로 도구적 지원을, 경험 공유로 정보적 지원을, 칭찬과 인정으로 평가적 지원을 받는다.[102] 이런 이벤트가 자존감 높은 조직을 만든다.

Chapter. 4

지속 가능한 공동체 훈련 프로그램

실천형 프로그램 –30일 자존감 챌린지

30일 챌린지는 단순한 이벤트가 아니다. 조직 문화를 바꾸는 체계적인 실천 프로그램이다. 한 달이라는 기간은 새로운 습관을 형성하기에 충분한 시간이다. 심리학 연구에 따르면 21일에서 66일이면 행동이 습관으로 자리 잡는다. 자존감도 마찬가지다. 매일의 작은 실천이 모여 팀 전체의 자존감을 변화시킨다.

최근 갤럽의 연구에 따르면 직원 참여도가 2024년 기준 11년 만에 최저치를 기록했다. 이러한 상황에서 30일 챌린지 같은 체계적 프로그램이 해답이 될 수 있다. 참여형 활동은 직원들의 자발성을 이끌어내고 소속감을 강화한다. 무엇보다 짧은 기간 동안 집중적으로 진행되어 부담이 적다.

프로그램 설계 단계가 가장 중요하다. 명확한 목표 설정이 첫 번째다. 막연한 목표 대신 측정 가능한 지표를 정한다. 구체적인 행동 목표를 설정할수록 참여율이 높아진다.

심리학적 기반 설계가 성공의 열쇠다. 자기결정이론에 따르면 인간은 자율성, 유능감, 관계성의 욕구를 가진다. 30일 챌린지는 이 세 가지를 모두 충족시킨다. 참가자가 스스로 선택하여 참여하고**자율성**, 매일 작은 성취를 경험하며**유능감**, 팀원들과 함께 성장한다**관계성**. 이러한 심리적 욕구 충족이 지속적 참여의 동력이 된다.

주차별 프로그램 구성은 점진적으로 설계한다. 1주 차는 부담 없는 활동으로 시작하여 참여의 장벽을 낮추는 것이 핵심이다. 2주 차는 팀 미션을 추가한다. 예를 들어 월요일은 강점 찾기, 수요일은 감사 릴레이, 금요일은 주간 MVP 선정 등 요일별 테마를 정한다. 팀 미션은 개인 미션보다 강력한 효과를 낸다. 함께 참여하면서 연대감이 형성되며, 서로를 격려하고 지지하는 문화가 자연스럽게 만들어진다. 3주 차는 창의적 미션 단계다. 자존감 향상 플레이리스트 만들기, 팀원 강점 카드 제작하기, 긍정 메시지 보드 운영하기 등 재미있는 요소를 추가한다. 4주 차는 정착과 성찰 단계다. 한 달간의 변화를 측정하고 공유한다. 팀 분위기 점수, 협업 만족도, 개인 자존감 수준 등을 체크한다. 데이터로 변화를 확인하면 성취감이 커진다. 어떤 미션이 효과적이었는지, 무엇이 어려웠는지 토론한다.

운영 시스템 구축이 성공의 열쇠다. 챌린지 리더를 선정한다. 리더는 매일 미션을 공지하고 참여를 독려한다. 온라인 플랫폼을 활용해 미션 인증을 공유한다. 슬랙이나 카카오워크 같은 메신저에 전용 채널을 만든다. 해시태그로 기록을 남긴다. #30일챌린지 #오늘의미션 #자존감업 등을 활용한다.

과학적 측정 시스템을 도입한다. 단순히 느낌에 의존하지 않고 객관적 지표로 평가한다. Coopersmith 자존감 척도나 Rosenberg 자존감 척도를 활용한다. 프로그램 전후 비교를 통해 효과를 입증한다. 국내 메타분석 연구에 따르면 자존감 향상 프로그램의 평균 효과크기는 1.014로 매우 높다. 이는 실험집단이 통제집단보다 84 백분위점수만큼 향상됨을 의미한다.[103]

동기부여 시스템도 필요하다. 주간 MVP를 선정해 작은 선물을 준다. 팀 전체 달성률에 따른 보상을 준비한다. 80퍼센트 이상 참여 시 팀 회식, 90퍼센트 이상 시 반차 휴가 등 인센티브를 제공한다. 보상보다 중요한 건 인정이다. 참여 자체를 축하하고 격려한다.

실패 관리 전략이 있어야 한다. 완벽을 요구하지 않는다. 30일 중 20일만 참여해도 성공이다. 중간에 포기하더라도 다시 시작할 수 있다.

팀 다이나믹스 활용이 효과를 극대화한다. 소규모 그룹4~6명으로 나누어 운영하면 더 친밀한 관계가 형성된다. 각 그룹이 서로 경쟁하면서도 협력하는 구조를 만든다. 예를 들어 그룹별 평균 참여율로 경쟁하되, 전체 목표 달성 시 모두가 보상받는 방식이다. 이는 개인의 책임감과 집단의 연대감을 동시에 강화한다.

일상 업무와의 연계가 지속가능성을 높인다. 별도의 시간을 내지 않고도 참여할 수 있도록 설계한다. 회의 시작 전 2분 감사 나누기, 점심 시간 5분 칭찬 릴레이, 퇴근 전 1분 성찰 등 기존 일정에 자연스럽게 녹아든다.

변형 프로그램 운영으로 새로움을 유지한다. 30일 후에는 주 2~3회로 빈도를 줄인다. 월간 프로그램으로 전환하거나 분기별 챌린지로 운영한다. 중요한 건 멈추지 않는 것이다. 작은 불씨라도 계속 지피면 큰 불이 된다. 자존감도 꾸준한 실천이 만든다.

창작형 프로그램 –자존감 게임 만들기

보드게임과 카드게임은 재미와 학습을 동시에 제공하는 강력한 창작형 도구다. 자존감을 주제로 한 게임을 직접 만들면 더욱 의미가 깊다. 제작 과정 자체가 팀빌딩이 되고, 완성된 게임은 조직의 자산이 된다. 언제든 활용할 수 있는 자존감 향상 도구가 되는 것이다.동기 부여, 보상 시스템, 목표 설정 등 인간 행동을 이끄는 다양한 심리학적 원리를 활용하여 사용자의 참여와 몰입을 유도하는 게이미피케이션 Gamification 의 심리학적 원리를 이해하면 효과가 배가된다. 게임은 보상-강화-동기의 순환 구조를 가진다. 뇌에서 도파민이 분비되어 즐거움을 느끼고, 이것이 다시 참여 동기로 이어진다. 대만계 미국인이자 게임 산업 초기 개척자중 한 명인 주유카이 Yu-Kai Chou 의 연구에 따르면 게임 메커니즘을 업무에 적용하면 직원들이 즐겁게 원하는 행동을 하게 된다.[104] 자존감 게임도 같은 원리로 작동한다.

게임 기획 워크숍으로 시작한다. 팀 전체가 모여 브레인스토밍한다. 어떤 메시지를 담을지, 어떤 방식으로 진행할지 논의한다. 자존감의 어떤 측면에 초점을 맞출지 정한다. 자기 인정, 타인 존중, 실패 극복, 성취감 등 다양한 주제가 가능하다. 목표를 명확히 해야 방향성이 생긴다.

긍정심리학 기반 설계가 차별화 포인트다. 독일 연구진이 개발한 긍정심리학 보드게임은 캐릭터 강점, 심리자본, 마음챙김, 몰입 경험 등을 통합했다. 이를 플레이한 65명의 직장인들은 4주 후까지 팀 몰입도가 유의미하게 향상되었다. 우리도 이러한 과학적 접근을 적용할 수 있다. 게임 메커니즘에 자존감의 핵심 요소들을 녹여낸다.

카드게임 제작 프로세스는 단순하게 접근한다. 필요한 재료는 A4 용지, 색연필, 가위, 풀이면 충분하다. 카드 종류를 정하는 것이 첫 단계다. 질문 카드 30장, 미션 카드 20장, 보상 카드 10장으로 구성한다. 질문 카드에는 '최근 가장 자랑스러웠던 순간은?', '오늘 감사한 일 세 가지는?' 같은 내용을 담는다. 미션 카드는 행동을 유도한다. '옆사람의 장점 세 개 말하기', '자신의 강점 다섯 개 발표하기', '실패 경험을 성장 스토리로 바꾸기' 등이다. 보상 카드는 긍정적 강화를 제공한다. 칭찬 쿠폰, 커피 한 잔 받기, 15분 휴식 권리 등 실제적인 보상을 준다.

보드게임 제작 프로세스는 더 체계적이다. 게임 보드 디자인이 핵심이다. 자존감 여정을 시각화한다. 시작점에서 목표점까지 30개의 칸을 만든다. 각 칸마다 의미를 부여한다. 자신감 충전소, 격려의 다리, 성찰의 쉼터 등 이름을 붙인다.

행동경제학 원리 적용으로 몰입도를 높인다. 손실회피 편향을 활용해 자존감 포인트를 잃지 않으려는 동기를 자극한다. 사회적 증명 원리로 다른 플레이어의 선택이 나에게 영향을 미치도록 설계한다. 처음 제시된 조건에 얽매여 잘 벗어나지 못하는 앵커링anchoring 효과를 통해 초반의 긍정 경험이 전체 게임에 영향을 주도록 한다. 이러한 심리적 메커니즘이 게임을 더욱 흥미롭게 만든다. 게임 규칙은 단순명료해야 한다. 5분 안에 설명 가능한 수준으로 만든다. 주사위를 굴려 나온 숫자만큼 전진한다. 도착한 칸의 미션을 수행하면 자존감 포인트를 받는다. 포인트가 아니라 모두가 함께 도착하는 것을 목표로 할 수도 있다. 협력형 게임이 경쟁형보다 자존감 향상에 효과적이다.

디자인 작업 과정에 모두가 참여한다. 각자 좋아하는 색깔로 게임 말을 만들거나 자신을 표현하는 캐릭터를 그린다. 손글씨로 카드 내용을 적는다. 프로토타입 테스트를 반복한다. 실제로 플레이하면서 문제점을 찾는다. 규칙이 애매한가? 진행이 지루한가? 미션이 너무 어려운가? 피드백을 반영해 수정한다. 테스트를 통해 완성도를 높이는 장점도 있지만, 테스트 과정에서 팀원들이 더 가까워진다. 디지털 버전 제작도 고려한다. 구글 프레젠테이션으로 간단한 온라인 게임을 만들 수 있다. 미로보드나 잼보드 같은 협업 툴을 활용한다.

게임 메커니즘의 다양화가 지속적 흥미를 유지한다. 역할극 요소를 추가해 '하루 동안 리더로 근무하기' 같은 미션을 넣는다. 스토리텔링을 활용해 '우리 팀의 영웅 서사' 만들기를 하거나 퍼즐 요소로 '팀원들의 강점 조합으로 문제 해결하기'를 시도한다. 다양한 메커니즘이 플레이어의 다양한 동기를 자극한다.

활용 프로그램 운영이 중요하다. 완성된 게임을 다양하게 활용한다. 회식 때 아이스브레이킹으로, 워크숍 프로그램으로, 점심시간 휴식 활동으로 사용한다. 신입사원 온보딩에 특히 효과적이다. 게임을 통해 조직 문화를 자연스럽게 전달한다. 측정과 개선 시스템을 구축한다. 게임 후 참가자 피드백을 수집한다. 어떤 요소가 재미있었는지, 무엇이 자존감 향상에 도움이 되었는지 분석한다. 설문조사의 방법인 NPS **Net Promoter Score**를 활용해 추천 의향을 측정한다. F 씨의 팀은 게임 버전별로 효과를 비교 분석했다. 데이터 기반으로 지속적으로 개선했다. 지속적 업그레이드로 생명력을 유지한다. 분기별로 새 버전을 만든다. 시즌 특별판을 제작한다. "여름 휴가 에디션", "연말 결산 버전" 등 시의성을 반영한다. 다른 팀과 게임을 교환한다. 전사 차원의 게임 대회를 연다. 자존감 게임이 조직 문화의 일부가 되도록 한다.

성찰형 프로그램 –공동 저널링

공동 저널링은 개인의 성찰과 팀의 공유를 결합한 성찰형 프로그램이다. 혼자 쓰는 일기와 달리 함께 쓰고 나누는 과정에서 시너지가 생긴다. 자존감은 타인과의 관계 속에서 형성된다. 서로의 이야기를 듣고 공감하면서 자연스럽게 자존감이 회복된다. 저널링의 과학적 효과는 이미 입증되었다. 택사스 대학교 심리학과 제임스 W. 페니베이커James Pennebaker 교수의 연구에 따르면 표현적 글쓰기는 정신적, 신체적 건강을 개선한다. 면역 기능이 향상되고 스트레스가 감소한다. 특히 감사 저널링을 하는 사람들의 행복도가 25퍼센트 더 높다는 연구 결과도 있다. 공동 저널링은 이러한 개인적 효과에 사회적 지지를 더한다.[105]

프로그램 설계 원칙을 먼저 정한다. 강제가 아닌 자발적 참여를 원칙으로 한다. 평가나 판단 없이 수용한다. 비밀 보장과 신뢰를 약속한다. 이 세 가지 원칙이 안전한 공간을 만든다. 안전하다고 느낄 때 진솔한 이야기가 나온다. 심리적 안전감 구축이 전제조건이다. 하버드 비즈니스 스쿨의 리더십 교수인 에이미 에드먼슨Amy Edmondson 의 연구에 따르면 심리적 안전감이 높은 팀이 더 창의적이고 생산적이다.[106] 저널링 공간도 마찬가지다. 실수를 인정해도 괜찮고, 약점을 드러내도 안전하다는 확신이 필요하다. 이를 위해 리더가 먼저 취약성을 보여주는 것이 효과적이다. G씨의 CEO는 자신의 실패 경험을 첫 번째 저널로 공유했다. 이후 직원들의 참여가 폭발적으로 증가했다. 감사 저널 프로그램으로 시작한다. 가장 접근하기 쉬운 형태다. 매일 감사한 일 세 가지를 적는다. 긍정 심리학 연구에 따르면 감사 일기를 쓰는 사람의 행복도가 25퍼센트 더 높다고 한다.

팀 저널 운영 방식을 체계화한다. 실물 노트북과 온라인 문서를 병행한다. 순번을 정해 매일 한 명씩 작성한다. 업무 이야기, 개인 고민, 작은 성취, 실패 경험 등 주제는 자유다. 형식보다 진정성이 중요하다. 이때 내러티브 정체성 이론을 적용한다. 미국 심리학자이자 노스웨스턴 대학교 심리학과 댄 맥아담슨Dan McAdams 교수에 따르면 우리는 자신의 삶을 이야기로 구성하여 정체성을 형성한다. 저널링은 이 과정을 촉진한다. 특히 성장 이야기로 재구성할 때 자존감이 향상된다. 릴레이 저널 방식은 창의적이다. 한 사람이 첫 문장을 쓰고 다음 사람이 이어서 쓴다. 모두가 한 문장씩 추가한다. 완성된 글은 팀의 집단 창작물이 된다. 각자의 관점이 모여 하나의 이야기가 된다.

비주얼 저널 프로그램도 효과적이다. 글뿐만 아니라 그림, 사진, 스티커를 활용한다. 오늘의 기분을 색깔로 표현한다. 마인드맵으로 생각을 정리한다. 콜라주로 감정을 표현한다. 시각적 요소가 더해지면 표현이 풍부해진다. 피드백 저널 시스템을 함께 구축한다. 서로의 글에 댓글을 달되 긍정적 피드백만 허용한다. 부정적 피드백보다 긍정적 피드백이 5배 이상 많아야 한다. 이를 5:1 황금률이라 한다.

성찰적 실천 모델을 도입해 보자. 미국의 철학자이자 매사추세츠 공과대학교MIT 도시계획학 교수 도날드 쇤Donald Schön 의 이론에 따르면 전문가는 행동 중 성찰reflection-in-action 과 행동 후 성찰reflection-on-action 을 통해 성장한다. 저널링은 이 두 가지를 모두 가능하게 한다. I 씨의 팀은 프로젝트 진행 중 매일 '오늘의 통찰'을 기록했다. 프로젝트 종료 후 전체 저널을 리뷰하며 교훈을 도출했다.[107] 성찰 질문 프로그램을 활용해 보자. 매주 깊이 있는 질문 하나를 제시한다. 질문에 답하면서 자기 이해가 깊어진다. 질문은 거울이다. 내면을 비추는 도구가 된다.

공유 시간 운영이 핵심이다. 주 1회 30분씩 저널 공유 시간을 갖는다. 자발적으로 자신의 글을 읽는다. 듣는 사람은 판단하지 않고 공감한다. 공유를 통해 연결감이 생긴다. 디지털 플랫폼 활용으로 접근성을 높인다. 노션, 구글 문서, 슬랙 등에 저널 채널을 만든다. 언제 어디서나 작성 가능하다. 해시태그로 분류한다. #성장 #감사 #도전 #성찰 등을 활용한다. 검색이 쉬워지고 패턴을 발견할 수 있다. 이를 통해 데이터 분석과 인사이트 도출을 시도한다. 텍스트 마이닝으로 자주 등장하는 키워드를 분석한다. 감정 분석으로 팀의 정서 변화를 추적한다. 연간 회고 프로그램으로 마무리한다. 한 해의 저널을 다시 읽는다. 처음과 지금이 얼마나 달라졌는지 확인한다. 성장의 궤적이 보인다. 이것이 팀의 역사가 된다. 새로운 팀원이 들어오면 저널을 통해 팀 문화를 이해한다. 공동 저널은 팀의 정신적 자산이 된다.

시스템형 프로그램 –조직 내재화 전략

앞서 소개한 실천형, 창작형, 성찰형 프로그램들의 성공은 끝이 아니라 시작이다. 하버드 경영대학원의 교수이자 조직 변화 관리의 권위자 존 코터John Kotter 교수는 변화의 70퍼센트가 실패한다고 지적했다. 주요 원인은 문화적 정착 실패다. 단기 프로그램은 일시적 변화를 만들 뿐이다. 지속가능한 변화는 시스템과 문화에 내재화될 때 가능하다.[108] 자존감 프로그램도 마찬가지다. 조직의 DNA에 새겨져야 진짜 변화가 일어난다.

이때 프로그램 통합 관리 체계를 구축해 본다. 개별 프로그램들이 산발적으로 운영되면 효과가 제한적이다. 30일 챌린지를 마친 팀은 게임 만들기로 연결한다. 게임으로 친해진 팀은 공동 저널링으로 깊이를 더한다. 각 프로그램이 유기적으로 연결되도록 로드맵을 설계한다.

변화 준비도 평가가 첫 단계다. 미국 앨라배마주 오번대학교의 조직 변화organizational change 분야의 저명한 연구자인 아킬레스 A. 아르메나키스Achilles A. Armenakis와 스탠리 G. 해리스Stanley G. Harris의 연구에 따르면 조직 변화 준비되는 5가지 신념으로 구성된다. 변화의 필요성, 변화 능력에 대한 확신, 리더십 지원, 개인적 이익, 적절성이다.[109] 자존감 프로그램 도입 전 이 5가지를 점검한다. 준비도가 낮은 영역을 먼저 보강한다. K씨의 회사는 전직원 대상 준비도 평가를 실시했다. 결과를 바탕으로 맞춤형 도입 전략을 수립했다.

앵커링 전략으로 일상에 고정시킨다. 프로그램 내용을 작은 루틴으로 만든다. 작은 실천이라도 꾸준히 반복하면 습관이 된다. 가시화 시스템 구축이 필요하다. K 씨의 팀은 자존감 대시보드를 만들었다. 사무실 입구에 큰 보드를 설치했다. 매일 팀 전체의 자존감 지수를 표시했다. 1-10점 척도로 각자 상태를 체크했다. 한눈에 팀의 컨디션이 보였다. 낮은 점수의 팀원에게 자연스럽게 관심이 갔다.

챔피언 시스템 운영으로 동력을 유지한다. 예르 들어 각 팀마다 자존감 챔피언을 선정한다. 챔피언은 프로그램을 코디네이트하며, 실천을 독려하고 지원한다. 매월 순환 보직으로 운영한다. 모두가 한 번씩 챔피언을 경험함으로써 책임감과 주인의식이 생긴다.

조직 문화 진단과 개입이 핵심이다. 미국 미시컨 대학교 교수들인 킴 카멜론Kim S Cameron 과 로버트 퀸Robert E Quinn 의 경쟁가치모형Competing Values Framework, CVF 속하는지 파악한다.[110] 자존감 프로그램은 관계 문화와 가장 잘 맞는다. 하지만 다른 문화 유형에도 맞춤형으로 적용 가능하다.

부스터 프로그램 정례회가 효과적이다. 분기별로 2~3시간의 미니 워크숍을 진행한다. 핵심 내용을 복습한다. 새로운 기법을 추가한다. 실천 사례를 공유한다.

전파자 양성 프로그램으로 확산시킨다. 프로그램 참가자가 전파자가 된다. 다른 팀에 내용을 전달한다. 직접 경험한 사람의 이야기가 가장 설득력 있다. 사내 강사로 활동하면서 자부심도 높아진다. 'Teaching is Learning' 효과로 본인도 더 깊이 이해한다.

제도화 전략으로 시스템에 녹인다. 자존감 요소를 기존 제도에 통합한다. 예를 들어 평가 항목에 '동료 지원', '실패 공유' 지표를 추가한다. 회의 시작 전 잠깐 'Good & New' 시간을 가지거나 신입사원 교육에 자존감 세션을 넣어 보자. 작은 변화가 축적되면 문화가 바뀐다. 실패 문화 정착이 핵심이다. 실패를 두려워하지 않는 문화가 자리 잡아야 자존감도 자연스럽게 향상된다.

측정과 피드백 시스템을 운영한다. 매월 자존감 수준을 측정한다. 설문조사, 인터뷰, 관찰 등을 활용한다. 데이터를 기반으로 개선점을 찾는다. 효과 있는 활동은 강화한다. 없는 활동은 수정한다. PDCA Plan-Do-Check-Act 사이클을 돌린다. ROI 측정과 보고로 지속성을 확보한다. 자존감 프로그램의 투자 대비 수익을 계산한다. 이직률 감소, 생산성 향상, 병가 감소 등을 금액으로 환산한다. Gallup 연구에 따르면 참여도가 높은 팀은 수익성이 23퍼센트 높다.[111] 이러한 데이터로 경영진을 설득한다. N 씨의 회사는 자존감 프로그램 도입 후 이직률이 30퍼센트 감소했다. 채용 비용 절감액만 연 5억 원이었다.

리더십 관여 전략이 필수다. CEO나 임원이 직접 참여한다. 정기적으로 진행 상황을 묻는다. 성과를 인정하고 축하한다. 자존감 향상이 실제 성과로 이어지고 있다는 메시지를 전달한다. 리더의 관심이 여러 번의 교육보다 효과적이다. **외부 협력 네트워크**를 구축한다. 전문가와 정기 코칭을 받는다. 다른 기업과 사례를 공유한다. 벤치마킹을 통해 배운다. 실패 사례에서도 교훈을 얻는다. 혼자가 아니라 함께 성장한다. **디지털 트랜스포메이션과 연계**한다. HR 테크를 활용해 자존감 프로그램을 디지털화한다. 모바일 앱으로 언제 어디서나 참여 가능하게 한다. AI 챗봇으로 개인 맞춤형 코칭을 제공한다. 빅데이터 분석으로 패턴을 발견한다.

장기 로드맵 수립으로 방향성을 유지한다. 장기 계획을 세운다. 분기별 목표를 정한다. 월별 실행 계획을 만든다. 최소 6개월에서 1년은 꾸준히 진행한다. 중간에 정체기가 와도 포기하지 않는다. 작은 성공이라도 축하한다. 어느 순간 티핑 포인트를 넘는다. 자존감이 조직 문화의 DNA가 되는 순간이다. 지속 가능한 프로그램의 핵심은 시스템이다. 개인의 의지가 아닌 조직의 시스템으로 작동해야 한다. 실천형, 창작형, 성찰형 프로그램은 씨앗을 뿌리는 것이다. 물을 주고 가꾸는 일상의 시스템이 있어야 열매를 맺는다. 자존감도 마찬가지다. 한 번의 이벤트가 아니라 지속적인 시스템이 진짜 변화를 만든다.

AI 시대, 인간다움으로 자존감을 지키는 법

Part 7

Chapter. 1

인간만의 감각과 감정

기계는 감지하지 못하는 '미묘한 감정'

당신이 친구와 대화하는 중 갑자기 목소리가 살짝 떨린다. 눈가에 미세한 경련이 일어나고, 입꼬리가 0.1초 동안만 아래로 처진다. 친구는 즉시 알아차린다. 당신이 뭔가 속상한 일이 있다는 것을. 이것이 바로 인간만이 가진 미묘한 감정 읽기 능력이다.

최신 연구들은 AI가 감정 인식에서 한계를 보인다는 것을 명확히 보여준다. MIT 미디어랩에서 개발한 감정 인식 AI는 기본 감정 7가지를 구분할 수 있다고 주장한다. 하지만 인간의 감정은 그렇게 단순하지 않다. 우리는 '씁쓸한 기쁨', '자랑스러운 슬픔', '달콤한 분노' 같은 복합 감정을 느낀다. 기계는 이런 미묘한 감정의 층위를 포착하지 못한다.[112] 미국의 심리학자이자 캘리포니아 대학교 샌프란시스코 캠퍼스 명예교수이며, 미세표정 연구의 권위자 폴 에크만 **Paul Ekman**은 인간이 1초의 25분의 1 동안 나타나는 미세표정만 감지할 수 있다고 밝혔다.[113] 이는

의식적으로 통제하기 어려운 진짜 감정의 표현이다. AI는 이런 미세표
정을 데이터로 분석할 수는 있지만, 그것이 담고 있는 맥락과 의미를 제
대로 해석하지 못한다. 왜일까? 기계에게는 그 표정이 나오게 된 삶의
역사가 없기 때문이다.

감정의 문화적 맥락도 중요하다. 한국에서 웃음은 때로 당황함이나
불편함의 표현이 된다. 일본에서는 침묵이 존중의 표시가 될 수 있다.
미국에서 직접적인 눈맞춤은 자신감의 표현이지만, 어떤 문화권에서는
무례함으로 받아들여진다. AI는 이런 문화적 뉘앙스를 학습할 수는 있
지만, 그것을 진정으로 이해하지는 못한다. 더욱 흥미로운 것은 인간의
감정 인식이 단순히 얼굴이나 목소리만으로 이루어지지 않는다는 점이
다. 우리는 상대방의 몸짓, 호흡 패턴, 심지어 체온 변화까지도 무의식
적으로 감지한다. 어머니는 아기의 울음소리만으로도 배고픔인지, 졸
림인지, 불편함인지 구분한다. 연인은 상대방의 한숨 하나로도 그 날의
기분을 알아차린다. 이는 단순한 패턴 인식이 아니다. 관계 속에서 축
적된 경험과 공감의 결과다.

신경과학자들의 연구에 따르면, 인간의 감정 인식은 거울 뉴런 시스
템과 깊은 관련이 있다. 우리가 다른 사람의 감정을 볼 때, 우리 뇌에서
도 비슷한 감정 회로가 활성화된다. 이것은 단순한 관찰이 아니라 '함께
느끼기'다. AI는 감정을 분석할 수는 있지만, 함께 느끼지는 못한다.[114]

예를 들어보자. 오랜만에 만난 친구가 당신에게 "잘 지내."라고 말한
다. AI는 그 말의 톤과 표정을 분석해 '평온함'으로 분류할지 모른다. 하
지만 당신은 그의 목소리에 숨겨진 피로감, 눈빛에 담긴 외로움, 억지로
올린 입꼬리 뒤의 슬픔을 읽어낸다. 이것이 바로 기계가 결코 따라올 수
없는 인간의 감정 읽기 능력이다. 미묘한 감정은 때로 모순적이기도 하

다. 우리는 동시에 여러 감정을 느낄 수 있다. 졸업식에서 느끼는 기쁨과 아쉬움, 이별 앞에서의 슬픔과 안도감, 성공 뒤의 허탈함과 자부심. 이런 복잡한 감정의 교차점에서 인간다움이 드러난다. AI는 이런 모순을 오류로 처리하거나 평균값으로 단순화할 뿐이다.

또한 인간의 감정 인식은 예측적이다. 우리는 상황과 맥락을 통해 아직 표현되지 않은 감정까지도 예상한다. 시험 결과를 기다리는 학생의 불안, 첫 출근을 앞둔 신입사원의 설렘과 긴장, 병원 대기실에 앉은 환자 가족의 초조함. 바로 공감 능력과 경험이 만들어내는 것이다. AI는 데이터에 나타난 것만 분석할 뿐, 아직 드러나지 않은 감정을 예측하는 데는 한계가 있다. 결국 미묘한 감정을 읽는다는 것은 단순히 신호를 해석하는 것이 아니다. 그것은 한 인간이 다른 인간의 내면 세계로 들어가는 것이다. 그 과정에서 우리는 자신의 경험과 감정을 동원한다. 이것이 바로 공감이고, 기계가 가질 수 없는 인간만의 능력이다.[115]

위로와 공감은 인간의 전매특허

깊은 밤, 당신이 힘든 하루를 보내고 지쳐있을 때를 상상해 보자. AI 챗봇이 [힘내세요, 내일은 더 나은 날이 될 거예요.]라고 답한다. 문법적으로 완벽하고 상황에도 적절한 말이다. 하지만 왜 마음에 와 닿지 않을까? 같은 말을 친구가 당신의 어깨를 토닥이며 건넨다면 어떨까? 그 차이가 바로 진짜 공감과 시뮬레이션된 공감의 차이다. 스탠포드 대학의 최근 연구는 충격적인 결과를 보여준다. AI가 생성한 위로의 말이 예측 불가능성 측면에서는 인간보다 높은 점수를 받았다. 하지만 정서적 연결감과 실제 위안 효과는 현저히 떨어졌다.[116] 이유는 무엇일까?

공감은 단순히 적절한 말을 선택하는 것이 아니기 때문이다.

진정한 공감에는 세 가지 요소가 필요하다. 첫째, 정서적 공감. 상대방의 감정을 함께 느끼는 것이다. 둘째, 인지적 공감. 상대방의 관점에서 상황을 이해하는 것이다. 셋째, 공감적 관심. 상대방을 진심으로 걱정하고 돕고 싶어하는 마음이다. AI는 인지적 공감을 흉내낼 수는 있지만, 정서적 공감과 공감적 관심은 가질 수 없다.

공감의 신경과학적 기반을 보면 더 명확해진다. 우리가 다른 사람의 고통을 목격할 때, 우리 뇌의 통증 중추도 활성화된다. 이것은 문자 그대로 '함께 아파하기'다. 우리는 상대방의 기쁨을 볼 때 도파민이 분비되고, 슬픔을 볼 때 우리도 슬퍼진다. 이런 생물학적 공명이 없는 AI의 공감은 껍데기에 불과하다.[117]

위로의 힘은 종종 말이 아닌 침묵에서 나온다. 친구가 당신 옆에 조용히 앉아있는 것만으로도 위안이 된다. 따뜻한 포옹, 손 한 번 잡아주는 것, 같이 울어주는 것. 이런 비언어적 위로는 AI가 결코 제공할 수 없는 것들이다. 물리적 존재감, 체온, 호흡, 이 모든 것이 위로의 일부가 된다. 더 나아가, 인간의 위로는 취약성을 공유하는 데서 나온다. "나도 그런 적 있어.", "나도 두려워." 이런 솔직한 고백이 때로는 가장 큰 위로가 된다. AI는 취약성을 가질 수 없다. 실패한 경험, 상처받은 기억, 극복의 이야기를 가질 수 없다. 그래서 AI의 위로는 항상 위에서 아래로 향하는 조언처럼 느껴진다. 공감은 또한 시간과 관계 속에서 깊어진다. 오랜 친구는 당신이 말하지 않아도 안다. 부모는 자녀의 작은 변화도 놓치지 않는다. 이런 축적된 이해는 데이터베이스가 아니라 사랑에서 나온다. AI는 당신의 모든 대화를 기록할 수 있지만, 당신을 사랑할 수는 없다.

실제로 의료 현장에서도 이런 차이는 명확하다. AI 진단 시스템은 질병을 정확히 찾아낼 수 있다. 하지만 환자가 진단을 받아들이고 치료에 임하도록 동기부여하는 것은 의사의 공감 능력이다. 환자들은 의사가 자신의 고통을 이해한다고 느낄 때 더 솔직하게 증상을 털어놓고, 치료에 적극적으로 참여한다. 때로 공감은 말도 안 되는 행동으로 나타난다. 친구의 실연을 위로하기 위해 같이 욕을 해주기, 실패한 시험 앞에서 같이 아이스크림을 먹기, 이유 없이 같이 드라이브 가기. 이런 비논리적이고 비효율적인 행동들이 오히려 가장 효과적인 위로가 된다. AI는 이런 비논리성을 이해할 수 없다. 진정한 공감은 판단하지 않는다. 그저 함께 있어준다. 실질적인 해결방법이나 정답을 제시하지 않아도 된다. AI는 항상 문제를 해결하려 한다. 최적의 답을 찾으려 한다. 하지만 때로 우리에게 필요한 것은 답이 아니라 함께 있어줄 누군가다.

기계는 흉내 못 내는 진짜 웃음과 눈물

뒤센 미소를 아는가? 진짜 기쁠 때만 나오는 웃음이다. 입꼬리만 올라가는 것이 아니라 눈가에 잔주름이 생기고, 광대뼈가 올라가며, 눈빛이 반짝인다. 19세기 신경학자 19세기 프랑스 신경학자인 기욤 뒤센 Guillaume Duchenne 이 발견한 이 현상은 의식적으로 만들기 어렵다. 진짜 감정이 동반될 때만 나타나기 때문이다.[118] 테슬라가 개발한 옵티머스 로봇은 사람처럼 웃을 수 있다. 입꼬리를 올리고, 심지어 눈가 주름까지 만들어낸다. 기술적으로는 완벽한 뒤센 미소다. 하지만 사람들은 즉시 알아챈다. 뭔가 어색하고 섬뜩하다고. 왜일까? 웃음은 단순한 근육 운동이 아니기 때문이다.

진짜 웃음은 1600만 년의 진화 역사를 가지고 있다. 영장류 연구자들은 침팬지도 웃는다는 것을 발견했다. 놀이를 할 때, 간지럼을 탈 때, 그들도 웃음소리를 낸다. 웃음은 사회적 유대를 만드는 진화적 도구다. 함께 웃을 때 우리 뇌에서는 엔돌핀이 분비되고, 옥시토신이 증가한다. 이것은 생존을 위한 집단 결속의 메커니즘이다.[119]

인간의 웃음은 놀라울 정도로 전염성이 있다. 누군가 크게 웃으면 우리도 모르게 따라 웃게 된다. 이것은 거울 뉴런의 작용이다. 하지만 AI의 웃음은 전염되지 않는다. 우리 뇌는 그것이 진짜가 아님을 본능적으로 안다. 시각적으로는 속일 수 있을지 몰라도, 우리의 무의식은 속지 않는다. 웃음의 종류도 다양하다. 기쁨의 웃음, 쓴웃음, 헛웃음, 비웃음, 폭소, 미소, 너털웃음. 각각의 웃음에는 다른 감정과 의미가 담겨있다. 한국인들은 특히 곤란할 때도 웃는다. 일본인들은 예의상 웃기도 한다. 이런 문화적 맥락을 AI가 구분할 수 있을까? 데이터로는 분류할 수 있을지 몰라도, 그 미묘한 차이를 진정으로 이해하지는 못한다.

눈물은 더욱 복잡하다. 인간은 지구상에서 유일하게 감정적 이유로 우는 동물이다. 기쁨의 눈물, 슬픔의 눈물, 감동의 눈물, 분노의 눈물. 똑같은 H2O와 염분이지만, 각각의 눈물은 다른 의미를 갖는다. 눈물에는 스토리가 있다. 올림픽에서 금메달을 딴 선수의 눈물, 오랜만에 가족을 만난 이의 눈물, 사랑하는 사람을 떠나보내는 눈물. 각각의 눈물 뒤에는 개인의 역사, 노력, 사랑, 상실이 있다. AI는 물방울을 만들어 낼 수는 있겠지만, 그것은 그저 기계적 분비일 뿐이다.[120]

더 흥미로운 것은 억제된 웃음과 눈물이다. 참으려 해도 터져 나오는 웃음, 꾹 참았다가 쏟아지는 눈물. 이런 감정의 억제와 폭발은 인간 감정의 진정성을 보여준다. 우리는 통제하려 하지만 통제할 수 없는 것들이 있나. 이것이 바로 인간다움이다. AI는 프로그램된 대로만 표현할 뿐, 참거나 터뜨리는 그 긴장감을 가질 수 없다.

웃음과 눈물의 타이밍도 중요하다. 적절한 순간의 웃음은 긴장을 풀어주고, 때맞춘 눈물은 카타르시스를 준다. 하지만 타이밍이 어긋난 웃음과 눈물은 어색하고 불편하다. 인간은 이 타이밍을 본능적으로 안다. 수천 년의 사회적 진화가 만들어낸 감각이다. AI는 통계적으로 적절한 타이밍을 계산할 수는 있지만, 그 순간의 공기를 읽는 것은 다른 차원의 문제다. 코미디언들은 말한다. 웃음의 핵심은 타이밍과 진정성이라고. 똑같은 농담도 누가, 언제, 어떻게 하느냐에 따라 웃음이 되기도 하고 침묵이 되기도 한다. AI가 아무리 유머 데이터베이스를 학습해도, 그 순간의 분위기를 타는 감각은 가질 수 없다. 왜냐하면 유머는 규칙을 깨는 데서 나오는데, AI는 규칙 안에서만 작동하기 때문이다.

진짜 웃음과 눈물은 예측할 수 없다. 갑자기 떠오른 추억에 웃음이 나기도 하고, 문득 스친 생각에 눈물이 나기도 한다. 이런 자발성 spontaneity이 감정의 본질이다. AI의 웃음과 눈물은 항상 이유가 있고, 논리가 있고, 패턴이 있다. 하지만 인간의 감정은 때로 이유를 모른다. 그저 웃음이 나고, 그저 눈물이 난다.

결혼식에서 울고, 장례식에서 웃는 경우도 있다. 이런 역설적 감정 표현은 인간만의 특징이다. 행복해서 우는 눈물, 너무 슬퍼서 나오는 웃음. 이런 복잡한 감정의 표현을 AI가 이해할 수 있을까? 단순히 부적절한 반응으로 분류할 뿐이다. 하지만 인간은 안다. 때로는 그런 역설적 표현이 가장 진실한 감정이라는 것을.

감정이 약점이 아닌 힘이 되는 순간

서던캘리포니아 대학교의 신경과학 석좌교수이자 심리학, 철학, 신경학 교수인 안토니오 다마지오 **Antonio Damasio**의 연구는 충격적이다. 전두엽 손상으로 감정을 느끼지 못하게 된 환자들은 논리적 사고는 완벽했지만, 일상적인 결정을 내리지 못했다. 점심 메뉴를 고르는 것조차 끝없이 분석만 할 뿐 결정하지 못했다. 감정이 없으면 우리는 마비된다. 감정이 바로 행동의 원동력이기 때문이다.[12] 감정은 우리를 더 빠르고 정확하게 만든다. 위험을 감지하는 두려움, 부당함에 맞서는 분노, 소중한 것을 지키려는 사랑. 이런 감정들은 수천 년 진화의 산물이다. 복잡한 계산 없이도 즉각적으로 옳은 선택을 하게 만든다. AI는 수백만 개의 데이터를 분석해야 하는 일을 인간은 느낌으로 해낸다.

예를 들어보자. 어떤 엄마가 놀이터에서 아이를 지켜본다. 갑자기 불안한 느낌이 든다. 논리적 이유는 없다. 하지만 그녀는 아이를 부른다. 나중에 알고 보니 놀이기구에 문제가 있었다. 이것을 직관이라 부르지만, 사실은 수많은 미세한 신호를 무의식적으로 처리한 감정의 결과다.

감정은 또한 창의성의 원천이다. 고흐의 광기 어린 열정이 없었다면 '별이 빛나는 밤'이 있었을까? 베토벤의 고통이 없었다면 '운명 교향곡'이 나왔을까? 예술, 문학, 음악, 모든 창조적 행위는 감정에서 출발한다. AI는 기존 작품을 조합할 수는 있지만, 영혼을 울리는 새로운 것을 만들어내지는 못한다. 창조는 논리가 아니라 열정에서 나오기 때문이다. 감정은 우리를 연결시킨다. 팀이 승리했을 때의 기쁨, 국가적 재난 앞에서의 슬픔, 불의에 대한 공분. 이런 집단 감정은 사회를 움직이는 힘이 된다. 역사의 모든 혁명, 모든 변화는 감정에서 시작됐다. 더 나아가, 감정은 도덕성의 기반이다. 우리가 약자를 돕는 것은 논리적 계산 때문이 아니다. 연민 때문이다. 우리가 거짓말을 하지 않는 것은 규칙 때문만이 아니다. 죄책감 때문이다. 감정이 없는 AI의 윤리는 차갑고 기계적이다. 트롤리 딜레마 앞에서 AI는 숫자를 계산하지만, 인간은 고민한다. 그 고민이, 그 갈등이 바로 인간다움이다.

감정적 지능은 AI가 따라올 수 없는 영역이다. 리더십, 협상, 설득, 이 모든 것은 감정을 다루는 기술이다. 위대한 리더는 사람들의 마음을 움직인다. 단순히 논리로 설득하는 것이 아니라, 비전을 제시하고 열정을 전염시킨다. AI CEO를 상상할 수 있는가? 기술적으로는 가능할지 몰라도, 사람들의 마음을 얻을 수는 없을 것이다.

실패와 좌절 앞에서도 감정은 힘이 된다. 슬픔을 충분히 느끼고 나면 치유가 시작된다. 분노를 표현하고 나면 해결책이 보인다. 감정을 억압하면 병이 되지만, 건강하게 표현하면 성장의 동력이 된다. AI는 실패해도 아프지 않다. 그래서 진정으로 배우지도 못한다. 고통이 없는 학습은 피상적이다. 사랑이라는 감정을 생각해 보자. 비논리적이고, 비효율적이고, 때로는 파괴적이기까지 하다. 하지만 사랑이 없다면 인류는 존속할 수 없다. 부모의 사랑이 아이를 지키고, 연인의 사랑이 가족을 만들고, 이웃 사랑이 공동체를 유지한다. AI는 사랑을 시뮬레이션할 수는 있어도, 누군가를 위해 자신을 희생할 수는 없다. 사랑은 계산이 아니라 감정이기 때문이다.

감정은 삶의 의미를 만든다. 무엇이 중요한지, 무엇이 가치 있는지를 알려준다. 성공의 기쁨, 이별의 슬픔, 새로운 시작의 설렘. 이런 감정들이 없다면 삶은 그저 데이터의 나열일 뿐이다. AI는 모든 것을 알 수 있지만, 아무것도 느끼지 못한다. 그래서 AI는 살아있지 않다.

Chapter. 2

상상력과 창의성의 힘

답 없는 문제를 풀어내는 두뇌의 힘

인간의 두뇌는 신비롭다. 정답이 없는 문제 앞에서도 포기하지 않는다. AI는 데이터베이스에서 답을 찾지만, 인간은 없던 길을 만들어낸다. 당신이 지금 이 순간에도 풀어내고 있는 수많은 답 없는 문제들을 생각해보라. 오늘 점심 메뉴부터 인생의 방향까지, 우리는 매 순간 정답 없는 선택을 한다. 복잡한 문제일수록 인간의 창의성은 더 빛난다. 코로나19 팬데믹이 닥쳤을 때를 기억하는가. 전 세계는 한 번도 경험해보지 못한 상황에 직면했다. 매뉴얼도 없었다. 선례도 없었다. 하지만 인간은 해법을 찾아냈다. 원격 근무 시스템을 만들고, 온라인 교육 플랫폼을 개발하고, 새로운 방식의 소통 문화를 창조했다. AI라면 과거 데이터를 분석해 예측했겠지만, 전례 없는 상황에서는 무력했을 것이다. 인간의 뇌는 모순된 정보들 사이에서도 균형을 찾는다. 논리와 감정, 이성과 직관을 동시에 활용한다. 가령 스타트업 창업자는 시장 데이터를 분석하면서도 직감을 믿는다. 통계는 실패를 예고하지만, 내면의 확신은 도전을 부추긴다. 이런 모순된 신호들 속에서 인간은 제3의 길을 찾아낸다. AI는 논리적 모순 앞에서 멈추지만, 인간은 모순을 품고 나아간다.

창의적 문제 해결은 맥락을 읽는 능력에서 시작된다. 같은 문제라도 상황에 따라 다른 해법이 필요하다. A 씨는 최근 회사에서 팀원들과 갈등을 겪고 있었다. 그러자 상사는 강하게 밀어붙여야 한다는 조언을 남겼다. 하지만 A 씨는 팀원들의 표정과 분위기를 읽었다. 모두 지친 상태였다. 오히려 한 발 물러서 경청하기로 했다. 결과는 성공적이었다. 팀원들은 마음을 열었고 갈등은 자연스럽게 해결됐다. AI는 일반적인 해법을 제시하겠지만, 상황의 미묘한 뉘앙스는 읽어내지 못한다. 혼자보다 함께할 때 창의성은 폭발한다. 집단 지성이 개인의 한계를 넘어선다. 위키피디아를 보라. 수백만 명이 함께 만든 백과사전이다. 전문가 한 명이 쓴 것보다 정확하고 방대하다. 오픈소스 운동도 마찬가지다. 리눅스는 전 세계 개발자들이 함께 만들었다. 마이크로소프트도 이기지 못했다. 협업의 창의성이 거대 기업을 넘어선 것이다.

팀 창의성을 높이려면 심리적 안전감이 필요하다. 구글의 아리스토텔레스 프로젝트가 밝혀냈다. 성과가 좋은 팀의 비결은 천재가 아니었다. 실수해도 비난받지 않는 분위기였다. 엉뚱한 아이디어도 환영받는 문화였다. 픽사도 '브레인트러스트'라는 시스템을 운영한다. 감독들이 서로의 작품을 가감 없이 비평한다. 상처받지 않고 성장하는 비결이다. 창의성은 안전한 공간에서 꽃핀다.

한국 기업들도 협업 창의성을 실험하고 있다. 삼성전자의 C-Lab은 직원들의 창의적 아이디어를 사업화한다. 실패해도 책임 묻지 않는다. LG의 'Fun & Easy' 문화는 재미있게 일하며 혁신을 추구한다. 카카오의 '크루 제도'는 자율적인 팀 구성을 장려한다. 프로젝트별로 최적의 팀을 만든다. 네이버의 '셀 조직'은 작은 단위의 자율 경영을 실현한다. 이런 시스템들이 한국형 집단 창의성을 만들어낸다.

창의적 문제 해결을 위한 구체적 방법도 있다. '육색사고모자' 기법을 활용해보라. 흰색 사실, 빨강 감정, 검정 비판, 노랑 긍정, 초록 창의, 파랑 통제. 각 색깔의 모자를 쓰고 다른 관점에서 생각한다. 주어진 문제나 과제를 해결하고 아이디어를 발전시키기 위해 다양한 시각에서 접근하도록 도와주는 체크리스트인 '스캠퍼 SCAMPER' 기법도 유용하다. 대체, 결합, 적용, 수정, 다른 용도, 제거, 재배열. 이 7가지 질문으로 아이디어를 발전시킨다. '브레인스토밍'할 때는 비판을 금지하라. 양을 추구하라. 엉뚱한 아이디어를 환영하라. 남의 아이디어에 더하라. 이런 원칙들이 창의성을 극대화한다.

개인도 창의적 문제 해결 능력을 기를 수 있다. 매일 '만약에' 질문을 던져라. "만약 중력이 없다면?", "만약 돈이 사라진다면?" 이런 상상이 뇌를 유연하게 만든다. 서로 다른 분야를 연결해보라. 음악과 수학, 요리와 화학, 운동과 철학. 경계를 넘는 사고가 창의성을 키운다. 일기를 쓸 때 문제와 해결책을 기록하라. 패턴을 발견할 수 있다. 당신만의 문제 해결 스타일이 보인다.

뇌과학 연구에 따르면, 인간의 뇌는 불확실한 상황에서 더 활발히 작동한다. 전두엽과 측두엽이 동시에 활성화되면서 새로운 연결을 만들어낸다. 답이 정해진 문제보다 열린 문제를 풀 때 창의성 영역이 더 활발해진다. 더욱이 여러 뇌가 연결될 때 창의성은 기하급수적으로 증가한다.[122] 불확실성과 다양성이 만나 혁신이 태어난다. AI 시대, 답 없는 문제를 푸는 능력이 당신의 자존감을 지켜준다.

우연에서 나오는 창조적 아이디어

세상을 바꾼 발견들을 보라. 대부분 우연에서 시작됐다. 페니실린, 엑스레이, 전자레인지, 포스트잇. 모두 예상치 못한 순간에 탄생했다. 계획된 연구에서 나온 게 아니다. 실수와 우연이 만나 기적을 만들었다. AI는 목표를 향해 직진하지만, 인간은 옆길에서 보물을 발견한다.

우연한 발견의 능력*serendipity*은 인간만이 가진 재능이다. 플레밍은 세균 배양 접시를 깜빡 잊고 휴가를 떠났다. 돌아와 보니 곰팡이가 자라 있었다. 대부분은 실패한 실험으로 치부했을 것이다. 하지만 플레밍은 이상한 점을 발견했다. 곰팡이 주변의 세균이 죽어 있었다. 이 우연한 관찰이 항생제 시대를 열었다. 수백만 명의 생명을 구한 페니실린의 시작이었다.[123] 실패가 창조의 씨앗이 되기도 한다. 3M의 연구원은 강력 접착제를 개발하려 했다. 결과는 실패였다. 만들어진 접착제는 너무 약했다. 붙였다 떼었다를 반복할 수 있었다. 쓸모없어 보였다. 하지만 동료 연구원이 교회 성가대에서 악보에 붙일 책갈피가 필요했다. 떨어지지 않으면서도 쉽게 뗄 수 있는 메모지. 포스트잇이 탄생한 순간이었다. 에디슨도 "나는 실패한 게 아니라 작동하지 않는 방법 1만 가지를 발견한 것"이라고 말했다. 실패를 창의적으로 재해석하는 능력이 인간의 특권이다.

우연은 준비된 마음에게만 찾아온다. 독일의 물리학자 빌헬름 콘라트 뢴트겐*Wilhelm Conrad Röntgen*은 음극선 실험 중 이상한 빛을 발견했다. 실험실 한쪽의 형광판이 빛나고 있었다. 원래 실험과는 전혀 관련 없는 현상이었다. 하지만 뢴트겐은 호기심을 따랐다. 그 빛의 정체를 파헤쳤다. X선의 발견이었다. 의학 진단의 혁명이 시작된 순간이었다. AI라면 계획에 없는 현상은 무시했을 것이다. 이처럼 창의적 아이디어는 엉뚱한 연결에서 나온다. 스펜서는 레이더 연구를 하다가 주머니의 초콜릿이 녹은 걸 발견했다. 마그네트론 근처에서 일어난 일이었다. 대부분은 짜증스러운 사고로 여겼을 것이다. 하지만 스펜서는 달랐다. '전자파가 음식을 데울 수 있다면?' 이 엉뚱한 질문이 전자레인지로 이어졌다. 현대 주방의 필수품이 된 기계의 탄생이었다.

우연을 포착하는 능력은 훈련할 수 있다. 다양한 분야에 관심을 가져라. 전혀 다른 영역을 연결해보라. C 씨는 요리사였지만 화학 책을 즐겨 읽었다. 어느 날 분자요리법을 발견했다. 요리와 화학의 만남이었다. 새로운 식감과 맛을 창조했다. 미슐랭 스타를 받았다. 경계를 넘나드는 호기심이 혁신을 만든다. 우연은 놀이에서도 자주 일어난다. 카카오는 직원들에게 자유 프로젝트 시간을 준다. 네이버도 사내 벤처 제도를 운영한다. 라인, 스노우 같은 서비스가 이런 자유로운 실험에서 나왔다. 계획된 업무가 아닌 자유로운 탐색에서 혁신이 태어났다. AI는 효율을 추구하지만, 인간은 비효율 속에서 보석을 캐낸다.

한국의 연구소와 기업에서도 우연한 발견의 능력serendipity이 일어났다. 아모레퍼시픽은 녹차 연구 중 우연히 항산화 성분을 발견했다. 이니스프리 브랜드가 탄생한 계기였다. CJ제일제당은 김치 유산균 연구 중 프로바이오틱스의 새로운 기능을 발견했다. 건강기능식품 시장을 개척했다. 현대자동차는 수소차 연구 중 연료전지의 다른 활용법을 발견했다. 수소 발전소로 사업을 확장했다. 우연한 발견이 새로운 사업 기회가 된 것이다.

일상에서 우연한 발견의 능력serendipity을 높이는 방법이 있다. '호기심 일기'를 써라. 매일 궁금한 것 3개를 적어 보면 연결점이 보인다. '우연

수집'을 하라. 길에서 주운 전단지, 우연히 들은 대화, 실수로 클릭한 링크. 이런 우연들을 모아두면 아이디어의 씨앗이 된다. '다른 길로 가기'를 실천하라. 출퇴근길을 바꾸고, 새로운 카페를 가고, 모르는 사람과 대화한다. 일상의 변화가 우연을 부른다.

실패를 자산화하는 구체적 방법도 있다. '실패 박물관'을 만드는 것이다. 실패한 프로젝트, 거절당한 제안서, 망친 요리. 이런 실패들을 기록하고 전시한다. 패턴이 보이고 교훈을 얻는다. '실패 파티'를 열어라. 친구들과 실패 경험을 나눈다. 웃으며 실패를 축하한다. 실패에 대한 두려움이 사라진다. '피벗 Pivot 연습'을 하라. 실패한 아이디어를 다른 방향으로 돌려본다. 실패한 앱이 교육 도구가 되고, 망친 케이크가 새로운 디저트가 된다.

우연한 발견의 능력 serendipity 을 위해서는 여백이 필요하다. 빈틈없는 일정, 촘촘한 계획은 우연을 차단한다. 산책하고, 여유를 부리는 시간을 가져라. 우연한 발견은 여유로운 마음에 찾아온다. AI는 24시간 가동되지만, 인간은 쉬는 순간에 번뜩인다. 실패와 우연, 놀이와 여백. 이것들이 모여 세상을 바꾸는 아이디어가 탄생한다. 우연을 기다리지 말고 우연이 일어날 환경을 만들어라. 그것이 AI 시대를 살아가는 지혜다.

규칙을 깨는 발상은 인간만의 힘

규칙은 필요하다. 질서를 만들고 예측 가능하게 한다. 하지만 혁신은 규칙을 깰 때 일어난다. AI는 프로그래밍된 규칙 안에서 작동한다. 반면 인간은 규칙 자체를 의심한다. "왜?" 이 질문이 세상을 바꾼다.

패러다임의 전환은 인간만이 할 수 있다. 니콜라우스 코페르니쿠스

Nicolaus Copernicus는 지구가 우주의 중심이라는 믿음을 깼다. 다윈은 창조론의 틀을 벗어났다. 아인슈타인은 절대 시간과 공간의 개념을 뒤집었다. 이들은 모두 당시의 상식과 규칙을 거부했다. 비난받고 조롱당했다. 하지만 결국 세상의 인식을 바꿨다.

비즈니스 세계도 마찬가지다. 쿠팡은 로켓배송으로 유통의 패러다임을 바꿨다. 배민은 배달의 민족이라는 친근한 이름으로 배달 문화를 혁신했다. 토스는 복잡한 금융을 단순하게 만들었다. 이들은 모두 업계의 규칙을 무시했다. 전문가들은 실패를 예언했다. 하지만 새로운 시장을 창조했다.

창의성은 제약에서 나오기도 한다. 네이버 웹툰은 세로 스크롤이라는 제약을 만들었다. 모두가 불편하다고 했지만 이 제약이 새로운 만화 문법을 만들었다. 몰입도 높은 스토리텔링이 가능해졌다. 카카오톡 이모티콘은 작은 화면이라는 제약을 활용했다. 단순한 그림으로 복잡한 감정을 표현한다. 제약을 창의적으로 활용하는 것, 이것도 인간의 재능이다. 한국 스타트업들은 규칙을 깨며 성장했다. 마켓컬리는 '새벽배송'으로 신선식품 시장을 뒤집었다. 대다수가 불가능하다던 영역이었다. 직방은 '비대면 부동산 거래'를 실현했다. 발품 팔아야 한다는 고정관념을 깼다. 뱅크샐러드는 '금융 데이터 통합'으로 핀테크를 혁신했다. 은행들이 못한 일을 스타트업이 해냈다. 무신사는 '온라인 패션 편집숍'으로 유통 구조를 바꿨다. 오프라인 중심이던 패션 업계를 뒤흔들었다.

일상에서 규칙을 깨는 연습을 하라. 반대로 생각하여 뇌가 새로운 경로를 만들 수 있도록 하자. 역할을 바꾸어 생각해 보자. 상사 입장에서 생각하고, 고객이 되어보고, 경쟁사 직원이 되어본다. 다른 관점이 열릴 것이다. 조직에서도 규칙 파괴 문화를 만들 수 있다. 실험의 날을 정해

보자. 한 달에 하루는 모든 규칙을 무시하는 날을 정한다. 복장 자유, 출퇴근 자유, 업무 방식 자유. 새로운 가능성을 발견한다. '챌린지 문화'를 만들어라. 기존 방식에 도전하는 직원을 포상한다. 실패해도 박수친다. 도전 자체가 가치 있다고 인정한다.

어린아이처럼 "왜?"를 물어라. 어른이 되면서 우리는 규칙을 당연하게 받아들인다. 하지만 아이들은 끊임없이 묻는다. "왜 하늘은 파란가요?" "왜 돈을 내야 해요?" 이런 순수한 질문이 본질을 건드린다. 이러한 의문을 통해 규칙을 깨는 것과 무책임은 다르다. 진정한 혁신가는 규칙을 이해한 후에 깬다. 재즈 거장들은 클래식 화성학을 완벽히 익힌 후 자유롭게 즉흥 연주한다. 백남준은 전통 미술을 마스터한 후 비디오 아트라는 새 장르를 개척했다. 봉준호는 장르의 문법을 완벽히 이해한 후 경계를 허물었다. '기생충'으로 칸과 아카데미를 석권했다. 규칙의 본질을 이해해야 의미 있는 파괴가 가능하다. AI는 규칙을 따르는 데 능하지만, 규칙을 초월하는 것은 인간의 영역이다. 규칙을 깨는 용기가 AI 시대 당신의 경쟁력이 된다.

스토리와 예술로 세상을 바꾸는 힘

이야기는 인류의 가장 오래된 기술이다. 동굴 벽화부터 넷플릭스 시리즈까지, 우리는 이야기로 소통한다. 단순한 정보 전달이 아니다. 감정을 움직이고, 행동을 바꾸고, 세상을 변화시킨다. AI는 플롯을 짤 수 있지만, 영혼을 담을 수는 없다.

스토리텔링은 공감의 다리를 놓는다. 통계는 머리에 남지만, 이야기는 가슴에 남는다. "전 세계 8억 명이 굶주린다."는 숫자보다 "오늘도 엄

마는 아이에게 줄 빵 한 조각이 없어 눈물을 흘렸다.”는 이야기가 더 강력하듯이 말이다. 인간은 이야기 속 인물과 자신을 동일시한다. 그들의 아픔을 내 아픔처럼 느낀다. 이것이 변화의 시작이다.[124]

예술은 보이지 않는 것을 보이게 한다. 이우환의 ‘점에서 시작하는’ 시리즈는 단순한 점과 선이 아니다. 무한과 여백, 관계와 소통을 담았기에 보는 이마다 다른 의미를 발견한다. 영화 한 편이 사회를 바꾸기도 한다. 영화 ‘택시운전사’는 5·18 광주민주화운동을 세계에 알렸다. 평범한 택시 운전사의 시선으로 그린 역사의 현장에 관객 1,200만 명이 함께 울었다. 잊혀가던 역사가 다시 조명받으며 민주주의의 소중함을 되새겼다. 한 편의 영화가 집단 기억을 되살린 것이다.

음악은 언제나 시대정신을 담아 왔다. 김민기의 ‘아침이슬’은 민주화의 상징이 되었고, 서태지와 아이들의 ‘교실 이데아’는 교육 문제를 정면으로 비판했다. 방탄소년단의 ‘Life Goes On’은 팬데믹 시대의 위로가 되었다. 이런 흐름 속에서 ‘케이팝 데몬 헌터스’는 현대인이 마주한 불안과 내면의 어둠을 상징적으로 보여주며 새로운 감정의 언어가 되고 있다. 음악은 시대의 상처와 희망을 담는 감정의 그릇이다. AI가 작곡할 수는 있지만, 인간의 내면과 시대의 고통을 녹여내는 진짜 음악은 결국 인간만이 만들어낼 수 있다.

문학은 상상력의 실험실이다. 한강의 『소년이 온다』는 국가 폭력의 상흔을 그렸다. 쓰인 지 10년이 지났지만 여전히 유효하다. 김애란의 『바깥은 여름』은 세월호 유가족의 아픔을 담았다. 픽션이지만 현실보다 더 현실적이다. 이런 이야기들은 과거를 기억하게 하고, 현재를 성찰하게 한다. “과거가 현재를 도울 수 있는가? 죽은 자가 산 자를 구할 수 있는가?” 한강이 던진 질문이 우리를 흔든다.

기업도 스토리텔링으로 성공한다. 파타고니아는 '지구를 위한 비즈니스' 스토리를 판다. 제품보다 가치를 산다. 이솝은 각 매장마다 다른 이야기를 만든다. 공간이 곧 스토리다. 젠틀몬스터는 매장을 예술 전시장으로 만든다. 안경을 사는 게 아니라 경험을 산다. 29CM는 브랜드 스토리를 큐레이션한다. 상품 설명이 아니라 라이프스타일을 제안한다. 스토리가 있는 브랜드가 살아남는다. 개인 브랜딩도 스토리텔링이다. '히어로 저니'를 활용하라. 평범한 사람이 시련을 겪고 성장하는 이야기. 당신의 실패와 극복 과정을 솔직하게 드러내라. 사람들은 완벽한 성공담보다 진짜 이야기에 끌린다. '비포 앤 애프터'를 보여줘라. 변화 과정을 구체적으로 기록한다. 다이어트, 창업, 자격증 취득. 과정이 곧 스토리다. '작은 승리'를 축하하라. 거창한 성공이 아니어도 좋다. 오늘 일찍 일어난 것, 책 한 권 읽은 것. 작은 이야기가 큰 공감을 부른다.

하지만 창의성에도 책임이 따른다. 딥페이크로 가짜뉴스를 만들 수도 있고 AI로 사람을 속일 수도 있다. 기술이 발달할수록 윤리가 중요해진다. 무엇을 할 수 있는가보다 무엇을 해야 하는가를 묻는다. 창의성의 방향이 중요하다. 파괴가 아닌 창조로, 분열이 아닌 연결로 향해야 한다.

당신도 스토리텔러다. 일상의 작은 이야기도 힘을 가진다. SNS에 올린 당신의 실패담이 누군가에게 용기를 준다. 가족에게 들려준 어린 시절 이야기가 유대감을 만든다. 회사에서 공유한 성공 사례가 팀을 하나로 만든다. 거창할 필요 없다. 진정성 있는 이야기면 충분하다. AI는 데이터를 조합하지만, 인간은 경험을 나눈다. 그 차이가 세상을 바꾸는 힘이다. 창의성은 특별한 재능이 아니다. 모든 인간이 가진 가능성이다. 당신 안에도 세상을 바꿀 이야기가 있다. 그 이야기를 세상과 나누는 것, 그것이 AI 시대 자존감을 지키는 가장 인간다운 방법이다.

Chapter. 3

관계를 만드는 능력

"함께"가 만드는 시너지

혼자서는 절대 만들 수 없는 것이 있다. 당신이 아무리 뛰어나도 혼자서 축구 경기를 이길 수 없다. 아무리 천재여도 혼자서 오케스트라를 연주할 수 없다. 인간의 진정한 힘은 '함께'에서 나온다. 그리고 이 힘은 단순한 덧셈이 아니다. '1+1=3'이 되기도 하고, 때로는 '1+1=10'이 되는 마법 같은 일이 일어난다. 시너지는 개별 요소들의 단순한 합을 넘어서는 결과를 만들어낸다. 최근 연구는 이러한 시너지가 단순한 개념이 아닌 실제 측정 가능한 현상임을 보여준다. 2024년 페루의 한 대학 연구진은 512명의 직원을 대상으로 팀 효과성을 분석했다. 결과는 놀라웠다. 창의적 시너지가 높은 팀은 개인 역량의 합보다 훨씬 뛰어난 성과를 달성했다.[125] 혼자였다면 절대 생각하지 못했을 참신한 발상이 대화 속에서 튀어나온다. 한 사람이 던진 작은 아이디어가 다른 사람의 생각과 만나 전혀 새로운 것으로 진화한다. 이것이 바로 집단 창의성의 힘이다.

기업 현장에서도 이런 현상은 명확하다. 하지만 시너지는 저절로 생기지 않는다. 조건이 필요하다. 첫째, 구성원 간의 신뢰가 있어야 한다. 서로를 믿지 못하면 아이디어를 자유롭게 나누지 못한다. 둘째, 다양성이 있어야 한다. 비슷한 사람들끼리 모이면 시너지보다는 집단사고에 빠지기 쉽다. 셋째, 공동의 목표가 명확해야 한다. 방향이 없으면 에너지가 분산된다.

스포츠는 시너지의 힘을 가장 극적으로 보여주는 분야다. 개인 기량이 뛰어난 선수들을 모아놓았다고 해서 최고의 팀이 되는 것은 아니다. 2004년 그리스 축구 대표팀이 유로컵에서 우승한 것을 기억하는가? 스타 플레이어는 없었지만 완벽한 팀워크로 강팀들을 연달아 꺾었다. 음악도 마찬가지다. 비틀즈의 네 멤버는 각자 솔로로 활동했을 때보다 함께했을 때 훨씬 더 위대한 음악을 만들었다. 존 레논과 폴 매카트니의 작곡 파트너십은 음악사에 길이 남을 명곡들을 탄생시켰다. 서로의 강점이 약점을 보완하고, 창의성이 배가되었다.

일상에서도 시너지는 중요하다. 가족이 함께 저녁을 먹으며 대화할 때, 그날의 피로가 풀리고 새로운 에너지가 생긴다. 친구들과 함께 운동할 때 혼자보다 더 열심히, 더 오래 할 수 있다. 동료들과 브레인스토밍할 때 예상치 못한 해결책이 나온다.

AI 시대에 이런 인간적 시너지는 더욱 중요해진다. AI는 방대한 데이터를 처리하고 패턴을 찾는 데 탁월하다. 하지만 서로 다른 관점을 통합하고, 감정을 공유하며, 집단적 창의성을 발휘하는 것은 여전히 인간의 영역이다. AI는 개별 작업을 최적화할 수 있지만, 인간처럼 함께 웃고 공감하며 시너지를 만들어내지는 못한다. 최근 연구들은 팀워크가 단순한 효율성 증가를 넘어서 심리적 안전감, 직무 만족도, 혁신 능력까지 향상시킨다는 것을 보여 준다.[126] 함께 일하는 것은 단순히 일을 나누는 것이 아니다. 서로의 존재가 서로를 더 나은 사람으로 만드는 과정이다.

물론 팀워크가 항상 장밋빛인 것은 아니다. 갈등도 있고 충돌도 있다. 하지만 이러한 과정 자체가 성장의 기회다. 서로 다른 의견을 조율하고, 갈등을 해결하며, 합의점을 찾아가는 과정에서 우리는 더 성숙해진다. 이것 역시 AI가 대체할 수 없는 인간만의 능력이다.

신뢰와 유대는 인간만이 쌓는다

신뢰는 모든 관계의 토대다. 당신이 친구에게 비밀을 털어놓을 수 있는 이유는 무엇인가? 동료에게 중요한 일을 맡길 수 있는 이유는 무엇인가? 바로 신뢰가 있기 때문이다. 그리고 이 신뢰는 인간만이 진정으로 구축할 수 있는 것이다. 심리학자들의 연구에 따르면 신뢰는 단순한 계산의 결과가 아니다. 2023년 발표된 메타분석 연구는 인간의 뇌가 본능적으로 타인을 신뢰하도록 설계되어 있음을 밝혔다. 신뢰할 때 뇌의 보상 중추가 활성화된다. 즉, 우리는 누군가를 믿을 때 기쁨을 느낀다.[127]

신뢰 구축에는 시간과 일관성이 필요하다. 약속을 지키고, 말과 행동이 일치하며, 실수했을 때 인정하는 모습을 보일 때 신뢰가 쌓인다. 한 번의 배신으로 무너질 수 있는 것이 신뢰지만, 그렇기에 더욱 소중하다. 유대감은 신뢰를 넘어선다. 함께 웃고 울었던 경험, 어려움을 함께 극복한 기억, 기쁨을 나눈 순간들이 모여 유대감을 만든다. 직장에서의 신뢰는 성과와 직결된다. 구글의 아리스토텔레스 프로젝트는 팀 성과의 가장 중요한 요인이 '심리적 안전감'임을 밝혔다. 팀원들이 서로를 신뢰할 때, 실수를 두려워하지 않고 새로운 시도를 한다. 자유롭게 의

건을 나누고 건설적인 비판을 주고받는다. 신뢰와 유대는 위기의 순간에 진가를 발휘한다. 코로나19 팬데믹 동안 많은 기업들이 어려움을 겪었다. 하지만 평소 신뢰 관계가 탄탄했던 팀들은 위기를 기회로 만들었다. 서로를 믿고 의지하며 새로운 방식을 찾아냈다. 재택근무로 전환하면서도 소통과 협업을 유지했다.

AI는 데이터를 기반으로 예측하고 추천할 수 있다. 하지만 진정한 신뢰를 만들 수는 없다. 신뢰는 감정적 연결, 공감, 그리고 상호 취약성의 공유에서 나온다. 누군가에게 자신의 약점을 보이고, 그것이 받아들여지는 경험. 실패했을 때 비난 대신 격려를 받는 경험. 이런 것들이 신뢰를 만든다. 애착 이론 연구자들은 어린 시절의 안정적 애착이 평생의 신뢰 능력에 영향을 미친다고 말한다.[128] 하지만 성인이 되어서도 신뢰를 배우고 회복할 수 있다. 작은 신뢰부터 시작하면 된다. 동료에게 작은 부탁을 하고, 친구와 속마음을 나누고, 가족과 시간을 보내는 것부터 시작해 보자.

신뢰의 힘은 개인을 넘어 사회 전체로 확산된다. 신뢰 수준이 높은 사회일수록 경제성장률이 높고, 범죄율이 낮으며, 시민들의 행복도가 높다. 북유럽 국가들이 높은 삶의 질을 유지하는 비결 중 하나가 바로 높은 사회적 신뢰다. 디지털 시대에 신뢰는 더욱 중요해졌다. 가짜 뉴스가 범람하고, 딥페이크가 진짜를 구분하기 어렵게 만든다. 이럴 때일수록 직접 만나고, 눈을 마주치며, 진심을 나누는 인간적 신뢰가 필요하다. 화면 너머의 정보가 아닌, 따뜻한 체온이 느껴지는 관계 속에서 진정한 신뢰가 자란다. 신뢰와 유대는 인간을 인간답게 만드는 핵심이다. AI가 아무리 발전해도 이것만큼은 대체할 수 없다. 왜냐하면 신뢰는 단순한 거래가 아니라 영혼의 교감이기 때문이다.

대화 – 표정 – 눈빛이 만드는 연결

말하지 않아도 알 수 있는 순간이 있다. 눈빛만으로 서로의 마음을 읽는 순간. 침묵 속에서도 대화가 흐르는 순간. 바로 인간만이 만들어 낼 수 있는 깊은 연결이다. 비언어적 소통은 전체 의사소통의 55퍼센트를 차지한다. 캘리포니아 대학교 심리학자인 알버트 메라비언**Albert Mehrabian** 교수의 연구에 따르면, 감정과 태도를 전달할 때 단어는 7퍼센트, 목소리 톤은 38퍼센트, 그리고 표정과 몸짓이 55퍼센트의 영향력을 갖는다.[129] 우리는 말보다 훨씬 많은 것을 눈빛과 표정으로 전달한다.

눈 맞춤은 특별하다. 누군가와 눈을 마주칠 때 우리 뇌의 거울 뉴런이 활성화된다. 상대방의 감정이 나에게 전달되고, 나의 감정이 상대방에게 전달된다. 이 순간 두 사람은 하나로 연결된다. 기쁨을 나누면 두 배가 되고, 슬픔을 나누면 반이 되는 이유가 여기에 있다. E 씨는 상담사다. 그녀는 내담자의 말보다 눈빛과 자세에서 더 많은 것을 읽는다고 말한다. 말로는 괜찮다고 하면서도 눈가에 눈물이 고이는 사람. 밝게 웃으면서도 어깨가 축 처진 사람. 이런 비언어적 신호들이 진짜 마음을 보여준다. 대화는 단순한 정보 교환이 아니다. 서로의 존재를 확인하고 인정하는 과정이다. 당신이 누군가와 깊은 대화를 나눈 후 느끼는 충만함을 떠올려보라. 그것은 정보를 얻어서가 아니라 연결되었기 때문이다. 이해받고 수용되었다는 느낌, 혼자가 아니라는 안도감.

침묵도 대화의 일부다. 편안한 침묵을 나눌 수 있는 사이는 특별하다. 말하지 않아도 서로의 존재만으로 충분한 순간. 커피를 마시며 각자의 생각에 잠겨 있지만 함께 있다는 느낌. 이런 침묵은 수천 마디 말보다 깊은 유대를 만든다. 미세표정은 0.5초도 안 되는 짧은 순간에 나타난다. 하지만 인간은 본능적으로 이를 감지한다. 상대방의 진심을 파악하고, 거짓을 알아차린다. 이것은 수백만 년의 진화 과정에서 발달한 생존 능력이다. 누구를 믿을지, 누구를 경계할지 판단하는 능력말이다. 문화에 따라 비언어적 소통의 방식은 다르다. 하지만 기본적인 감정 표현은 전 세계적으로 공통된다. 기쁨의 미소, 슬픔의 눈물, 분노의 찡그림. 이것들은 언어의 장벽을 넘어 인류를 하나로 연결한다.[130]

스킨십의 힘도 무시할 수 없다. 따뜻한 악수, 격려의 어깨 토닥임, 위로의 포옹. 이런 신체 접촉은 옥시토신 분비를 촉진하여 신뢰와 유대감을 강화한다. 목소리의 톤과 리듬도 중요하다. 같은 말이라도 어떻게 말하느냐에 따라 완전히 다른 의미가 된다. 부드러운 목소리는 안정감을 주고, 활기찬 톤은 에너지를 전달한다. 상대방의 말하기 속도에 맞추면 라포가 형성된다.

AI 비서가 아무리 자연스러운 대화를 한다 해도, 진짜 인간과의 대화를 대체할 수 없는 이유가 여기에 있다. AI는 프로그래밍된 대로 반응할 뿐, 진정한 공감과 연결을 만들지 못한다. 눈빛에 담긴 따스함, 목소리에 묻어나는 진심, 침묵 속의 위로를 전달할 수 없다. 대화와 눈빛의 연결은 치유의 힘을 갖는다. 많은 심리치료가 단순히 들어주는 것만으로도 효과를 보는 이유다. 누군가 나의 이야기를 진심으로 들어주고, 눈을 마주치며 공감해줄 때, 우리는 치유되고 성장한다.

공동체를 세우는 힘

인간은 홀로 살 수 없다. 우리는 공동체 속에서 태어나고, 공동체 속에서 성장하며, 공동체 속에서 의미를 찾는다. 그리고 인간만이 진정한 공동체를 만들 수 있다. 공동체는 단순한 개인의 집합이 아니다. 공유된 정체성, 상호 의존, 집단적 목표가 있을 때 진정한 공동체가 된다. 2024년 발표된 사회 응집력 연구는 강한 공동체 의식이 개인의 정신건강, 신체건강, 그리고 전반적인 삶의 질을 향상시킨다는 것을 보여준다.[131] G 씨가 사는 작은 마을에는 특별한 전통이 있다. 매년 가을 수확철이 되면 온 마을 사람들이 모여 일손이 부족한 집을 돕는다. 젊은이들은 노인들의 밭일을 돕고, 여성들은 함께 음식을 준비한다. 아이들은 뛰어놀며 어른들의 일하는 모습을 본다. 이 과정에서 마을은 하나가 된다. 공동체는 위기의 순간에 진가를 발휘한다. 자연재해가 발생했을 때, 이웃들이 서로를 돌보는 모습. 경제 위기로 누군가 일자리를 잃었을 때, 공동체가 함께 해결책을 찾는 모습. 이런 상호부조의 정신이 공동체를 지탱한다.

문화와 전통은 공동체의 접착제다. 함께 축제를 준비하고, 전통을 이어가며, 이야기를 나누는 과정에서 공동체 의식이 강화된다. 세대를 넘어 전해지는 이야기들은 공동체의 정체성을 형성하고 구성원들에게 소속감을 준다.

현대 도시에서도 새로운 형태의 공동체가 생겨나고 있다. 육아를 함께하는 부모 모임, 취미를 공유하는 동호회, 사회 문제 해결을 위한 시민단체. 이들은 혈연이나 지연을 넘어 가치와 목적을 중심으로 모인다. H 씨는 도시 텃밭 공동체의 일원이다. 매주 주말 이웃들과 함께 텃밭을 가꾸며 채소를 기른다. 수확한 채소는 나누어 먹고, 남은 것은 지역 푸드뱅크에 기부한다. 텃밭 일을 하며 서로의 일상을 나누고, 아이들은 자연을 배운다. 작은 텃밭이 도시에 공동체를 만들어낸 것이다.

디지털 시대에도 물리적 공동체의 중요성은 줄어들지 않았다. 오히려 더 중요해졌다. 온라인으로 전 세계와 연결될 수 있지만, 진정한 소속감과 안정감은 여전히 대면 공동체에서 온다. 실제로 만나고, 함께 활동하며, 서로를 돌보는 경험이 필요하다. 공동체는 개인의 성장을 돕는다. 다양한 사람들과 교류하며 시야가 넓어진다. 서로 다른 재능과 경험을 가진 사람들로부터 배운다. 갈등을 해결하고 타협하는 과정에서 사회성이 발달한다. 공동체는 거대한 학습의 장이다.

리더십도 공동체에서 자란다. 누군가는 자연스럽게 조직하는 역할을 맡고, 누군가는 갈등을 조정한다. 각자의 강점을 발견하고 역할을 찾아간다. 이 과정에서 민주주의를 배우고 시민의식이 성장한다. 공동체는 혁신의 원천이기도 하다. 실리콘밸리가 혁신의 중심지가 된 것은 기술뿐만 아니라 독특한 공동체 문화 때문이다. 실패를 용인하고, 지식을 공유하며, 서로를 돕는 문화. 이런 공동체적 토양에서 혁신이 꽃핀다. AI는 개인을 연결할 수 있지만 공동체를 만들 수는 없다. 공동체는 감정적 유대, 공유된 경험, 상호 책임감에서 나온다. 함께 웃고 울었던 기억, 어려움을 함께 극복한 경험, 미래를 함께 꿈꾸는 비전. 이런 것들이 모여 공동체를 만든다.

공동체를 세우는 것은 인간의 본능이자 능력이다. 우리는 함께할 때 더 강하고, 더 지혜로우며, 더 행복하다. AI 시대에도, 아니 AI 시대이기에 더욱, 인간적 공동체의 가치는 빛날 것이다. 기계가 아닌 인간과 함께하는 따뜻한 공동체 말이다.

Chapter. 4

인간다움이 주는 희망

AI 시대일수록 더 빛나는 인간다움

AI가 점점 더 많은 일을 해내는 시대다. 번역도 척척, 그림도 뚝딱, 코드도 순식간에 만들어낸다. 이런 모습을 보며 많은 사람들이 불안해한다. "나는 이제 필요 없는 존재가 되는 걸까?" 하지만 여기 놀라운 역설이 있다. AI가 발달할수록 오히려 인간다움의 가치는 더욱 빛난다는 것이다. 생각해 보자. AI가 아무리 발달해도 당신의 어머니가 끓여주신 된장찌개의 따뜻함을 재현할 수 있을까? 그 맛이 특별한 이유는 레시피 때문이 아니다. 자식을 생각하는 마음, 손끝에 담긴 정성, 그리고 함께 먹는 시간의 소중함 때문이다. AI는 완벽한 레시피로 요리할 수 있지만, 그 안에 담긴 사랑과 추억은 절대 복제할 수 없다.

감성지능의 관점에서 보면 더욱 명확해진다. 인간의 감성지능은 단순히 감정을 인식하는 것을 넘어선다. 상황의 미묘한 뉘앙스를 파악하고, 상대방의 표정과 목소리 톤에서 숨겨진 감정을 읽어낸다. 무엇보다 진정한 공감은 유사한 경험과 감정을 가진 존재만이 할 수 있다.[132] A 씨는 AI 상담 챗봇을 운영하는 스타트업의 대표다. 그는 흥미로운 경험을 공유했다. "우리 챗봇은 정확한 정보를 제공하고 24시간 응대가 가능했습니다. 하지만 고객들은 여전히 사람과의 대화를 원했어요. 특히 복잡하거나 감정적인 문제일수록 더 그랬죠." 결국 그의 회사는 AI와 인간 상담사가 협업하는 하이브리드 모델로 전환했다. AI가 기본 정보를 제공하고, 인간 상담사가 깊은 공감과 맞춤형 조언을 제공하는 방식이다.

창의성 영역도 마찬가지다. AI는 수많은 데이터를 학습해 그럴듯한 결과물을 만들어낸다. 하지만 진정한 창의성은 기존의 틀을 깨는 것에서 시작한다. 규칙을 파괴하고, 상식을 뒤집고, 누구도 생각하지 못한 연결을 만드는 것. 이는 살아있는 경험과 감정을 가진 인간만이 할 수 있는 일이다. 더 중요한 것은 의미 부여의 능력이다. AI는 데이터를 처리할 수 있지만, 그것에 의미를 부여하는 것은 인간이다. 숫자는 그저 숫자일 뿐이지만, 인간은 그 속에서 이야기를 발견한다. 실패는 단순한 결과가 아니라 성장의 기회가 되고, 만남은 데이터가 아니라 인연이 된다. 이런 의미 부여 능력이야말로 인간을 인간답게 만드는 핵심이다. 실제로 많은 기업들이 AI 시대에 오히려 인간적 가치를 강조하고 있다. 고객 경험, 창의적 문제 해결, 팀워크와 협업 능력 등이 핵심 역량으로 부상하고 있다. AI가 효율성을 담당한다면, 인간은 의미와 가치를 창출하는 역할을 맡게 되는 것이다.

윤리적 판단 영역도 빼놓을 수 없다. AI는 데이터를 기반으로 판단하지만, 인간은 가치관과 신념을 기반으로 판단한다. 무엇이 옳고 그른지, 무엇이 중요하고 소중한지를 결정하는 것은 여전히 인간의 몫이다. 특히 딜레마 상황에서 맥락을 고려한 유연한 판단은 인간만이 할 수 있다.

우리는 AI 시대를 두려워할 필요가 없다. 오히려 이 시대는 인간다움의 진정한 가치를 재발견하는 기회다. AI가 계산과 처리를 담당할 때, 인간은 더욱 인간다운 일에 집중할 수 있다. 사랑하고, 꿈꾸고, 연결하고, 의미를 만드는 일. 이것이야말로 AI 시대에 인간이 가진 가장 큰 경쟁력이다.

불완전함이 주는 매력

완벽함을 추구하는 시대다. SNS에는 완벽한 일상만 올라오고, 이력서에는 흠 없는 스펙만 나열된다. 하지만 여기 반전이 있다. 진짜 매력은 완벽함이 아니라 불완전함에서 나온다는 것이다. C 씨는 대기업 면접에서 떨어진 경험을 이렇게 회상한다. "완벽하게 준비했어요. 모든 예상 질문에 대한 답변을 외웠죠. 그런데 면접관이 '실패한 경험'을 물었을 때, 저는 실패를 성공으로 포장하려 했어요. 나중에 들으니 그게 오히려 마이너스였대요. 진정성이 없어 보였다는 거죠."

이듬해 다시 도전한 C 씨는 달랐다. 프로젝트 실패로 팀원들에게 미안했던 경험을 솔직하게 털어놓았다. 무엇을 놓쳤는지, 어떤 감정을 느꼈는지, 그리고 그 경험에서 무엇을 배웠는지를 있는 그대로 이야기했다. 결과는 합격이었다. 면접관은 그를 진정성 있는 성찰이 인상적이었다고 평가했다.

심리학적으로도 불완전함은 중요한 의미를 갖는다. 연약한 모습을 보이는 것이 오히려 관계를 깊게 만든다는 연구 결과가 있다. 완벽한 사람 앞에서 우리는 거리감을 느낀다. 하지만 실수하고, 고민하고, 때로는 좌절하는 모습을 보일 때, 우리는 연결감을 느낀다.[133] 불완전함의 매력은 공감을 불러일으킨다. 완벽한 사람의 성공담은 부러움을 낳지만, 불완전한 사람의 도전기는 용기를 준다.

E 씨는 대학 강의를 하는 교수다. 젊은 시절엔 권위를 지키려 애썼다. 모르는 질문이 나와도 아는 척했고, 실수를 인정하지 않았다. 하지만 나이가 들면서 달라졌다. 잘 모르겠는데, 다음 시간까지 찾아 볼게요. 아, 내가 실수했네. 지적해 줘서 고마워요. 이러한 말들을 솔직하게 말하기 시작하자 오히려 학생들의 존경과 신뢰가 깊어졌다.

불완전함은 성장의 여지를 의미하기도 한다. 완벽하다고 믿는 순간, 성장은 멈춘다. 하지만 불완전함을 인정할 때, 우리는 계속 나아갈 수 있다. 더 배우고, 더 시도하고, 더 도전할 수 있다. 실패가 두렵지 않아진다. 실패도 나의 일부이고, 그것 또한 나를 더 풍성하게 만드는 요소가 되기 때문이다. AI는 완벽을 추구한다. 오류를 최소화하고, 정확도를 높이는 것이 목표다. 하지만 인간의 매력은 다른 곳에 있다. 실수하면서 배우고, 넘어지면서 일어서고, 불완전하지만 계속 나아가는 모습. 이것이 인간만이 가진 아름다움이다.

일본의 '와비사비' 철학은 불완전하고, 덧없으며, 소박한 것에서 아름다움을 찾는 미의식이자 철학이다. '와비侘'는 속세의 부와 권력에서 벗어나 고독한 정취를 느끼는 내면적 풍요를, '사비寂'는 낡고 쇠잔해진 사물에서 느껴지는 원숙함과 깊이를 의미한다. 이것은 불완전함의 미학을 담고 있다. 또한 일본에서 유례한 깨진 도자기 수리법인 '킨츠키'이다. 깨진 도자기를 금으로 메운 '킨츠기'는 상처를 감추지 않고 오히려 드러낸다. 그 상처가 역사가 되고 이야기가 된다. 우리의 삶도 마찬가지다. 실패와 상처, 부족함과 한계. 이 모든 것이 모여 독특하고 유일한 '나'를 만든다.

불완전함을 받아들이는 것은 자존감의 시작이기도 하다. 완벽해야만 사랑받을 수 있다는 생각에서 벗어날 때, 우리는 진정한 자유를 얻는다. 있는 그대로의 나를 받아들이고, 그런 나를 사랑할 수 있게 된다. 이것이 AI 시대에 인간이 가져야 할 가장 중요한 태도다.

대체 불가능한 나의 자리

AI가 내 일을 대체할 수 있는가? 많은 사람들이 품는 불안이다. 하지만 여기서 우리가 놓치는 것이 있다. 일은 대체될 수 있어도, '나'라는 존재는 절대 대체될 수 없다는 사실이다.

대체 불가능성은 관계성에서 나온다. 우리는 서로의 삶에 하나뿐인 특별한 자리를 차지한다. 부모에게 나는 유일한 자녀이고, 친구에게 나는 특별한 존재다. 이런 관계는 능력이나 성과로 만들어지는 게 아니다. 함께한 시간, 나눈 대화, 공유한 기억이 만드는 것이다.

전문성의 영역에서도 마찬가지다. 변호사인 Y 씨는 법률 검색과 판례 분석은 AI가 더 빠르고 정확하다. 하지만 의뢰인과의 신뢰 관계는 다른 차원의 문제다. "의뢰인들은 단순히 법률 정보를 원하는 게 아니에요. 자신의 억울함을 들어주고, 함께 싸워줄 사람을 원하죠. 재판에서 지더라도 '최선을 다했다'는 위로를 원해요."

교육 분야도 비슷하다. J 씨는 수학 강사다. AI 튜터링 시스템이 개인 맞춤형 문제를 제공하고 약점을 분석한다. 하지만 J씨만의 영역이 있다. "수학 포기자였던 학생이 있었어요. AI는 그 학생의 실력이 부족하다고 분석했죠. 하지만 저는 그 아이가 수학 자체가 아니라 실패에 대한 두려움 때문에 포기했다는 걸 알았어요." J 씨는 그 학생과 수학이 아닌 인생이야기를 나눴다. 실패해도 괜찮다고, 천천히 가도 된다고 격려했다. 결국 그 학생은 수학에 재도전했고, 비록 높은 점수는 아니었지만 스스로 문제를 푸는 기쁨을 알게 됐다. 이런 변화는 데이터가 아닌 관계에서 나온다.

우리 모두는 각자의 자리에서 대체 불가능한 존재다. 그것은 특별한 재능 때문이 아니다. 우리가 맺은 관계, 쌓아온 경험, 가진 시각이 독특하기 때문이다. AI는 효율적일 수 있지만, 당신이 가진 이야기를 대신 살아줄 수는 없다. 중요한 것은 나만의 색깔을 찾는 것이다. 남들과 비교하며 똑같아지려 하지 말고, 나다움을 발견하고 키워가는 것. 그것이 AI 시대에 우리가 가져야 할 전략이다. 당신이 있어야 할 자리는 이미 마련되어 있다. 그 자리는 오직 당신만이 채울 수 있다.

"쫄지마, 우리는 인간이잖아."

AI 앞에서 작아질 필요 없다. 우리는 인간이다. 그것만으로도 충분히 특별하고 가치 있다. L 씨는 최근 IT 대기업에서 일하다 번아웃으로 퇴사했다. AI와 경쟁하듯 일하며 자신을 잃어갔다. "기계처럼 일하려 했어요. 감정을 억누르고, 효율만 추구했죠. 결국 몸도 마음도 망가졌어요." 회복 후 L씨는 작은 카페를 열었다. "이제는 느리게 살아요. 손님과 대화하고, 커피 향을 즐기고, 석양을 바라봅니다. AI는 이런 순간의 아름다움을 느낄 수 없잖아요."

우리가 가진 가장 큰 힘은 살아있음 그 자체다. 숨을 쉬고, 심장이 뛰고, 감정을 느낀다. 기쁘면 웃고, 슬프면 운다. 사랑하면 설레고, 이별하면 아프다. 이 모든 것이 우리를 특별하게 만든다.

우리는 불완전하다. 실수하고, 잊어버리고, 가끔은 비논리적이다. 하지만 그래서 아름답다. 완벽한 기계보다 불완전한 인간이 더 매력적인 이유다. 우리는 서로의 부족함을 채워주며 함께 살아간다. 그것이 인간만이 만들 수 있는 기적이다.

AI 시대를 살아가는 우리에게 필요한 건 자신감이다. 기계와 경쟁하려 하지 말고, 인간다움을 더욱 깊이 탐구하자. 사랑하고, 꿈꾸고, 도전하고, 실패하고, 다시 일어서자. 이 모든 과정이 우리를 더욱 인간답게 만든다.

기억하자. 당신은 데이터가 아니라 이야기를 가진 존재다. 숫자가 아니라 감정을 가진 존재다. 기계가 아니라 영혼을 가진 존재다. 그리고 그것만으로도 충분히 가치 있다. AI가 아무리 발달해도 당신을 대체할 수는 없다. 당신은 이 세상에 단 한 명뿐인 특별한 존재니까.

쫄지 말자. 우리는 인간이다. 그것이 우리가 가진 가장 큰 힘이고, 가장 아름다운 선물이다. AI와 함께 살아가되, 인간다움을 잃지 않는다면, 우리의 미래는 충분히 밝다. 아니, 오히려 더욱 빛날 것이다.

이제, 당신의 시작입니다

책의 마지막 페이지에 도달했다. 당신은 어떤 기분인가. 시작할 때와 지금, 무엇이 달라졌나. 아직은 큰 변화를 느끼지 못할 수도 있다. 괜찮다. 씨앗은 심어졌다. 이제 싹을 틔울 시간이다.

우리는 긴 여정을 함께했다. AI 시대의 불안을 직시했고, 자존감의 본질을 탐구했다. 인간만의 가치를 재발견했고, 자신을 진단했다. 구체적인 회복법을 배웠고, 함께 성장하는 방법을 익혔다.

하지만 진짜는 지금부터다. 책을 덮고 일상으로 돌아가는 순간부터가 진짜 시작이다. 배운 것을 실천하는 것. 작은 것이라도 오늘 당장 시작하는 것. 그것이 가장 중요하다.

혹시 이런 생각이 드는가. "과연 내가 할 수 있을까?", "또 작심삼일이 되는 건 아닐까?" 그런 의심도 자연스럽다. 우리는 모두 실패의 경험이 있다. 하지만 이번은 다르다. 왜냐하면 당신은 이제 혼자가 아니기 때문이다.

이 책을 읽은 수만 명의 사람들이 지금 이 순간에도 같은 도전을 시작하고 있다.

누군가는 오늘 아침 거울을 보며 자신에게 첫 칭찬을 건넸을 것이다. 누군가는 동료에게 감사 인사를 전했을 것이다. 누군가는 SNS를 끄고 산책을 나섰을 것이다. 작은 실천들이 모여 큰 변화를 만든다.

당신도 그 변화의 주인공이다. 완벽할 필요 없다. 실수해도 된다. 넘어져도 다시 일어서면 된다. 중요한 건 포기하지 않는 것이다. 한 걸음씩, 당신의 속도로 나아가는 것이다. 내가 마지막으로 전하고 싶은 메시지는 이것이다.

"당신은 충분합니다."

AI보다 빠르지 않아도, 완벽하지 않아도, 당신은 충분하다. 당신의 존재 자체로 이미 가치 있다. 당신이 숨 쉬고, 느끼고, 사랑한다는 것. 그것만으로도 충분하다. 생성형 AI의 등장으로 인간의 고유 능력이라 여겨지던 사고와 추론 능력을 기계도 발휘하게 되었지만, 그것이 인간의 가치를 떨어뜨리지는 않는다. 오히려 인간다움의 소중함을 더욱 깨닫게 해준다. 앞으로 AI는 더 발전할 것이다. 더 많은 일을 대신하고, 더 똑똑해질 것이다. 하지만 두려워하지 마라. AI가 발전할수록 인간의 가치는 더욱 선명해진다. 효율과 정확성이 아닌, 공감과 창의성과 사랑이 더욱 중요해진다.

우리가 만들어갈 미래를 상상해 보자. AI와 경쟁하는 것이 아니라 협력하는 미래. 기계가 할 수 있는 일은 기계에게 맡기고, 인간은 더 인간다운 일에 집중하는 미래. 서로의 자존감을 지켜주며 함께 성장하는 미래. 그런 미래는 저절로 오지 않는다.

우리가 만들어가야 한다. 한 사람 한 사람이 자존감을 회복하고, 인간다움을 지켜나갈 때 가능하다. 당신의 작은 변화가 그 시작이다.

이제 펜을 내려놓는다. 하지만 이것은 끝이 아니라 시작이다. 당신의 자존감 회복 여정이 이제 막 시작되는 것이다. 힘들 때면 이 책을 다시 펼쳐 Part 5의 실천법을 반복하라. 그리고 기억하라. 전국 곳곳에서 같은 여정을 걷고 있는 동료들이 있다는 것을.

마지막으로 한 가지 부탁이 있다. 당신의 변화를 누군가와 나누어 보자. 작은 성공이든, 실패의 경험이든, 깨달음이든. 당신의 이야기가 다른 누군가에게는 희망이 될 수 있다. 그렇게 우리는 서로의 자존감을 지켜주는 공동체가 된다.

"쫄지마, 우리는 인간이잖아!"

이 책에서 내가 당신에게 전하고 싶은 마지막 응원이다. AI 시대가 와도, 세상이 아무리 변해도, 우리는 인간이다. 그 사실 하나만으로도 우리는 충분히 가치 있고, 존중받아야 하고, 사랑받을 자격이 있다.

이제 책을 덮고 일어서라. 창문을 열고 신선한 공기를 들이마셔라. 그리고 외쳐보라. 작게라도 좋다. "나는 충분하다. 나는 가치 있다. 나는 인간이다." 당신의 새로운 시작을 응원한다. 언젠가 어디선가, 자존감을 회복한 당신을 만날 수 있기를 기대한다.

그때까지, 힘내시라.

당신은 할 수 있다.

참고문헌

1. 한국개발연구원, 『인공지능으로 인한 노동시장의 변화와 정책방향』, 한국개발연구원, 2023.

2. 세계경제포럼, 『일자리의 미래 2023』, 세계경제포럼, 2023.

3. 보건복지부, 『2024년 국민 정신건강 실태조사』, 보건복지부, 2024.

4. When Choice Is Demotivating: Can One Desire Too Much of a Good Thing? — Sheena S. Iyengar & Mark R. Lepper(2000), *Journal of Personality and Social Psychology*, Vol. 79, No. 6, pp. 995 - 1006.

5. Stanford University, 『AI Index Report 2024』, Stanford HAI, 2024.

6. 서울대학교 의과대학, 『디지털 정보 과다 노출과 정신건강』, 서울대학교병원, 2024.

7. 김나연, 「SNS 이용시간이 삶의 만족도와 자아존중감에 미치는 영향」, 정보통신정책연구원, 2023.02.15.

8. 정수정, 송연주, 「자존감 유형에 따른 SNS 이용동기와 중독경향성 간 차이」, 『인간이해』, 서강대학교 학생생활상담연구소, 2020.12.

9. 이진균, 박현선, 「SNS의 문제적 이용이 심리적 안녕감에 미치는 영향」, 『한국심리학회지: 소비자 · 광고』, 한국심리학회, 2018.01.

10. American Psychological Association, 「Social Media and Youth Mental Health」, APA, 2023.05.

11. 안수연, 「디지털 자아와 '좋아요'의 심리학」, 『용인신문』, 2024.11.

12. 안수연, 「디지털 자아와 '좋아요'의 심리학」, 『용인신문』, 2024.11.

13. 우혜진, 박지윤, 탁현아, 이규연, 이지혜, 성용준, 「자존감 불일치와 SNS에서의 과시적 자기표현 간의 관계」, 『한국심리학회지: 소비자 · 광고』, 한국소비자 · 광고심리학회, 2017.07.

14. 한동규, 이소정, 김수미, 서예종, 이지민, 위진경, 조은혜, 조주영, 「간호대학생의 SNS 중독경향성, 대인관계 유능성, 자아존중감이 스트레스 대처방식에 미치는 영향」, 『한국웰니스학회지』, 한국웰니스학회, 2024.02.

15. 한국심리학회(2023). 「완벽주의와 성취 불안의 상관관계 연구」, 『한국심리학회지』, 한국심리학회, 2023년 3월.

16. Gilovich, T., Medvec, V. H., & Savitsky, K.(2000). The spotlight effect in social judgment: An egocentric bias in estimates of the salience of one's own actions and appearance. Journal of Personality and Social Psychology, 78(2), 211-222.

17. 정현희 · 조현주 · 노승혜, 「자기비난 방식 척도(FSCS) 개발 및 타당화」, 『한국심리학회지: 건강』 제27권 제4호, 한국심리학회, 2022년 8월, 719-741쪽.

18. Longe, O. 외 6인, 「Having a word with yourself: Neural correlates of self-criticism and self-reassurance」, 『NeuroImage』 제49권 제2호, Elsevier, 2010년 1월, pp. 1849-1856.

19. 빅터 에밀 프랭클(Viktor Emil Frankl), 『빅터 프랭클의 죽음의 수용소에서』, 이시형 옮김, 청아출판사, 2020, pp. 13 - 18.

20. 박도광, 「소외와 인간성 상실의 시대」, 『원불교신문』, 원불교신문, 2011년 9월 10일.

21. 한국정보화진흥원, 「디지털 시대: 인간관계 패러다임의 변화」, 『연구보고서』, 한국정보화진흥원, 2014년 8월.

22. 임상수, 「과도한 SNS 집착에 따른 이용자의 자아정체성 혼란에 관한 고찰」, 『윤리연구』, 제139호, 한국윤리학회, 2022년 12월.

23. 에릭 H. 에릭슨 저, 송제훈 역, 『아동기와 사회』, 연암서가, 2014년 1월 10일.

24. 김기현, 『인간다움』, 21세기북스, 2023년 11월 29일.

25. 한국일보, 「자존감이 먼저일까 자신감이 먼저일까」, 2022.09.16.

26. 장성우, 「초기경전에 나타난 욕구의 단계적 발전」, 『보조사상』 제62호, 보조사상연구원, 2022, pp.209-239.

27. 슈테파니 슈탈, 『심리학, 자존감을 부탁해』, 김시형 역, 갈매나무, 2016.07.15.

28. 정정엽, 「뇌과학: 우리의 뇌는 변화한다, 신경가소성」, 정신의학신문, 2023.03.10.

29. 정정엽, 「뇌과학: 우리의 뇌는 변화한다, 신경가소성」, 정신의학신문, 2023.03.10.

30. 김주환, 『내면소통』, 인플루엔셜, 2023.02.27.

31. 더트리그룹, 「CBT 인지행동치료」, 2022.12.25.

32. 마음사랑인지행동치료센터, 「인지행동치료란」, http://www.cbt.or.kr/content/info/info.jsp.

33. 조소영, 「운동으로 마음의 근육을 키울 수 있을까?」, GQkorea, 2025.05.15.

34. GURU mento, 「자존감 높이는 심리학 회복 훈련과 실천 전략」, Nomallypeople, 2025.04.22.

35. 마틴 셀리그만, 『학습된 낙관주의』, 21세기북스, 2008년 04월 24일.

36. 이하영, 박경수, 천준협, 「칭찬요법 프로그램이 자아존중감에 미치는 영향」, 『한국자연치유학회지』, 2017년 3월.

37. 캐롤 드웩, 김준수 역, 「마인드셋: 성공하는 사람들의 생각법」, 스몰빅라이프, 2023.

38. 추병완, 「학생들의 회복탄력성 증진을 위한 도덕 교사의 역할」, 한국윤리교육학회, 2015.

39. 김소명, 「[대인관계] 건강한 경계선을 가진 사람들의 특징」, 정신의학신문, 2023.6.2.

40. 심수진, 「한국사회에서 주관적 웰빙에 영향을 미치는 요인 분석」, 《통계연구》, 국가통계연구원, 2016.

41. 신은화, 『AI 시대 인간의 정체성과 소외』, 동서인문, 2021년 4월.

42. 이지영, 「AI 시대에 더욱 빛나는 인간의 능력: 감성지능의 중요성과 개발법」, GS칼텍스 미디어허브, 2024년 9월 24일.

43. 보건복지부, 『2024년 국민 정신건강 지식 및 태도 조사』, 보건복지부, 2024년 7월 4일.

44. 김명환, 「자존감 높은 사람은 세상을 '이렇게' 살아간다」, 『코메디닷컴』, 2024년 8월 21일.

45. 박진희, 임홍남, 윤정진, 「칼 로저스의 감정에 대한 이해가 창의·인성교육에 주는 함의-인본주의적 관점을 중심으로」, 『인문사회 21』, 2022년.

46. 중앙대 심리학과 사회심리학연구실, 「에릭슨의 심리사회적 발달이론: 정체성은 어떻게 발달할까?」, 내 삶의 심리학 mind, 2020년 4월 7일.

47. 이동귀, 양난미, 박현주, 『한국형 자존감 평가영역 척도 개발 및 타당화』, 한국심리학회, 2013.

48. 박홍석, 이정미,『한국판 상태자존감척도(K-SSES)의 타당화 연구』, 한국심리학회, 2015.

49. 윤홍균,『자존감 수업』, 심플라이프, 2016년 9월 1일.

50. 이무석,『자존감』, 비전과리더십, 2009년 10월 1일.

51. 앤절라 더크워스,『그릿』, 비즈니스북스, 2016년 10월 28일, pp.91-95.

52. 제임스 클리어,『아주 작은 습관의 힘』, 비즈니스북스, 2019년 02월 26일, pp.145-152.

53. 고영성, 신영준,『완벽한 공부법』, 로크미디어, 2017년 01월 06일, pp.78-85.

54. 김수현,『나는 나로 살기로 했다』, 마음의숲, 2020년 03월 16일, pp.156-162.

55. 김경일,『마음의 시간』, 포레스트북스, 2023년 5월 17일, pp. 152-155.

56. 윤홍균,『자존감 수업』, 심플라이프, 2016년 9월 1일, pp. 213-218.

57. 김수현,『나는 나로 살기로 했다』, 마음의숲, 2020년 3월 16일, pp.234-237.

58. 니콜라 페트로키(Nicola Petrocchi), 크리스티나 오타비아니(Cristina Ottaviani), 알레산드로 쿠유움디지안(Alessandro Couyoumdjian),「거울 앞의 자비심: 거울 노출이 자기자비 훈련의 긍정 정서와 심박변이 향상 효과를 높이는가(Compassion at the Mirror)」, *The Journal of Positive Psychology*, Taylor & Francis, 2017, pp. 525 – 536.

59. 마틴 셀리그먼(Martin E. P. Seligman),『(마틴 셀리그만의) 긍정심리학: 진정한 행복 만들기』, 김인자 옮김, 물푸레, 2009, pp. 214 – 219.

60. 권석만,『긍정심리학: 행복의 과학적 탐구』, 학지사, 2008년 8월 19일, pp. 245 – 247.

61. 추미례·이영순,「무조건적 자기수용 척도 타당화」,『한국심리학회지: 상담 및 심리치료』제26권 제1호, 한국상담심리학회, 2014년 1월, pp. 27-43.

62. 헨리 클라우드(Henry Cloud)·존 타운센드(John Townsend) 저, 차성구 역,『No라고 말할 줄 아는 그리스도인(BOUNDARIES)』, 좋은씨앗, 2017년 10월 24일, pp. 32 – 33

63. 박지희,「공감(empathy)과 동정(sympathy) – 두 개념에 대한 비교 고찰」, *수사학*24호, 한국수사학회, 2015, pp. 91-116.

64. 리즈 마이네오(Liz Mineo),「Good genes are nice, but joy is better: Over nearly 80 years, Harvard study has been showing how to live a healthy and happy life」, *Harvard Gazette*, 2017년 4월 11일.

65. 윤홍균,『자존감 수업』, 심플라이프, 2016년 9월 1일, pp.45-48.

66. 페트르 루드비크, 김선영 역,『미루는 습관을 이기는 작은 책』, 갈매나무, 2018년 8월 24일, pp.112-115.

67. 서울대학교 의과대학 국민건강지식센터,『운동의 효과』, 서울대학교병원, 2015년 1월 27일, pp.23-25.

68. 천성민,「운동선수의 심리기법과 심리기술, 정신력의 관계」,『코칭능력개발지』, 한국코칭능력개발원, 2025년 4월 15일, pp.87-91.

69. 한국지능정보사회진흥원,『2024년 스마트폰 과의존 실태조사 보고서』, 과학기술정보통신부, 2025년 3월 27일, pp.15-18.

70. 변현수,「디지털 디톡스의 필요와 혜택에 대한 검토」,『경영컨설팅연구』제17권 제1호, 한국경영컨설팅학회, 2017년 2월 28일, pp.71-78

71. 빅터 프랭클, 이시형 역, 『죽음의 수용소에서』, 청아출판사, 2020년 5월 30일, pp.134-136.

72. 노지윤, 강혜자, 손정락, "수용-전념치료(ACT)가 과도하게 걱정하는 대학생들의 걱정증상, 상태 및 특성불안, 불확실성에 대한 인내력, 정서 조절 및 경험회피에 미치는 영향", 『한국심리학회지: 건강』, 21(4), 2016, pp.909-923.

73. 손정락, "수용 전념 치료(ACT)에서 관계 틀 관점으로 은유를 이해하고, 활용하고, 창조하기", 『한국심리학회지: 건강』, 20(2), 2015, pp.371-389.

74. Tedeschi, R. G., & Calhoun, L. G., "Posttraumatic Growth: Conceptual Foundations and Empirical Evidence", *Psychological Inquiry*, 15(1), 2004, pp.1-18.

75. Masten, A. S., "Ordinary Magic: Resilience in Development", Guilford Press, 2014.

76. 앤절라 더크워스, 『그릿』, 비즈니스북스, 2016년 10월 28일, pp.91-95.

77. 제임스 클리어, 『아주 작은 습관의 힘』, 비즈니스북스, 2019년 02월 26일, pp.145-152.

78. 고영성, 신영준, 『완벽한 공부법』, 로크미디어, 2017년 01월 06일, pp.78-85.

79. 테레사 M. 아마빌레(Teresa M. Amabile)·스티븐 J. 크레이머(Steven J. Kramer), 『The Progress Principle: Using Small Wins to Ignite Joy, Engagement, and Creativity at Work』, 하버드비즈니스리뷰프레스(Harvard Business Review Press), 2011년, pp. 67-88.

80. 피터 센게, 강혜정 역. 『학습하는 조직』, 에이지21, 2014년 10월 6일, pp. 20 -27.

81. 김경일, 『마음의 시간』, 포레스트북스, 2023년 5월 17일, pp. 152-155.

82. 리처드 S. 라자루스·수잔 폴크만, 『스트레스, 평가, 대처(Stress, Appraisal, and Coping)』, Springer, 1984, pp. 150-155.

83. 노먼 도이지(Norman Doidge), 『스스로 치유하는 뇌(The Brain That Changes Itself)』, 장호연 옮김, 알에이치코리아, 2015년 4월 30일, pp. 41 -46.

84. 윤홍균, 『자존감 수업』, 심플라이프, 2016년 9월 1일, pp.178-182.

85. 박정렬, 「[동향] 러너스 하이란 무엇인가 – 달리기를 즐기면 엔돌핀 분비로 뇌가 반응한다」, *사이언스타임즈*, 2011년 5월 30일.

86. "Study: Exercise Has Long-Lasting Effect on Depression," *Duke Today*, Duke University, 2000년 9월 22일,

87. 차경진·이은목, 「사회비교이론 관점에서 살펴본 SNS 이용중단 의도」, *한국전자거래학회지*, 20권 3호, 한국전자거래학회, 2015년, pp. 59-77.

88. 에드윈 로크·게리 라담, 장재윤 역, 『목표 설정과 동기부여의 이론』, 학문사, 2004, pp. 124 -130.

89. 고종식, 「개인-조직적합성과 자아존중감이 조직성과에 미치는 영향」, 『경영교육연구』 제28권 제4호, 한국경영교육학회, 2013년, pp. 151 -169.

90. 김현정, 『최고의 팀을 만드는 심리적 안전감』, 더블북, 2020년 6월 22일, pp45-68.

91. 제임스 쿠제스, 배리 포스너 저, 정재창 역, 『리더십 챌린지』, 이담북스, 2018년 5월 8일, pp.234-256.

92. 에이미 에드먼슨 저, 최윤영 역, 『두려움 없는 조직』, 다산북스, 2019년 10월 1일, pp.112-135.

93. 샤넬 서 저, 『수천억의 부를 가져오는 감사의 힘』, BG북갤러리, 2021년 10월 18일, pp.87-102.

94. 박정, 『형성평가와 평가의 객관성』, 한국교육평가학회, 2018년 12월, p.487.

95. 이일주 · 한승준 · 김양균 · 송원섭, 『서번트 리더십이 조직문화와 조직성과에 미치는 영향』, 한국콘텐츠학회, 2024년 12월, p.215.

96. 김성준, 『최고의 조직』, 포르체, 2022년 7월 27일, p.89.

97. Terrence E. Deal & Allan A. Kennedy, *Corporate Cultures: The Rites and Rituals of Corporate Life*, Perseus Books Group, 1982, pp. 41 – 46.

98. 하규만, 「Maslow의 욕구단계이론의 한국적 적용에 대한 고찰」, 『한국사회와 행정연구』 12권 1호, 서울행정학회, 2001년, pp. 7.

99. 서예지 · 안정민 · 정태연, 「사회적 연결감, 사회정체성 그리고 사회비교가 사회적 안녕감에 미치는 영향」, *CAU 석박사논총*(혹은 학술 보고서집), 2024년, pp. 329 – 349.

100. Martin Seligman, *Flourish: A Visionary New Understanding of Happiness and Well-Being*, Free Press, 2011, pp. 65 – 70.

101. Edgar H. Schein, *Organizational Culture and Leadership*, 5th ed., Wiley, 2016, pp. 23 – 25.

102. C. P. H. Langford, J. Bowsher, J. P. Maloney, P. P. Lillis, "Social support: a conceptual analysis," *Journal of Advanced Nursing*, 25(1), 1997, pp. 95 – 100.

103. 이상정, 「아동 자아존중감 향상 프로그램에 관한 메타분석」, *한국보건사회연구원 보건사회연구*, 제38권 제3호, 2018, pp. 45 – 67.

104. 김나래, 서재열, 「게이미피케이션 콘텐츠기반의 사이클운동의 동기부여, 운동만족, 운동몰입, 지속행동의 관계」, *한국체육과학회지*, 30권 4호, 2021, pp. 339 – 350.

105. James W. Pennebaker & Cindy K. Chung, "Expressive Writing: Connections to Physical and Mental Health," in H. S. Friedman(ed.), T*he Oxford Handbook of Health Psychology*, Oxford University Press, 2004, pp. 417 – 437.

106. Amy C. Edmondson, "Psychological Safety and Learning Behavior in Work Teams," *Administrative Science Quarterly*44, no. 2(1999): 350-383.

107. Donald A. Schön, *The Reflective Practitioner: How Professionals Think in Action*, Basic Books, 1983, pp. 49 – 65.

108. John P. Kotter, "Leading Change: Why Transformation Efforts Fail," *Harvard Business Review*, March – April 1995, pp. 59 – 67.

109. Achilles A. Armenakis & Stanley G. Harris, "Creating Readiness for Organizational Change," *Human Relations*, 46(6), June 1993, pp. 681 – 704.

110. Kim S. Cameron & Robert E. Quinn, *Diagnosing and Changing Organizational Culture: Based on the Competing Values Framework*(3rd ed.), Jossey-Bass, 2011, pp. 45 – 68.

111. Gallup, "Employee Engagement Drives Growth," *Gallup Workplace*, 2023.

112. SK Khare 외, "Emotion recognition and artificial intelligence: A systematic review of emotion recognition techniques over the last decade," *Computer & Electrical Engineering*, 109, 2024, pp.

108 –126.

113. Paul Ekman, *Emotions Revealed: Recognizing Faces and Feelings to Improve Communication and Emotional Life*, Henry Holt & Co., 2003, p. 15.

114. S. Acharya 외, "Mirror neurons: Enigma of the metaphysical modular brain," *Frontiers in Psychology*, 2012, pp. 1 –11.

115. 최선엽,「공감에 대한 개념분석: 인지적 ·정서적 ·표현적 속성 중심으로」,『기본간호학회지』제 26권 제3호, 2019, pp. 145 –162.

116. Yutong Zhang · Dora Zhao · Jeffrey T. Hancock · Robert Kraut · Diyi Yang, "How Human –Chatbot Relationships Influence Well –Being," *Preprint(arXiv)*, 2025, pp. 1 –23.

117. 김학진,「신경과학적 공감탐구」, *횡단인문학*제20호, 인문학 연구소, 2025, pp. 1 –46.

118. Guillaume Duchenne, *Mécanisme de la Physionomie Humaine*(The Mechanism of Human Facial Expression), J.-B. Baillière, 1862, pp. 45 –60.

119. R. I. M. Dunbar, "Laughter and its role in the evolution of human social bonding," *Philosophical Transactions of the Royal Society B: Biological Sciences*, Vol. 377, 2022, pp.1 -13.

120. 천현득, "인공 지능에서 인공 감정으로-감정을 가진 기계는 실현가능한가?", 철학, 한국철학회, 2017년 5월, 131집, pp.217-243.

121. António R. Damasio, *Descartes' Error: Emotion, Reason, and the Human Brain*, Random House, 1994, p. 20 –22, p. 212.

122. 강갑원,「창의적 사고의 뇌 신경적 기초」, 영재와 영재교육, 제16권 제4호, 2018, pp. 53 –78.

123. KIHA21 매거진 편집부,"우연이 가져다 준 위대한 발견, 인류를 구한 푸른곰팡이," KIHA21 매 거진, 2021년 1월호, pp. 1 –4.

124. 박기수 ·안숭범 ·이동은 ·한혜원, "문화콘텐츠 스토리텔링의 현황과 전망", 인문콘텐츠학회, 2012년 12월.

125. Maribel Paredes –Saavedra, María Vallejos, Salomón Huancahuire –Vega, Wilter C. Morales –García, Luis Alberto Geraldo –Campos,「Work Team Effectiveness: Importance of Organizational Culture, Work Climate, Leadership, Creative Synergy, and Emotional Intelligence in University Employees」, *Administrative Sciences*, Vol. 14, No. 11, 2024, Art. No. 280, pp. 1 –25.

126. 양동민, 이희정, 심덕섭, "심리적 안전감과 상사신뢰가 조직몰입 및 직무성과에 미치는 영향: 조 직후원인식의 매개효과," *HRD연구*, Vol. 11, No. 2, 2009, pp. 179 –202.

127. Hancock, P. A., Kessler, T. T., Kaplan, A. D., Stowers, K., Brill, J. C., Billings, D. R., Schaefer, K. E., & Szalma, J. L., "How and why humans trust: A meta –analysis and elaborated model," *Frontiers in Psychology*, Vol. 14, 2023, Article 1081086, pp. 1 –28.

128. 백인혁, 신경민,「초기부모애착이 성인기 대인관계문제에 미치는 영향: 자기정서인식과 정서조 절의 순차적 매개효과」,『한국심리학회지: 발달』, 2023, Vol. 36, No. 4, pp. 25 –44.

129. Albert Mehrabian, *Silent Messages: Implicit Communication of Emotions and Attitudes*, Wadsworth, 1971, pp. 135 –143.

130. Paul Ekman, 「Universals and Cultural Differences in Facial Expressions of Emotion」, in *Handbook of Social Psychophysiology*, Wiley, 1972, pp. 169 – 184.

131. V. Jennings & J. Bamkole, 「The Dynamic Relationship between Social Cohesion and Urban Green Space: Implications for Public Health」, *International Journal of Environmental Research and Public Health*, Vol. 21, 2024, Art. No. 800, pp. 1 – 18.

132. 임애련, 「대학 교양과목 심리학 수업 유형에 따른 감성지능, 정서인식 명확성, 공감능력의 효과」, 한국산학기술학회논문지, Vol. 22 No. 9, 2021, pp. 256 – 267.

133. 신은화, 「AI 시대 인간의 정체성과 소외」, 『동서인문』 제15호, 경상대학교 인문학술원, 2021년.

AI와 경쟁하지 않기

초판인쇄 2026년 2월 27일
초판발행 2026년 2월 27일

지은이 최성열
발행인 채종준

출판총괄 박능원
책임편집 양수정
디자인 공진혁
마케팅 문선영
전자책 정담자리
국제업무 채보라

브랜드 이담북스
주소 경기도 파주시 회동길 230 (문발동)
투고문의 ksibook1@kstudy.com

발행처 한국학술정보(주)
출판신고 2003년 9월 25일 제406-2003-000012호
인쇄 북토리

ISBN 979-11-7457-435-0 03190

이담북스는 한국학술정보(주)의 학술/학습도서 출판 브랜드입니다. 이 시대 꼭 필요한 것만 담아 독자와
함께 공유한다는 의미를 나타냈습니다. 다양한 분야 전문가의 지식과 경험을 고스란히 전해 배움의 즐거
움을 선물하는 책을 만들고자 합니다.